KB114969

부하직원이 말하지 않는 31가지 진실

부하직원이 말하지 않는

박태현 지음 · 조자까 그림

31가지 진실

챔

당신이 아무리 애써도
소용없는 이유

착각의 함정에서 벗어나라

회사에서 인정받으며 승승장구하던 한 리더에게서 뜻밖의 푸념 섞인 말을 듣게 됐다. 요지는 아무리 애를 써도 직원들이 따라오지 않는다는 것이다. 주변에 이런저런 조언도 구해보고 다양한 시도도 해봤지만 별 효과가 없다고 했다. 결국 그는 직원들의 기본 자질을 의심하고 있었다. 눈곱만치도 손해 보려 하지 않고 시키는 일이나 겨우 맞춰 하는 수준의 이기적이고 소극적인 직원들이라며 영 못마땅해 했다. 그의 이야기를 들으면서 조직을 이끄는 리더의 답답한 심정을 헤아릴 수 있었다.

그런데 얼마 후, 마침 그 리더가 이끄는 조직의 직원 한 명을 만날 기회가 생겼다. 이번에는 그의 의견도 들어보았는데, 아이러니하게도 앞서 리더의 말과는 정반대의 이야기를 했다. 문제는 직원들이 아니라 오히려 그분(리더)에게 있다는 것이다. 그의 말을 빌리자면, 그분이 나름 애쓰는 건 알겠지만, 대부분 직원들의 생각과는 많이 동떨어져 있다고 했다. 그렇기에 최선을 다할수록 오히려 그에 대한 신뢰가 떨어지고 조직 분위기도 나빠진다는 것이다. 이제는 그가 뭔가를 시도하면 옳고 그름을 떠나 겁부터 난다고 했다. 이런 상황을 참다못해 조직을 떠난 직원도 있고, 남은 직원들 역시 기회만 되면 언제든 떠날 준비를 하고 있다는 이야기였다.

이 대화를 계기로 나는 리더와 직원 사이에 왜 이런 반목현상이 생기는지 호기심을 갖게 됐다. 양쪽의 이야기를 들어보면 분명 리더도 노력하고 있고, 직원들도 그리 책임감 없는 사람들은 아니었다. 그런데 어째서 서로에게 불만을 갖고 등을 돌리는 상황에까지 이르렀을까? 오랜 고민과 조사 끝에 나름의 결론을 내릴 수 있었다. 그것은 바로 경영 현장에 존재하는 '착각'에서 비롯된 것이었다. '착각'은 주변 환경과 제대로 부합하지 못하는 믿음을 말한다. 착각은 잘못된 행동을 낳거나 강화하고, 잘못된 행동은 사람 사이의 불신과 갈등으로 이어지기 십상이다.

생존과 성장을 목표로 하는 조직은 늘 새로움을 추구하는 곳일 수밖에 없다. 하지만 동시에 과거에나 통했던 착각이 사라지지 않고 상존하는 세상이기도 하다. 쉽게 동의할 수 없는 구태가 힘을 잃지 않고 기세등등한 모습으로 세를 과시하는 경우도 많다. 리더는 과거 선배 리더들로부터 알게 모르게 배웠던 사고와 행동을 잘 살펴봐야 한다. 그 안에는 오늘날에는 절대로 통하지 않을 착각들이 많이 담겨 있기 때문이다. 그렇기에 걸러서 배워야 하고, 혹시 자신에게 과거의 구태가 남아 있지는 않은지 진지하게 살펴볼 필요가 있다.

늘 새로움을 추구하는 조직 사회에서 과거의 믿음인 착각이 힘을 잃지 않는 이유는 무엇일까?

첫째, 무엇이든 옳고 그름을 떠나 익숙한 것이 편하기 때문이다. 도시에 떨어진 부시맨처럼, 제아무리 화려한 세상이 눈앞에 펼쳐져도 그것이 익숙하지 않다면 불편함을 느낄 수밖에 없다. 누가 봐도 낡은 것이라도 익숙한 것은 쉽게 버려지지 않는다. 세상이 새로운 어플을 다운받거나 업데이트하면 즉시 변화가 일어나는 스마트폰과 같다면 좋겠지만, 사람과 조직 문화의 변화는 그리 쉽게 이뤄지지 않는다. 둘째, 리더가 직원보다 더 큰 영향력을 가지고 있기 때문이다. 제아무리 수평적 문화를 지향하는 조직이라 해도 일반 직원의 말과 행동은 영향력 측면에서 리더의 그것과는 비교할 바가 못 된다. 그래서 직원이 갖는 착각은 견제될 수 있지만, 리더의 착각은 상대적으로 견제되기 어렵다. 문제는, 리더가 과거 속에서 살아온 사람이라는 점이다. 과거 속에서 살아왔기에 과거에 통했던 사고와 행동이 누구보다도 많을 수밖에 없다. 스스로 이를 돌아보고 적절히 변화를 모색한다면 문제가 없겠지만, 그러지 않는다면 리더의 영향력 속에서 조직 전체가 착각에 빠져 살아가게 될 것이다. 조직은 과거, 현재 그리고 미래가 공존하는 곳이다. 과거 속에서 살아온 리더가 현재의 직원과 함께 미래의 사업을 구상한다. 이런 상황에서 리더가 착각에 빠져 있다면 그 조직은 별로 기대할 것이 없다고 할 수 있다. 누군가는 따질지도 모른다. 왜 리더한테만 그러느냐고……. 오해는 없어야 한다. 세상 모든 사람은 자기만의 착각에 빠져 산다. 인간이기 때문에 어쩔 수 없다. 다만 그 영향력이 일반 직원보다 더 크고 견제되기 어렵기에 리더의 착각을 더 강조하는 것뿐이다.

최고의 리더는 어제보다 나은 행동을 선택하는 용기를 가진 사람이다

내가 지금까지 만나온 수많은 리더 가운데 노력하지 않은 리더는 거의 없다. 저마다 보다 나은 리더가 되기 위해 애쓰는 모습이다. 눈물 날 만큼 구구절절한 하소연을 쏟아내는 리더도 많이 만나봤다. 안쓰러울 정도다. 정말 다들 잘됐으면 한다. 최소한 노력하는 만큼은 보상을 받았으면 하는 바람이다.

하지만 노력이 효과를 보려면 무엇보다 방향이 맞아야 한다.

변해버린 세상에 어울리지 않는 착각으로부터 벗어나지 못한다면 백약이 무효하다. 아니, 애를 쓸수록 오히려 문제만 더 커질 뿐이다.

조직에서 높은 위치로 올라가면 스스로에 대한 객관적인 시각을 잃어버릴 가능성이 높다. 누구도 솔직한 피드백을 해주지 않기 때문에 그만큼 착각 속에서 살아갈 소지가 크다. 이 책은 직원의 관점에서 바라본 리더의 31가지 착각을 담고 있다. 물론 모든 리더가 31가지 착각에 빠져 있다는 말은 아니다. 사람에 따라 일부는 해당될 수도, 해당되지 않을 수도 있다. 또한 많이 해당되는 사람도, 적게 해당되는 사람도 있는 것이 당연하다. 중요한 것은 평소 자신의 모습을 객관적으로 살피고, 자신에게 해당되는 착각을 찾아내 극복할 수 있는 아이디어를 얻는 것이다.

이 책을 보다 효과적으로 활용하고 싶다면 우선 목차를 찬찬히 살펴보기를 권한다. 사실 목차만 잘 살펴봐도 리더로서 무엇을 해야 하고 무엇을 하지 않아야 하는지 알 수 있을 것이다. 그리고 자신에게 해당되거나 눈길이 가는 착각들을 먼저 선택하고 해당 내용을 중심으로 읽어보기를 바란다. 최고의 리더는 어제보다 나은 행동을 선택하는 용기를 가진 사람이다.

차례

CHAPTER 1

동기 유발에 관한
착각 그리고 진실

사람을 보는 안목에 관한
착각 그리고 진실

CHAPTER 4

일하는 방법과 환경에 관한
착각 그리고 진실

사자가 되고 싶은 왕토끼

옛날 옛적에 토끼 마을을 이끌던 왕토끼가 있었다. 그는 토끼 무리의 왕이었지만, 늘 산만하게 여기저기 뛰어다니는 토끼들을 이끄는 데 큰 어려움을 겪고 있었다. 그래서 토끼들을 효과적으로 이끌기 위해서는 자신에게 뭔가 다른 능력이 필요하다고 느꼈다.

그러던 어느 날, 왕토끼는 저 멀리서 화려한 갈기를 바람에 흩날리며 위풍당당한 모습으로 바위 위에 우뚝 서 있는 사자를 보게 됐다. 사자는 천둥과 같은 목소리로 수많은 암사자들을 일사불란하게 이끌고 있었다. 왕토끼는 사자의 눈부신 모습에 홀려

완전히 넋을 잃고 말았다.

"바로 저거야! 내가 사자의 목소리를 가진다면 토끼들을 멋지게 이끌 수 있을 거야!"

그날 이후 왕토끼는 헤어스타일부터 바꿨다. 머리 주위의 털을 매만져 사자의 갈기처럼 곤추세웠다. 그리고 하루도 빠짐없이 사자의 목소리를 흉내 내기 시작했다. 어찌나 연습을 했는지 목에서 피가 터져 나올 정도였다. 다른 토끼들은 왕토끼의 토끼 같지 않은 어색한 외모와 찢어지는 듯한 목소리에 거북함을 느끼기 시작했다. 하지만 정작 왕토끼 자신은 이 모든 것이 사자의 목소리를 갖기 위해 어쩔 수 없이 겪어야 하는 과정이라 생각했고, 점점 더 사자처럼 행동하기 위해 노력했다.

시간이 지날수록 이러한 왕토끼의 모습에 염증을 느끼는 토끼들이 늘기 시작했다. 심지어 삼삼오오 모여 왕토끼를 비난하기에 이르렀다.

"왕토끼가 이상해!"

"맞아! 우리랑 가까이 하려 하지도 않잖아!"

"알아들을 수 없는 이상한 소리나 내고 말이야. 난 이제 정말 지쳤어!"

왕토끼 역시 마음이 편할 리 없었다. 아무리 사자를 닮으려 노력해 봐도 사자 특유의 위풍당당함이 자신에게는 없었다. 이에 스스로에게 큰 실망감을 느꼈다.

"내가 정말 이 정도밖에 안 된단 말인가?"

과거의 그는 매사 탁월하고 두려울 게 없는 토끼로서 왕토끼의 지위에 올랐다. 다른 어느 토끼보다도 순발력과 후각이 뛰어났다. 매일같이 산과 들을 뛰어다니며 정말로 열심히 일했다. 이러한 능력과 노력으로 각종 '토끼풀 찾기 경연대회'를 휩쓸면서 일찌감치 왕토끼 후계자로 인정받아왔다.

그러나 그 모든 것은 이제 과거의 영화일 뿐, 이제 왕토끼에게서는 예전과 같은 자신감을 찾아보기 힘들었다. 점점 자신과 멀어지는 토끼들, 그리고 좀처럼 사자가 되지 못하는 실망스러운 자신의 모습에 하루하루 힘든 시간을 보냈다. 식욕이 떨어져 점점 야위어갔고, 밤에 잠을 이루기도 어려웠다.

그는 고민 끝에 사자를 직접 찾아가 목소리의 비결을 물어보기로 결심했다. 생각만으로도 두려웠지만, 하루하루가 요즘 같을 거라면 차라리 자신이 추종하는 사자의 먹이가 되는 편이 낫겠다고 생각했다.

왕토끼는 우여곡절 끝에 마침내 사자 마을에 이르렀다. 다행히도 평소 사자를 호위하던 암사자들은 모두 사냥을 나가고 없었기에 큰 어려움 없이 사자에게 접근할 수 있었다. 사자는 햇볕이 잘 드는 곳에서 느긋하게 낮잠을 자고 있었다. 꿈에 그리던 사자를 드디어 만나게 되자 기쁜 마음에 눈물이 뺨을 타고 흘렀다.

왕토끼는 나지막이 사자를 불렀다.

"사자님, 존경하는 사자님!"

사자가 슬그머니 눈을 떠 보니 눈앞에 작은 토끼 한 마리가 자신을 보며 눈물을 흘리고 있는 것이 아닌가? 어느 누구도 잠자는 사자를 건드리지 않는다. 이 황당한 상황에 사자는 화가 나기보다는 흥미가 생겼다. 그리고 토끼에게 무슨 사연이 있는지 알고 싶어졌다. 사자는 낮은 목소리로 물었다.

"그래, 무슨 일이냐?"

왕토끼는 사자의 날카로운 눈매에 덜컥 겁이 났지만, 이내 용기를 내 입을 열었다.

"저는 토끼 무리를 이끌고 있는 왕토끼입니다. 제가 저희 토끼 마을을 잘 이끌기 위해서는 사자님과 같은 목소리가 필요합니다. 어떻게 하면 사자님의 목소리를 익힐 수 있을까요?"

잠자코 왕토끼의 말을 듣던 사자는 이윽고 배를 움켜잡고 웃어대기 시작했다.

"푸하하하!"

사자의 웃음소리는 온 세상을 휘감아버릴 듯 쩌렁쩌렁 울렸다. 한가로이 나무 위에 앉아 있던 수백 마리의 새들이 소스라치게 놀라 깃털을 뿌리며 날개를 퍼덕여 멀리 사라졌다. 왕토끼 역시 사자의 웃음소리에 귀청이 떨어져나갈 것만 같아 눈을 꼭 감고 두 손으로 귀를 막았다. 가까이서 들은 사자의 웃음소리는 상상할 수 없을 정도였고, 온몸이 떨릴 정도로 공포감이 느껴졌다.

"미안, 미안. 내가 결례를 범했군."

사자는 멋쩍어하며 말을 이었다.

"저기 날아가는 새들이 보이느냐? 저 새들은 나와는 상관없는 공간에 살지만 내 목소리만 듣고도 무서워 저리 도망간다. 하물며 토끼들이 내 목소리를 듣는다면 어떤 반응을 보일 거라 생각하느냐?"

왕토끼는 사자의 목소리에 주눅이 들어 아무 말도 할 수가 없었다.

"잘 들어라! 내가 이 목소리로 암사자들을 통솔할 수 있는 이유는 내가 사자이기 때문이다. 하지만 나는 토끼를 이끌 수 없다. 그것은 네가 사자를 이끌 수 없는 이유와 같다. 네가 토끼들을 잘 이끌기 위해서는 무엇보다 너 자신이 완전히 토끼가 되어야만 한다."

"그래도 사자님은 백수의 제왕으로 불리지 않습니까?"

왕토끼가 의아한 표정으로 물었다. 사자는 혀를 끌끌 차며 대답했다.

"쯧쯧, 어디서 그런 이야기가 나왔는지 모르지만, 그건 허무맹랑한 거짓말이다. 나는 다른 동물들을 이끌 수가 없는데 어떻게 동물의 왕이 될 수 있다는 말이냐? 나를 보면 저리들 피하고 도망가지 않느냐? 나는 동물의 왕이 아니다. 그저 사자의 왕일 뿐이지."

사자의 말에 왕토끼는 망치로 머리를 얻어맞은 듯 멍해졌다.

"그럼 제가 어떻게 해야 훌륭한 왕토끼가 될 수 있는지 알려 주십시오!"

사자는 답답한 듯 절래절래 고개를 저으며 말했다.

"그걸 왜 나한테 물어보느냐? 그리고 내가 그걸 어떻게 안단 말이냐?"

사자는 두 발을 모으고 다시 잠을 청하며 우두커니 서 있는 왕토끼를 향해 말했다.

"네가 어떻게 하면 훌륭한 왕토끼가 될 수 있는지는 그 누구도 아닌 너와 함께 생활하는 토끼들이 가장 잘 알고 있을 것이다. 괜히 여기서 시간 낭비하지 말고 그들에게 직접 물어보아라. 그리고 그들의 이야기에 귀 기울이고, 가슴 깊이 들어라. 알겠느냐?"

부하직원이
말하지 않는
**31가지 진
실**

CHAPTER 1

동기 유발에
관한 착각
그리고 진실

1

진실 **착각**

"한 번 말하면
척하고 알아들어야지!"

착각 **진실**

"당신과 회의 후
직원들은 '교리해석'의 시간을 갖는다"

직원의 눈높이로
준비된 메시지를 말하라!

교리해석의
시간!

　'하나를 알려주면 열을 안다'는 말이 있다. 똑똑한 사람을 일컬을 때 사용하는 말이다. 부모는 자녀가 이 같은 모습이기를 바란다. 회사에서 리더는 함께 일하는 직원이 이 같은 모습이기를 바랄 것이다. 그러나 현실은 다르다. 열을 알기는 커녕 오히려 이미 알고 있던 거라도 까먹지 않으면 다행인 경우가 많다. 조금 과장하면, 입이 닳도록 알려줘야 겨우 하나를 이해하는 게 현실이다. 그렇기에 자녀에게 기대가 큰 부모일수록 이러한 현실에 더 낙담하기 쉽고, 내 아이가 도대체 누구를 닮아서 그런지 따져보고 싶은 충동을 느낀다. 성과 창출에 노심초사하는 리더일수록 직원들이 실망스러울 것이고, 외부 인력시장을 기웃거릴 것이다.

현실에서는 하나를 알려주면 열을 아는 천재는 거의 존재하지 않는다. 흔치 않다는 말을 표현할 때 통계학에서는 '아웃라이어Outlier'라는 말을 사용한다. 아웃라이어는 정규 분포에서 정상을 벗어난 범위를 말한다. 시각을 바꿔 보면 우리 모두가 기대하는 천재 같은 사람은 비정상인 것이다. 그런 의미에서 '하나를 알려주면 열을 안다'는 말은 일상에서 사용하기에는 부작용이 너무 큰, 적절치 않은 말이라 할 수 있다. 사람에 대해 괜한 기대만 키우는 말이며, 그 결과로 오히려 실망감을 유발하는 말이기 때문이다.

이와는 반대로 '쇠귀에 경 읽기'라는 옛말은 어떤가? 흔히 말을 잘 못 알아듣는 사람을 가리켜 비아냥거리는 의미로 사용하는 표현이다. 이 말을 좀 더 적극적으로 해석해보면, 소에게 경을 읽어주어서는 안 된다는 의미다. 즉, 상대가 알아듣지 못하게 이야기해놓고 상대를 탓하면 안 된다는 말이다. 소통을 할 때는 듣는 사람보다 말하는 사람의 역할이 더 중요하다. 자신이 아닌 상대의 눈높이를 고려하여 제대로 알아들을 수 있게 말해야 한다.

리더는 직원들이 자신의 말을 한 번에 알아듣고 알아서 척척 일해주기를 바랄 것이다. 하나를 알려주면 열을 아는, 그런 직원을 기대하면서 말이다. 하지만 그런 직원은 현실에 존재하지 않는다. 만약 현재 그런 직원과 함께 일한다면 우주의 기운을 받고 있는 상황이라 할 수 있다. 현장에서 만나는 대부분의 직원은 당신의 말을 한 번에 알아들을 수 없다. 특히 당신이 평소 대충 말하거나 어눌하게 말하는 습관을 가지고 있다면 더더욱 그렇다.

"직원들이 당신 마음에 쏙 들도록 일해 오는 경우는 몇 퍼센트입니까?"

내가 리더들에게 자주 던지는 질문 중 하나다. 답은 몇 퍼센트나 될 것 같은가? 기껏해야 열에 하나둘에 불과하다. 혹시 다른 부서의 직원들은 다 똑똑해 보이는데 하필 우리 부서 직원들은 어딘가 모자라 보인다는 생각을 해본 적이 있지는 않은가? 만약 그렇다면 하루빨리 그런 생각을 버리는 게 정신 건강에 이롭다. 그 조직의 리더는 직원들이 똑똑하게 일할 수 있게 하는 남다른 노력을 하고 있는 것이다. 직원의 부족함을 탓할 게 아니라 자신의 리더십에 뭔가 문제가 있다고 보는 접근이 보다 현명하다.

사람은 저마다 머릿속에 담고 있는 관심사와 생각, 일의 우선순위가 모두 다르다. 또한, 그것을 표현하는 언어구조도 다르다. 알아듣게 설명했으니 직원들이 잘 이해했을 거라 생각하는 건 전적으로 당신의 착각일 뿐이다.

다음의 대화를 들어보자. 당신이 없는 자리에서 당신 직원들이 하는 이야기일지도 모른다.

팀원 우리 팀은 팀장님과 회의를 하고 나면 반드시 직원들끼리
      다시 모여 회의를 해야 해요.
나   왜죠?

팀원	팀장님이 무슨 말씀을 하셨는지 정확히 알기 위해서죠.
나	(의아해하며)회의 때 팀장님과 충분히 대화를 나누지 않으시나요?
팀원	대화를 나누긴 했죠. 그런데 회의를 하고 나면 오히려 일이 더 모호해지는 경우가 많아요. 일을 하라는 얘긴지 말라는 얘긴지조차 헷갈릴 때가 많거든요.
나	(고개를 끄덕이며)팀장님이 애매한 말씀을 많이 하시나 보군요.
팀원	맞아요! 우리는 직원들끼리 다시 회의하는 시간을 '교리 해석의 시간'이라고 합니다.

희한하게도 조직에서 직위가 높아질수록 자신의 생각을 모호하게 표현하는 경향이 있다. 너무 흔하게 나타나는 현상이다 보니 '알아듣지 못하게 말하는 게 리더의 중요한 특성이라고 착각하는 건 아닐까?' 하는 생각이 들 정도다. 주식 시장에서는 투자자들에게 가장 안 좋은 신호가 불확실성이라고 한다. 눈에 명확히 보이는 것이 없으니 투자자들이 움직이려 하지 않고, 그 결과로 주가가 떨어지는 것이다. 마찬가지로 당신이 모호하게 말하면 직원들은 움직일 수가 없다. 그리고 자기편의적인 입장에서 당신의 말을 해석한다. 그러니 결과가 당신 마음에 들 리가 없는 것이다.

"내가 언제 이렇게 하라고 했어?"

혹시 최근에 직원에게 이런 말을 해본 적이 있는가? 그렇다면 이런 결과를 초래한 건 결코 직원의 잘못이 아니다. 제대로 말하지 않은 당신의 책임이다.

성급한 즉흥 메시지가 아닌
준비된 메시지로 말하라!

사실 리더 역시 직원들 앞에서 두서없이 떠들고 싶지도 않을 것이고, 스스로 자꾸 말을 바꾸는 일 또한 원치 않을 것이다. 그런데도 자꾸만 이런 실수를 하게 되는 원인은 무엇일까? 아마도 가장 큰 원인은 리더의 '성급한 책임감' 때문일 것이다. 일이 잘되기를 바라는 마음에 정확한 상황 판단 없이, 전두엽을 거치지 않은 말들이 즉흥적으로 튀어나온다. 그런 말들은 나중에 뒤집어지기도 쉽고, 말한 본인도 쉽사리 잊어버리는 경우가 많다. 말은 엎질러진 물과 같아서 결코 다시 주워 담을 수 없다. 게다가 리더의 말은 그 무게감이 일반 직원과 결코 같을 수 없다.

직원들에게 어떤 메시지를 전하고자 할 때, 리더가 지켜야 할 원칙이 두 가지 있다. 하나는 사전에 정리된, '준비된 메시지'여야 한다는 것이다. 두서없이 전달되는 '알쓸신잡(알아두면 쓸데없는 신비한 잡학사전)' 수준의 말이어서도 안 되고, 그때그때 달라질 수 있는 임기응변식의 말이어서도 안 된다. 가급적 변치 않는, 흔들림 없는 메시지여야 한다. 다른 원칙은, 직원들이 쉽게 이해할 수 있는, '눈높이 수준의 메시지'여야 한다는 것이다. 제아무리 좋은 내용이라도 이해할 수 없으면 무용지물이다. 어렵고 복잡한 내용은 절대로 직원들 머릿속에 남아 있지 못한다.

직원들 눈높이 수준에서 준비된 메시지를 전하려면 어떻게 해야 할까? 말하고자 하는 내용이 있다면 일단 노트에 적어볼 것을 권한다. 머릿속의 모호한 생각을 명확한 상태로 바꾸는 데 노트만큼 좋은 것은 없다. 그리고 노트를 보면서 당신 먼저 스스로 정확히 이해하고 있는지를 체크하라. 조금이라도 애매하거나 확신이 안 선다면 아직 준비가 안 된 것이다. 스스로 명확히 알고 이해하는 내용이라는 확신이 섰다면 직원들 관점에서 그것을 읽어보라. 그리고 좀 더 잘 이해할 수 있는 쉬운 문장으로 바꿔보라.

이렇게 공들여 메시지를 만들었다면, 이제는 그것을 직원들에게 말해도 된다. 직원들이 반드시 지켜야 하는 진짜 중요한 메시지라면 한 번으로는 부족하다. 두 번, 세 번, 수시로, 반복하여 말하라. 프린트해 나눠주어도 좋고, 사무실 내 눈에 잘 보이는 곳에 붙여놓는 것도 좋은 방법이다.

전달하려는 메시지가 있을 때, 어느 정도로 소통을 해야 충분하다고 할 수 있을까? 직원들이 리더를 볼 때마다 리더가 굳이 입을 떼지 않아도 무슨 말을 하려는지 직감할 수 있을 정도로 해야 한다. 그 정도가 돼야 비로소 직원들은 당신의 생각을 제대로 이해하고 실천할 것이다.

수년 전, 우리나라에서 가장 빠른 속도로 성장 중이었던 한 기업의 CEO와 임원을 대상으로 조직 문화 워크숍을 진행한 적이 있다. 조직 문화의 지향점을 매우 개성 있고 직관적인 메시지로 표현하여 대외적으로 유명세를 떨친 회사였다. 알고 보니 그것은 CEO가 고심해서 다듬고 다듬어 만든 메시지였다. 그런데 아이러니하게도, 대외적으로는 널리 알려진 그 메시지를 정작 회사 내에서는 제대로 이해하는 사람이 많지 않았다. 심지어 그런 것이 있는지조차 모르는 사람도 있었다. 잘 만든 메시지였지만, 강조하지 않아서 나타난 현상이었다. 이후 해당 회사는 그 메시지를 내재화하기 위해 수년간 지속적으로 다양한 노력을 했고, 비로소 메시지가 조직의 대표적인 문화로 자리 잡을 수 있었다. 이때 시행했던 가장 효과적인 노력 가운데 하나가 바로 각 조직을 담당하는 임원과 팀장이 강사가 되어 해당 메시지를 직접 직원들에게 설명하고 가르치도록 했던 것이다.

그것이 무엇이든 쉽고 명확하지 않으면 이해하지 못한다. 이해하더라도 강조하지 않으면 관심을 갖지 않는다. 관심을 갖더라도 반복해서 말해주지 않으면 실천하지 않는다. 직원들에게 전하고 싶은 메시지가 있다면 당신부터 명확하게 이해하라. 그리고 직원들의 눈높이에서 쉽고 명확한 메시지로 다듬어 반복적으로 전달해야 한다. 그래야 당신의 말이 '교리'처럼 고리타분한 이야기가 되지 않을 것이며, 직원들 또한 '교리해석' 따위로 시간을 낭비하지 않을 것이다.

2

진실 **착각**

"조직 분위기를 UP시키는 데 회식만 한 것이 없다"

착각 **진실**

"아직도 회식 타령인가? 70퍼센트는 회식을 싫어한다"

일터 안에서 UP 할 수 있는 방법을 찾아라!

추억 속으로 사라져버린 회식
이제 뭐 하지?

"조직 분위기를 UP시키는 방법으로 회식만한 것이 없다."

설마 요즘도 이런 착각에 빠져 있는 사람이 있을까? 주 52시간 근무 도입과 코로나19 이후 조직 사회에서 회식 문화는 아주 빠른 속도로 사라지고 말았다. 몸에 밴 습관처럼 익숙한 것이 없어져 버리면 뭔가 깊은 허전함을 느끼게 된다.

나는 1995년 여름부터 직장생활을 시작했다. 아마도 현재 회사에 적을 두고 있는 사람들 가운데 나보다 더 일찍 직장생활을 시작한 사람은 그리 많지 않을 것이다. 그 당시 회식은 사회통념상 조직 사회에서 없어서는 안 되는, 매우 중요한 행사였다. 평소 관계가 소원했던 동료들과의 소통을 가능하게 해줬고, 조직의 결속력을 다지는 데 이만한 게 없었다. 대부분의 조직이 소위 군대식 문화의 지배를 받던 시기였기에 회식은 그 안에서 그나마 직원들이 숨을 돌릴 수 있는 소중한 시간이기도 했다. 또한 오늘날처럼 SNS가 발달한 시기도 아니었기에 조직생활의 애환을 달래주고, 뒷담화도 배설하며 받아내는 장으로서의 순기능도 있었다.

당시 나는 회식 예찬론자였고, 회사에서 회식이 있다면 이곳저곳 빠짐없이 참석했다. 회식이 뜸하면 부서장을 졸라서 없던 자리도 마련할 정도였다. 당시 회식에서 유일하게 회사생활의 재미를 느꼈다 해도 과언이 아니다. 그때는 회식에 대해 나와 같은 생각을 가진 직원도 많았던 듯하다.

그러던 내가 조직 문화에 관심을 가지고 눈을 뜬 순간부터 회식의 기능과 역할에 점점 회의감을 갖게 됐다. 회식의 부정적인 모습을 계속 목도한 데다, 바람직한 조직 문화 형성을 위해 회식보다 훨씬 효과적인 접근이 많다는 사실을 깨닫게 됐기 때문이다.

나는 이 책의 최초 버전이 출간된 2008년 이래로, 회식이 조직에 미치는 영향은 긍정적인 면보다 부정적인 면이 훨씬 크다고 주장해오고 있다. 물론 함께 맛있는 음식을 먹을 때 서로에 대한 호감이 높아진다는 연구결과도 많다. 하지만 그럼에도 불구하고 내가 회식에 대해 매우 부정적인 이유는 다음의 네 가지다.

첫째, 과거 우리나라 회식 문화는 그리 건전하지 않았다. 한

마디로 술이 지배하는 자리였다. 그래서 술이 약한 사람에게는 일보다도 힘든 게 회식이었다. 심지어 회식을 좋아하는 사람들마저도 회식 후에는 후유증에 시달렸다. 회식이 남기는 것은 다음 날 두통을 동반한 진한 숙취뿐이었다. 회식을 하고 나면 그다음 날 직원들의 절반은 '좀비'가 된다는 조사 결과도 있다. 술이 과한 나머지 직원 간에 실수나 입에 담지 못할 사고가 발생하는 일도 비일비재했다. 당시 쉬쉬하고 덮어버려서 그렇지, 요즘 같은 세상이었다면 술자리에서 일어난 일로 회사를 떠나야 하는 사람들이 줄을 섰을 것이다. 폭탄주가 난무하고, 2차, 3차로 이어지는 술판 속에 살았던 과거의 나를 떠올리면 요즘도 자다 말고 이불킥을 할 정도로 회한이 남는다. 지나쳐도 너무 지나쳤다.

둘째, 회식은 집단 논리가 지배하는 행사여서 그 속에 결코 개인은 존재할 수가 없었다. 조직은 공동의 목적을 가지고 그 목적에 동의하는 개인들이 모여 만들어진 집단이다. 과거에는 조직 자체가 중요했고, 그 안의 개개인은 상대적으로 중요하지 않았다. 조직이 결정하면 조직원은 군말 없이 따르는 것이 미덕이었다. 만약 그러지 않는다면 그 사람은 조직생활에 뜻이 없는 사람이라 여겼다. 그래서 술을 싫어해 회식에 잘 참여하지 않거나 회식 자리에서 술을 피하는 등 소극적인 태도를 보이는 직원은 능력과 무관하게 윗사람의 눈 밖에 나기도 했다. 심지어 술만 잘 마셔도 회사생활을 잘하는 사람으로 여기는 사회적 분위기도 있었다. 지

금이야 도저히 이해가 안 되는 일이지만, 경력사원 면접을 볼 때는 주량을 물어보는 게 그리 이상한 일이 아니었다. 하지만 이제 세상이 바뀌었다. 조직도 중요하지만, 그 안에 포함된 개개인도 그만큼이나 중요한 세상이다. 조직의 논리로 개인의 자유를 제한하거나 억압할 수 있는 세상이 아니다. 만약 그랬다가는 사회적 지탄을 피할 수 없다. 점점 개인이 중시되고 다원화되어 가고 있는 시대적 변화에 회식은 전혀 어울리지 않는 방식이다.

셋째, 회식은 일회성 이벤트일 뿐이다. 물론 아무것도 하지 않는 것보다는 나을지도 모른다. 하지만 조직 차원에서 시행하는 이벤트는 평소 상호 신뢰가 높은, 건강한 조직일 때만 효과가 있다. 그렇지 않은 상태에서 진행하는 일회성 이벤트는 오히려 직원들의 냉소를 자아내고 불만을 키운다. 속으로는 골병이 들어 있는데 원인 처방은 하지 않고 반창고만 붙인다고 나아지는 게 있겠는가?

마지막으로, 회식은 일터 밖에서 이뤄지는 활동이다. 잠깐 생각해보자! 회식을 하는 이유가 무엇인가? 팀워크를 강화하기 위해서가 아닌가? 그런데 팀워크는 일할 때 강화해야지 왜 일 끝나고 강화하려고 하는가? 일터 밖에서 이뤄지는 활동이 일터 안으로 이어지면 너무나 좋은 일이겠지만, 아쉽게도 회식은 그 역할을 하지 못한다. 앞서 언급한 것처럼 술이 중심이 되는 회식은 두통 외에는 머릿속에 아무것도 남기지 않는다.

"혹시 나 실수한 거 없었어?"

회식 다음 날 종종 하거나 듣는 질문이다. 회식 자리에서 기억나는 건 누군가의 '진상짓'밖에 없는데 어떻게 팀워크로 이어질 수 있단 말인가?

일터의 분위기가 험하고 독성이 강할수록 회식 자리에서 술이 과해지는 경향이 있다. 일터에서 경험한 안 좋은 기억을 술로 달래고 잊어버리려는 것이다. 여기서 '험하고 독성이 강하다'는 것은 존중과 에티켓이 없는 말과 행동이 난무한다는 말이다.

일부 리더는 이 같은 음주 중심 회식의 부작용을 깨닫고는 다른 접근을 선택하기도 한다. 단체 산행, 체육대회, 워크숍을 빙자한 야유회, 영화나 연극 등을 함께 관람하는 단체 문화 활동 등이다. 하지만 이런 활동들도 따지고 보면 모두 업무 시간 끝나고 일터 밖에서 이뤄지는 활동이다. 회식과 크게 다르지 않은 접근이라 보면 된다. 제아무리 좋은 취지의 행사일지라도 퇴근 후에 이뤄지는 모든 활동은 냉정하게 보면 그저 업무의 연장일 뿐이다. 회사 사람들은 친구가 아니지 않은가?

이런 상황에서 환영할 만한 것이 국가 차원에서 법으로 정해진 '주 52시간 제도'의 전격 도입이다. 물론 설왕설래 여러 가지 의견이 있다는 것은 안다. 하지만 '저녁이 있는 삶'을 보장한다는 측면에서 보자면 매우 바람직한 접근이라 할 것이다. '주 52시간 제도'는 회식을 포함하여 조직 차원에서 저녁 시간에 이뤄지는 모든 활동들의 생명줄을 끊어버렸다. 이제는 회식을 하고 싶어도 할 수가 없는 세상이 되어버린 것이다.

자! 이렇게 회식의 역사와 문제점을 살펴보았다. 이처럼 부정적인 면이 많음에도 불구하고 조직 분위기를 활성화하는 방법으로 여전히 회식을 떠올리는 사람이 많다. 그 이유는 아마도 회식을 대신할 만한 대안을 아직 찾지 못했기 때문일 것이다. 조직이라는 곳은 항상 분위기가 침체되어 있을 수밖에 없다. 조직은 일을 해야 하는, 매우 이성적인 곳이기 때문이다. 항상 문제가 생기고 잊을 만하면 위기가 찾아온다. 무한경쟁의 경영 환경에서 조직이란 늘 성과에 목이 타고 애간장을 녹이는 곳일 수밖에 없다. 그래서 조직은 늘 분위기가 침체될 수밖에 없는 것이다. 조직을 이끄는 책임자에게 있어 조직이 축 처져 있는 모습은 결코 마음 편한 상황이 아니다. 당연히 뭔가 조치가 필요하다고 느낀다. 과거에는 업무 마친 후의 회식으로 조치를 취했지만, 이제는 회식을 대체할 수 있는 뭔가가 필요해졌다. 과연 무엇을 해야 할까?

일터 안에서
UP 할 수 있는 활동을 찾아라!

무엇보다 원칙이 필요하다. 이제 가급적 퇴근 시간 이후에 뭘 해볼 생각은 하지 않는 게 좋다. 직원들이 좋아하지도 않고 불만만 생길 수밖에 없는 일을 굳이 할 이유가 없다. 이제 무엇이든 업무 시간 중에 할 수 있는 활동을 찾아야 한다. 혹시 퇴근 시간 이후에 뭔가를 해야 한다면 먼저 반드시 직원들의 의견을 물어야 한다.

회식 또한 퇴근 이후가 아닌 업무 시간에 할 수 있는 방법을 찾아라! 꼭 술을 먹어야만 회식은 아니다. 조금만 머리를 쓰면 일터에서 조직을 활성화하거나 팀워크를 다질 방법은 얼마든지 찾을 수 있다. 가령, 업무 시간 중간중간 직원들이 모여 가벼운 다과를 들며 대화의 시간을 가져보면 어떨까? 공동의 취미를 찾아 함께 즐기는 것은 어떨까? 사무실에 카드나 엽서를 비치해 직원들 간 평소 하지 못했던 이야기들을 전할 수 있도록 하면 어떨까? 주기적으로 마니또(수호천사)를 정해 직원들끼리 서로 도움을 주고받을 수 있도록 만들면 어떨까? 서로의 장단점 등을 진솔하게 일러주는 롤링페이퍼Rolling Paper와 같은 활동은 어떨까? 역량 향상을 위한 학습 주제를 정해 서로의 지식을 공유하는 시간을 가져보면 어떨까?

조직 분위기를 향상시키고 싶다면 이처럼 직원 모두가 참여할 수 있는 생산적인 방식을 찾아야 한다. 직원들과 머리를 맞대고 의논한다면 그 방법은 무궁무진하게 찾아낼 수 있다.

늘 똑같은 활동보다는 다채로운 활동으로 시행하면 더 효과적이다. 동일한 활동이 반복되면 자칫 식상해지게 마련이고, 같은 활동이라도 변화를 줘서 색다름을 추구해야 흥미와 참여를 계속 유지할 수 있기 때문이다. 또한, 단순한 관계 개선이나 순간의 즐거움을 추구하는 일회성 활동보다는 기왕이면 업무 성과 향상이나 직원들의 역량 강화와 연계되는 활동이면 더욱 의미도 있고 효과적일 것이다. 이러한 활동은 당신 혼자서는 할 수 없다. 아니, 당신이 주도하는 활동은 전혀 바람직하지 않다. 직원들 가운데 책임자를 정해 주도하게 하고, 당신은 든든한 후원자이자 적극적인 참여자 역할을 수행하는 편이 좋다.

3

진실 **착각**

"너무 바빠서
직원들을 만날 시간이 없다"

착각 **진실**

"리더에게 직원과의 소통보다
중요한 일이 있는가?"

속 깊은 대화가 가능한 '원온원
(One on One) 소통'을 하라!

원사이드(One Side) 소통
vs. 원온원(One on One) 소통

　　직원들의 속마음을 알 수 없다고 토로하는
리더가 많아지고 있다. 자기 앞에서는 말 한 마디 없던 직원이 회
사의 익명 게시판에 불만을 적기도 하고, HR조직 또는 노조를 찾
아가서는 잘도 털어놓는다는 것이다. 이런 경험을 할 때마다 직
원들에 대한 믿음이 흔들리고 때로는 뒤통수를 맞은 느낌이 들어
오만 정이 다 떨어진다고 한다. 상황이 이 지경이라면 리더와 직
원의 관계는 더 이상 기대할 것이 없다 하겠다.

　　근래에는 리더가 직원들과 만날 기회나 시간 자체가 많이 부
족해진 상황이다. 예전에는 직원들과 하루 종일 같이 생활했다고
해도 과언이 아니었다. 휴·야근이 많은 시절이었기에 이런저런
일로 직원들을 만날 기회가 많았던 것이다. 하지만 '저녁이 있는

삶'이라는 사회변화 트렌드와 함께 분산 및 비대면 업무 수행 상황이 늘어나면서 이제는 옛날이야기가 되고 말았다. 이런 상황에서 이제 리더는 제한된 시간에 직원들과 보다 효과적으로 소통할 수 있는 방법을 연구해야 한다.

예전에는 뭘 하든 다 같이 모이는 게 중요했다. 출근하면 가장 먼저 했던 일은 전체 회의였다. 아마도 전체 집합형 소통이 가장 효율적인 방식이라는 믿음이 있었던 듯하다. 물론 리더 입장에서는 매우 효율적인 방식이라 여길지도 모른다. 많은 시간을 투입하지 않아도 직원들을 한꺼번에 만날 수 있으니 말이다. 하지만 직원 입장에서 보면 이보다 비생산적인 일도 없다. 회의 자리에서 '내가 이 자리에 왜 앉아 있어야 하지?' 하는 의문을 가졌던 적이 있지는 않은가? 급한 일이 있어도 눈치 보여서 중간에 빠져나가지도 못하고 말이다.

"우리 팀장은 회의를 취미로 합니다. 특별한 목적이 없어도 일단 집합시켜놓고 봐요. 직원들이 한자리에 모여 있어야 뭔가 안심이 되는 모양입니다. 어찌 보면 자신의 존재감을 알리고 확인하고 싶어 하는 것 같기도 하고요."

이 같은 구시대적 리더 행동이 여전한 현실이지만, 언젠가는 분명 사라질 것이다. 더 이상 통하지 않는 방식이기 때문이다. 리더에게 가장 중요한 일 가운데 하나는 사람의 마음을 얻는 것이다. 사람의 마음을 얻는 데 효율적인 방식은 대개 효과적이지 않다. 리더 자신의 시간을 아끼자고 직원 대다수의 시간을 허비해서야 되겠는가?

이제는 직원 개개인과 원온원One on One으로 만날 것을 제안한다. '원온원 소통'은 리더와 직원이 일대일로 소통하는 방식이다. 다만 '일대일'이라고 하면 대결 구도의 느낌이 들기 때문에, '일대일 소통'보다는 비록 외래어지만 원온원 소통이 보다 적합한 표현 방식이라고 본다.

직원들은 저마다 하는 일도 다르고, 성격도 다르며, 선호하는 것은 물론 겪고 있는 고충도 다르다. 그래서 직원과 함께 식사를 할 기회가 있다면 전체 회식보다는 원온원으로 단 둘이서 하는 것이 훨씬 효과적이다. 직원 입장에서는 리더가 자신을 존중하고 특별하게 대한다는 느낌도 받을 수 있다. 업무 지시도 원온원으로 하게 되면 직원 입장에서는 자신이 리더가 신경 쓰는 매우 중요한 일을 맡았다고 생각하게 될 것이다.

직원 주도의 소통이 되어야 제대로 된 원온원 소통이라 할 수 있다. 무엇보다 직원이 자신의 생각을 자유롭고 편하게 말할 수 있어야 한다. 지적이나 훈계와 같은 행동으로 리더가 분위기를 주도한다면 이는 원온원 소통이 아니라 원온원 소통을 가장한 리더 주도의 원사이드One Side, 즉 일방 소통이나 마찬가지다.

옛말에 "하고 싶은 말만 해도 병이 낫는다"는 말이 있다. 적절한 질문과 경청을 통해 직원이 원 없이 말할 수 있도록 해주어야 한다. 직원의 말을 많이 들을수록 직원의 속마음도 잘 이해할 수 있을 것이다.

사람의 마음을 얻으려면 그만큼 정성과 노력을 기울여야 한다. 원온원 소통은 리더 입장에서 보면 시간이 많이 걸리는 방식이다. 직원 개개인과 빠짐없이 해야 하고, 만날 때마다 많은 정성을 기울여야 하기 때문이다. 하지만 사람을 대하는 데 이처럼 효과적인 방법은 없다. 나는 사람이 여럿 모이는 자리에 대한 기대가 없다. 가벼운 잡담은 가능하지만, 속 깊은 대화는 불가능하기 때문이다. 특별히 남는 것도 없고, 군중 속에서 짙은 소외감을 느끼기도 한다. 특히 누군가가 중심이 되거나 유독이 말 많은 사람이 주도하는 모임은 참석할 때마다 들러리가 된 것처럼 허무함을 느낀다.

속 깊은 소통의 기본 단위는 원온원이다. 직원과 원온원으로 만나 속 깊은 대화를 나누면 직원의 생각과 아이디어를 제대로 이해할 수 있고, 일에 대한 공감대를 형성할 수 있으며, 직원과의 신뢰 관계도 형성할 수 있다. 최소 일석삼조의 효과를 거둘 수 있는 것이다. 리더로서 자신이 얼마나 잘하고 있는지를 알고 싶다면 원온원 소통을 얼마나 열심히 하고 있는지를 따져보면 된다. 원온원 소통은 직원에게 정성을 들이고 있다는 증거이기 때문이다.

"너무 바빠서 직원들을 만날 시간이 없어요."

이렇게 하소연하는 리더가 있을지도 모른다. 하지만 이는 마치 "너무 바빠서 우리 아이와 대화할 시간이 없어요"라고 말하는 부모와도 같다. 리더에게 직원을 만나는 일보다 중요한 일이 어디 있단 말인가? 진짜 중요한 일은 방치하고 엉뚱한 곳에서 시간을 낭비하고 있는 건 아닌지 생각해볼 일이다. 원온원 소통은 시간이 남아돌아서 하는 것도, 이것저것 다 하고 남는 시간에 하는 것도 아니다. 오히려 원온원 소통을 최우선적으로 시행하고, 시간이 남으면 다른 일을 하겠다는 생각을 가져야 한다. 일정관리 앱에 직원과의 원온원 소통 계획을 가장 먼저 입력하라.

원온원 소통이 반드시 대면으로 이루어져야 할 필요는 없다. 특히 직원들의 수가 많을 경우나 근무지가 서로 멀리 떨어져 있는 경우, 원온원 소통을 대면으로 진행하기란 물리적으로 몹시 어렵다. 이 경우에는 온라인 소통 도구를 보다 적극적으로 활용할 것을 권한다. 이런 도구를 활용하여 시공간의 제약 없이 개별적인 채팅이나 대화를 나누는 것도 원온원 소통이라 할 수 있다. 업무 수행 과정에서는 말보다도 글로 주고받는 메시지가 훨씬 구체적이고 정확한 소통 방법이다. 들은 것은 쉽게 잊어버리지만, 기록한 것은 어디 가지 않기 때문이다. 더구나 꼭 필요한 내용만 주고받기에 시간도 절약할 수 있다. 오프라인 원온원 소통은 계획을 세워 주기적으로 수행해야 한다면, 온라인 원온원 소통은 필요할 때마다 상시적으로 수행이 가능하다. 리더와 직원 간에 감성 터치가 가능한 오프라인 원온원과 명확한 소통을 지원하는 온라인 원

온원을 병행하여 하이브리드 소통을 시행한다면 이보다 완벽한 소통은 없을 것이다.

현명한 리더의 눈은
늘 직원을 향한다

원온원 소통과 더불어 평소에 직원들의 얼굴을 잘 살필 것을 권한다. 얼굴에는 그날그날의 상태가 모두 드러나기 때문이다. 직원의 얼굴을 평소에 유심히 살피다 보면 직원의 컨디션 변화를 보다 쉽게 알 수 있다. 평소보다 좋아진 얼굴도 있고 나빠진 얼굴도 있을 것이다. 그럴 때면 "오늘 컨디션 좋아 보이는데?" 또는 "요즘 일할 때 어려운 점이라도 있나?"와 같이 가볍게 안부를 물어보자. 이를 계기로 직원의 속마음을 듣게 되는 소통의 시간이 생길 수도 있다.

직원들은 속마음을 잘 드러내지도, 표현하지도 않는 경향이 있다. 그래서 직원들이 어떤 상태에 있는지 알 길이 없다. 특히 요즘 주니어 세대는 더더욱 그렇다. 요즘 리더들의 공통적인 고충사항 가운데 하나는 직원들의 이직률이 높아지고 있다는 점이다. 평소에 조용하던 직원이 어느 날 갑자기 "드릴 말씀이 있습니다"라고 한다면, 거의 회사를 그만두겠다는 말이라고 보면 된다.

직원이 이직을 결심하면 이미 때가 늦은 것이다. 이직을 결심하기 전에 선조치를 해야 한다. 직원들이 조직에 대한 불만이 많아지고 이직에 대해 생각할 때는 몇 가지 행동 변화가 나타난다. 회의 때 말수가 부쩍 줄어들기도 하고, 표정이 어두워지기도 하며, 휴가를 부쩍 자주 쓰거나 지각이 잦아지기도 한다. 리더는 직원 개개인의 이런 행동 변화를 포착할 수 있어야 한다. 평소에 직원 개개인의 얼굴을 세세히 살피지 않는 사람에게는 불가능한 일이다.

내가 회사에서 과장이었던 시절의 일이다. 당시 모셨던 팀장과 원온원 미팅을 하고 있었다. 갑자기 팀장이 나를 물끄러미 쳐다보더니 물었다.

"요즘 무슨 걱정거리 있어요? 뭔가 걱정이 있어 보이는데……."

당시 아내의 건강이 좋지 않아 마음이 무거웠는데, 아마도 표정에 드러났던 모양이다. 그날 퇴근 무렵, 아내에게서 전화가 걸려왔다. 아내는 팀장의 이름을 대며 혹시 아는 사람이냐고, 그 이름으로 난초가 왔다고 했다. '쾌유를 기원합니다'라는 메시지와 함께. 가만 보니 팀장은 평소 나의 표정이나 컨디션을 유심히 살피고 있었던 것이다.

이와 정반대의 경험도 있었다. 비슷한 상황에서 다른 팀장은 내게 불쑥 이렇게 말했다.

"너 표정이 왜 그래?"

당시 나는 계속되는 야근과 주말 근무에 말 그대로 파김치 상태였다. 내가 별다른 대답을 하지 못하자 그는 내 얼굴을 손가락으로 가리키며 퉁명스럽게 한마디 내뱉고는 사라졌다.

"이것 봐, 얼굴 좀 펴고 다녀. 꼭 화난 사람 같잖아!"

그 말을 듣고 나는 그와 함께 보내는 시간이 내 인생에 결코 도움이 되지 않을 것이라는 결론을 내렸다. 아무리 생각해도 좋게 받아들일 수 없는 말이었다. 원래 팀장 성격이 그러려니 하고 흘려버리려 해도 기분이 상하는 건 어쩔 수 없었다. 돈 한 푼 들지 않는데 따뜻한 말 한마디 건네면 어디 덧나는가? 그가 왜 그런 식으로 말을 했는지는 지금까지도 이해가 되지 않는다.

당신은 이 두 팀장 중 어느 쪽에 가까운 리더인가? 직원 개개인의 얼굴을 살피는 이유는 결국 직원을 돕기 위해서다. 직원에 대한 관심과 애정이 없으면 할 수 없는 행동이다. 현명한 리더는 직원의 컨디션이 안 좋은 때를 놓치지 않는다. 직원들의 컨디션이 안 좋으면 가장 큰 손해를 보는 사람은 바로 당신이다. 컨디션이 안 좋으면 일의 성과가 안 좋아질 수밖에 없지 않겠는가? 뿐만 아니라 사람의 마음을 얻을 수 있는 절호의 기회는 상대가 곤경에 처했을 때다. 사람은 대체로 힘들 때 도와준 사람을 잊지 못한다. 리더의 눈이 늘 직원의 얼굴을 향하고 있어야 하는 이유다.

4

진실 **착각**

"칭찬은
고래도 춤추게 한다"

착각 진실

"사람은 고래가 아니다. 내공 있는
리더는 칭찬보다 쓴소리에 능하다"

성장을 돕는 칭찬과
약이 되는 쓴소리를 하라!

'리더의 눈'을
가져라!

　　칭찬에 대한 관심이 점점 높아지고 있다. 전
통적으로 우리나라 조직사회가 칭찬에 인색한 면이 없지 않았던
터라 뒤늦게나마 칭찬의 중요성과 효과에 눈을 떴다는 점에서 환
영할 만한 일이다. 의도적으로 쓴소리는 하지 않고 칭찬만 하려
한다는 리더도 만난 적이 있다. 하지만 무엇이든 맹신은 부작용
을 일으키기 마련이다. 무작정 칭찬만 한다고 해서 효과가 있는
것은 아니다. 칭찬도 잘못하면 오히려 안 하느니만 못한 결과를
초래할 수도 있다.

　　칭찬을 잘하려면 칭찬의 목적을 정확히 알아야 한다. 흔히 칭
찬을 해주면 상대의 기분이 좋아지고, 기분이 좋아지면 일을 더
잘할 수 있기 때문에 칭찬을 해야 한다고 생각한다. 그러나 이는

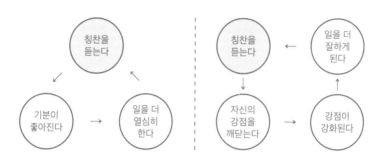

| 칭찬의 피상적 효과 | vs | 칭찬의 본질적 효과 |

진정한 칭찬의 목적이 아니라 칭찬의 부산물 정도로 보는 것이 맞다. 칭찬의 진정한 효과는 그런 얕은 것이 아니다.

나는 칭찬을 "잘한 것을 더 잘하도록 도와주는 피드백"이라고 정의한다.

사람의 강점은 씨앗과 같다. 땅속에 묻혀 보이지 않는 아주 작은 씨앗 말이다. 그래서 스스로는 그것을 알아챌 길이 없다. 장래 거목으로 성장할 수 있는 씨앗이지만, 스스로는 너무 작아서 보잘것없는 것으로 인식하기 때문이다. 그 강점을 강점으로 인식하는 순간, 씨앗은 땅을 뚫고 올라오게 된다. 칭찬은 한 개인의 잠재력을 일깨우고 성장을 돕는 복합영양제과 같다. 따라서 칭찬을 할 때는 최대한 구체적으로 해야 한다. 단순히 "잘했어!"나 "수고했어!"와 같은, 진정성 없이 툭 던지는 칭찬은 오래 남지도 않고 영향력도 크지 않다.

내가 회사원이었을 때, 팀장에게 업무 보고를 하던 중이었다. 팀장은 내가 만든 보고서를 찬찬히 들여다보았다. 대개 이런 시간은 살짝 긴장감이 돌게 마련이다. 어떤 피드백을 받게 될지 걱정과 기대가 공존한다. 그리고 나는 당시 팀장이 해줬던 말을 잊지 못한다.

"박태현 씨는 일할 때 머리를 쓰면서 하는 것 같아. 아이디어 좋은데! 비결이 뭐야?"

나는 그전까지 내가 일할 때 머리를 쓴다는 사실을 단 한 번도 생각해본 적이 없었다. 누가 그런 생각을 하며 살겠는가? 그때 팀장의 칭찬 한마디는 이후 나의 일하는 방식을 상당히 바꿔놓았다. 아이디어에 매달리는 습관을 갖게 된 것이다. 내가 맡은 일에서 창의적인 아이디어가 보이지 않으면 결코 만족할 수 없게 됐다. 작은 일 하나에도 늘 좋은 아이디어가 떠오를 때까지 고민했다. 덕분에 일을 할 때마다 두통이 생기는 부작용(?)을 경험하고는 있지만, 나를 한 차원 높은 세상으로 안내해준, 환상적인 칭찬이었다. 좋은 칭찬은 이런 식으로 하는 것이다.

이와 같은 효과적인 칭찬을 하기 위해서는 '리더의 눈'을 가져야 한다. 리더의 눈이란 사람을 보면 그의 강점과 잠재력을 먼저 발견해내는 눈을 말한다. '경영의 달인'이라 불리는 GE의 전 회장 잭 웰치는 어린 시절 말을 더듬는 습관이 있었다. 이런 콤플렉스로 인해 점점 자신감을 잃어가던 잭 웰치에게 그의 어머니는 놀라운 칭찬을 해주었다.

"너는 생각하는 속도가 너무 빨라서 말의 속도가 미처 따라오지 못하는 거야."

예술적인 칭찬이 아닌가! 절로 무릎을 탁 치게 하는 표현이다. 이런 칭찬은 아무나 할 수 있는 것이 아니다. 보통의 부모가 같은 상황에서 어떤 행동을 할지 생각해보면 이 칭찬의 가치를 쉽게 알 수 있다. 아마도 자신의 아이가 말을 더듬는다면, 부모들은 십중팔구 말 더듬는 습관을 고치는 학원을 알아볼 것이다. 정신병원에 데려가지 않으면 다행이다.

반면 잭 웰치의 어머니는 보이는 것(말 더듬는 습관)에 가려져 보이지 않던 것(남다른 사고 능력)을 발견했다. 눈에 보이는 것에 대한 피드백은 누구나 할 수 있지만, 보이지 않는 것에 대한 피드백에는 특별한 능력이 필요하다. 바로 사람에 대한 깊은 애정과 '사람은 성장하는 존재'라는 믿음이다.

지금부터 리더의 눈을 키우기 위해 노력해보자. 노트를 펴놓고 직원 개개인의 강점과 잠재력을 브레인스토밍하여 있는 대로 찾아 적어보는 것도 좋다. 아주 작은 것이어도 괜찮다. 아니, 작은 것일수록 좋다. 이상하게도 사람들은 질책할 때는 매의 눈으로 사소한 것까지 잘도 찾아내면서 칭찬할 때는 큰 것만 찾으려 한다.

상대의 좋은 점을 발견하고자 하는 노력을 지속하다 보면 리더의 눈을 가질 수 있을 것이다.

공개적인 칭찬은
팀워크를 해치는 독이 된다

조직 사회에서 칭찬에 대해 간과하기 쉬운 점이 있다. 바로, 한 개인에 대한 칭찬이 조직 전체에 미치는 영향에 관한 것이다.

"칭찬은 공개적으로, 질책은 개별적으로 하라"는 말이 있다. 많은 사람이 정설로 받아들이는 말이고, 나 역시도 오랫동안 이 말이 옳다고 믿어왔다. 공개적으로 칭찬하면 칭찬받는 사람은 기분이 좋고, 다른 사람에게도 자극이 되어 분발하게 하는 긍정적인 효과를 일으킨다는 생각이었다.

하지만 오랜 조직 경험을 통해 현실은 다르다는 것을 깨달았다. 일단, 직원들은 그렇게 단순한 논리로 움직이는 일차원적인 존재가 아니다. 또한, 그런 기대를 하기에는 우리 사회의 경쟁이 너무 지나치다. 경쟁은 오래전부터 우리 사회를 살아가는 사람들의 중요한 삶의 방식이 되어버렸다. 땅덩이는 좁은데 의욕이 넘치는 사람은 많다 보니 자연히 나타난 현상일지도 모른다. 경쟁이 삶의 방식인 사회에서 리더의 공개적인 칭찬은 자칫 조직의 팀워크를 해치는 독으로 작용할 수 있다. 일단, 칭찬받지 못한 직원들의 심리에 큰 파장을 일으킨다. 단순히 자신이 칭찬받지 못했다는 사실을 넘어, 이를 자신에 대한 질책이나 벌로 확대해석하여 받아들이는 경향이 있다. "김 대리는 이렇게 잘하는데 너는 왜 김 대리처럼 못 하니?"와 같은 식으로 말이다. 더구나 공개적인 칭찬은 칭찬받은 직원에게도 그리 좋을 게 없다. 자칫 다른 직원들로부터 집중 견제를 받는 '공공의 적'이 될 수도 있기 때문이다.

정리하자면, 공개적인 칭찬은 일부 직원의 사기를 올릴 수 있을지는 모르지만 대다수 직원들의 사기를 떨어뜨릴 수 있고, 조직을 대놓고 경쟁 구도로 몰아가는 독이 될 우려가 있다. 따라서 공개적인 칭찬보다는 개별적인 칭찬이 조직 전체를 위해서는 훨씬 더 효과적일 수 있다. 칭찬을 받는 당사자에게는 당연히 도움이 되고, 조직 차원에서도 부정적인 영향이 없기 때문이다. 굳이 공개적으로 칭찬을 하려거든 특정 직원이 아닌 직원 모두에 대해 칭찬하라. 그 편이 훨씬 더 현명한 행동이다. 가령 조직이 보여준 팀워크를 칭찬하고, 그 속에서의 직원 개개인의 노력과 강점을 깨알같이 피드백하는 것이다. 유치원이나 초등학교 선생님처럼 말이다. 이들은 상을 받지 못한 아이들도 기죽지 않도록 각자에게 맞는 특별상을 만든다. 모두에게 상을 주는 것이다.

조직을 이끄는 리더는 자신의 말 한 마디, 행동 하나가 조직 전체에 어떤 영향을 미치는지 늘 생각해야 한다. 칭찬받은 직원만큼 칭찬받지 못한 직원의 마음에도 신경을 써야 하는 법이다. 그리고 칭찬이든 질책이든, 사람에 대한 피드백은 원온원 방식이 훨씬 좋다.

독이 되는 쓴소리
vs. 약이 되는 쓴소리

앞서 칭찬에 대해 이야기했으니 이제 쓴소리에 대해서도 이야기해보려 한다. 참고로 여기서 쓴소리란, 질책이나 야단, 혼내기 같은 말들을 통칭하는 표현이다.

사회 전반적으로 칭찬이 강조되다 보니 쓴소리는 일단 나쁘게 보는 인식이 있다. 리더가 쓴소리를 많이 하면 리더십에 문제가 있는 사람으로 비춰지기도 한다. 그러나 이는 잘못된 생각이다. 쓴소리는 상대가 자신의 잘못을 만회할 수 있는 재기의 기회를 주는 것이다. 무엇이든 한쪽으로 치우치는 것은 좋지 않다. 쓴소리 일변도의 피드백도 문제지만, 칭찬 일변도의 피드백도 못지않게 문제가 된다. 그랬다가는 직원의 잘못된 행동이 교정되지 않을 가능성이 크기 때문이다.

직원의 잘못에 어떤 식으로 대응해야 할지 몰라 속병을 앓는 리더들을 종종 만나게 된다. 그도 그럴 것이, 쓴소리는 칭찬보다 훨씬 더 난이도가 높은 피드백이기 때문이다. 칭찬은 달달한 이야기지만 쓴소리는 말 그대로 쓴소리이기 때문에 웬만큼 좋은 관계가 아니고서는 쉽게 할 수 없는 것이다.

요즘 조직 사회에서 '꼰대 공포증'이라는 말이 유행하고 있다. '꼰대' 소리 들을까봐 지나치게 겁을 내는 일종의 사회심리적

병이다. 가장 대표적인 증상은 '할많하않'이다. "할 말은 많지만, 하지 않겠다"의 줄임말이다. 꼰대 공포증에 걸린 사람은 쓴소리를 못하거나 매우 조심스러워 한다. 하지만 차라리 꼰대 소리를 듣는 한이 있더라도 할 말은 하는 것이 낫다. 단, 기왕이면 약이 되는 쓴소리를 하자.

최근 가정에서든 직장에서든 누군가에게 쓴소리를 했던 경험을 떠올리고, 그것이 얼마나 효과적이었는지 생각해보라. 칭찬은 잘못해도 리스크가 그리 크지 않지만, 쓴소리는 잘못하면 안 하느니만 못하다. 잘못은 교정되지 않고 관계만 나빠지는, 최악의 상황도 발생할 수 있다. 그래서 쓴소리를 할 때는 특히 신경을 써야 한다.

약이 되는 쓴소리를 하려면 무엇을 주의해야 할까? 먼저, 일과 감정을 분리해야 한다. 좀 더 쉽게 말하면, 화 같은 공격적인 감정을 담아서는 안 된다. 특히 홧김에 말이 터지는 상황을 조심하며, 감정을 섞지 않고 최대한 잘못된 일에만 초점을 맞춰야 한다. 물론 일이 잘못된 상황이니 몹시 속이 상했을 것이다. 하지만 화를 내면 벌통을 걷어찬 것처럼 상대의 공격성만 자극하게 될 가능성이 높다. 화를 참으려 해도 자신도 모르게 폭발할 가능성이 있다는 점도 간과해서는 안 된다. 행여 화를 낼 것 같은 조짐이 스스로에게 느껴진다면 차라리 피드백을 뒤로 미루는 것이 좋다. 완전히 차분해져서 감정 컨트롤이 가능해질 때까지 말이다.

쓴소리를 할 때도 무엇이, 어떻게 잘못됐는지 구체적으로 설명해주어야 한다. 나아가 상대가 문제를 스스로 해결할 수 있는지, 아니면 도움이 필요한지를 판단해야 한다. 스스로 문제 해결이 가능한 상황이라면 그냥 맡겨두는 것이 좋지만, 그렇지 않을 경우 함께 해결책을 모색해야 할 것이다.

마지막으로, 격려의 표현을 잊지 않아야 한다. 제아무리 젠틀하게 전달해도 쓴소리를 듣고 기분 좋은 사람은 없다. 직원 입장에서는 의기소침하여 일할 맛이 안 날 수도 있다. 한편으로는 리더인 당신의 눈 밖에 나지 않았나 하는 걱정도 들 것이다. 쓴소리 과정에서 격려가 필요한 이유다. 격려는 상대를 이런 걱정과 부정적인 감정으로부터 벗어나 일에 보다 집중할 수 있도록 해주기 때문이다. 상대의 행동이 교정되지 않거나 괜히 관계만 해치는 '독이 되는 쓴소리'가 아니라 '약이 되는 쓴소리'를 할 수 있어야 한다.

칭찬과 쓴소리는
이란성 쌍둥이다

아무리 듣기 좋은 소리를 해줘도 전혀 끌리지 않는 사람이 있다. 반면 욕지거리를 하는데도 그것마저 정겹게 느껴지는 사람이 있다. 누군가에게 칭찬이나 쓴소리를 할 때

| 칭찬 vs. 쓴소리 | 쓴소리 vs. 비난 |

| 칭찬 = 쓴소리 | 쓴소리 ≠ 비난 |
| 상대의 성장을 돕는다 | 잘못된 일을 말한다 ≠ 사람을 공격한다 |

기왕이면 좀 더 세련된 기교나 방법을 사용하면 좋겠지만, 그게 본질은 아니다. 칭찬이든 쓴소리든, 중요한 것은 상대가 잘되기를 바라는 진정 어린 마음이다. 그런 의미에서 칭찬과 쓴소리는 이란성 쌍둥이라 할 수 있다. 제아무리 세련된 언어를 구사한다 해도 상대를 위하는 마음이 담겨 있지 않다면 상대에게 어떤 영향도 주지 못한다. 입바른 소리로 기분만 잡칠 수 있다. 태생적으로 표현이 어눌해 피드백이 어렵다는 리더들이 있다. 이런 경우라면 억지로 멋진 표현을 쓰려고 애쓰기보다는 직원에게 말 한 마디 건넬 때 상대를 위하는 진정 어린 마음을 평소보다 더 많이 담아 볼 것을 권한다. 진심은 결국 통하는 법이다.

5

진실 **착각**

"나는 사람을 중시하는 경영을 하고 있다"

착각 진실

"대체 직원에 대해 뭘 얼마나 알고 있는가?"

파악하려 하지 말고, 있는 그대로를 이해하라! 단, 사생활은 빼고

몰라도
너무 모르는 무심한 당신

오랫동안 알고 지내던 후배가 "우리 팀장은 저한테 통 관심이 없어요"라며, 웃지 못할 일이 있었다고 했다.

후배   사무실 복도에서 팀장님을 만났는데 저한테 뭐라고 했는 지 아세요?

나   뭐라고 그랬는데?

후배   (기가 차다는 표정으로) "애는 잘 크고 있지?"

이야기를 듣고 실소가 터져 나왔다. 왜냐하면, 그 후배는 미혼이었으니까. 결례도 이만저만한 결례가 아니다.

후배의 팀장도 고의로 그러지는 않았을 것이다. 그래서 왜 그

가 그런 어처구니없는 실수를 했을까 곰곰 생각해보았다. 아마도 평소 뜸했던 직원에게 관심을 보이고자 했으나 직원에 대해 아는 정보가 너무 없었을 것이다. 참고로, 직원에 대한 관심을 보일 때는 가급적 사생활에 대해서는 언급하지 않는 게 좋다. 아주 친한 사이가 아니라면 항상 득보다는 실이 크기 때문이다. 차라리 직원이 수행하는 일에 대한 관심이나 기대를 보이는 편이 낫다. 후배의 팀장도 무난하게 "요즘 고생이 많지?"와 같은, 따뜻한 격려 한마디였다면 나쁘지 않았을 것이다. 누군가에 대한 관심의 표현은 의지나 의무감만 가지고는 되지 않는다. 알아야 면장을 한다고, 관심도 상대를 알아야 제대로 표현할 수 있는 법이다.

업무 수첩에
무엇이 적혀 있는가?

경영 활동에서 가장 중요한 요소를 한 가지 꼽는다면 무엇일까? 아마도 '사람'이 단연 1순위일 것이다. 과거부터 그래왔고, 특히 '지식창조 시대'로 대변되는 오늘날은 사람이야말로 조직 경쟁력의 제1 원천일 수밖에 없다. 실제로 많은 회사가 약속이나 한 듯 '인재경영'을 표방하고 있고, 우수한 인재를 구하기 위해 혈안이 되어 있으며, 일 잘하는 우수한 인재는 여러 조직으로부터 구애를 받는다. 새로운 변화와 도전이 필요할 때

이러한 현상은 더욱 강화된다. 오죽하면 '인재전쟁The War for Talent'이라는 말이 나왔을까?

과거, 기업의 HRHuman Resources 영역에서 가장 중요했던 기능은 주로 인사제도나 시스템 디자인 기능이었다. 하지만 근래에는 힘의 기울기가 핵심인재 채용 쪽으로 확 넘어왔다. 특히 스타트업에서는 인재 채용이 HR 기능의 거의 전부라고 해도 과언이 아니다. 아이디어와 열정으로 승부하는 스타트업은 외부 투자기관으로부터의 투자 유치가 무엇보다 중요한데, 투자를 받을 때 가장 중요한 핵심 지표의 하나가 바로 핵심인재 보유 수준이다. 어찌 보면 사업 아이템보다 더 중요하게 다뤄지기도 한다. 제아무리 좋은 사업 아이템을 가지고 있어도 이를 구현할 인재가 없으면 무용지물이기 때문이다. 그래서 업계에서 알려진 인재를 많이 확보할수록 투자를 더 많이, 더 잘 유치할 수 있다. 그리고 유치한 투자 금액은 다시 핵심인재 채용에 투입된다. 그래서 스타트업 업계에서 핵심인재 채용은 HR 조직만이 아니라 CEO의 가장 중요한 일이기도 하다.

이렇듯, 사람이 조직의 성과를 만든다는 말은 결코 부인할 수 없는 사실이다. 그리고 사람의 중요성은 앞으로도 점점 더 커질 것이다. 그러나 경영 현장에서는 사람을 가장 중요한 자원으로 생각한다면서도 아이러니하게도 정작 사람을 알고 이해하려는 노력은 별로 하지 않는다. 마치 잡힌 물고기에게는 미끼를 주지 않는 낚시꾼처럼 말이다. 하지만 내 품 안에 들어왔다고 해서 그가 나와 함께 또는 나를 위해서 일해 줄 거라 믿는다면, 이는 완전한 착각이다.

이쯤에서 항변하는 사람이 있을지는 모른다. 나는 그렇지 않다고, 평소 직원들을 이해하기 위해 많은 노력을 하고 있다고 말이다. 그게 사실이라면 증명할 수 있어야 한다. 사람을 알고 이해하기 위해 어떤 구체적인 노력을 하고 있는가? 직원들을 이해하려는 노력을 하고 있는지 확인할 수 있는 손쉬운 방법이 있다. 바로, 리더의 업무 수첩에 어떤 내용이 기록되어 있는지를 확인해 보는 것이다.

업무 수첩은 경영 활동에 있어 가장 중요한 도구의 하나라고 할 수 있다. 비즈니스와 관련된 모든 정보가 세세하게 기록되는 공간이기 때문이다. 요즘은 스마트 기기가 업무 수첩을 대신하는 경우도 많은데, 편의상 그런 것까지 업무 수첩이라 통칭하겠다.

비즈니스에 종사하는 사람은 누구나 늘 가까운 곳에 또는 손에 업무 수첩을 두고 일한다. 놓치는 일이 있어서는 안 되는데 머릿속에 모든 것을 담아둘 수는 없기 때문이다. 따라서 업무 수첩에 기록되어 있지 않은 정보는 그리 중요한 정보가 아니라고 봐도 무방할 것이다. 그러니 진정 사람을 중요한 자원으로 여긴다면 업무 수첩에 함께 일하는 직원들에 대한 세세한 정보가 적혀 있어야 한다. 당신의 업무 수첩은 어떤가?

유감스럽게도 실제 리더들의 업무 수첩을 살펴보면 대부분 일과 관련된 내용만 잔뜩 적혀 있을 뿐, 함께 일하는 직원에 대한 정보는 그리 많지 않다. 기껏해야 생일 같은 기념일 정도뿐이고, 그마저도 없는 경우도 많다.

이는 HR 조직도 마찬가지다. 각종 인사 데이터를 보면 그 사람에 대한 피상적인 정보만 있을 뿐, 깊이 있는 정보는 담겨 있지 않다. 심지어 그나마도 신뢰도가 떨어져 확신을 가지고 활용하기는 어렵다.

익숙지 않은 일은 거듭하면 익숙해질 수 있고, 어려운 일은 자원을 더 투입하면 해결할 수 있다. 하지만 사람에 대한 문제는 그리 녹록지 않다. 알면 알수록 어려운 것이 사람이기 때문이다. 모두가 저마다 다르고, 같은 사람이라도 상황에 따라 달라질 수 있으니 말이다.

아무리 탁월한 인재를 모셔왔다 해도 그 사람에 대한 이해가 부족하면 제대로 활용하기는 어렵다. 그리고 제대로 활용하기 어렵다면 경영에 별다른 보탬이 되지 않는다. 리더는 직원들이 자신의 역량을 십분 발휘할 수 있도록 도와주는 사람이다. 이를 위해서는 평소에 직원 개개인을 알고 이해하려는 노력을 게을리하지 말아야 한다.

파악하려 하지 말고
이해하라!

우리는 종종 사람을 '파악'한다고 말하곤 한다. 국립국어원의 표준국어대사전에 따르면, '파악'은 사전적 의미로 '손으로 잡아 쥠' 또는 '어떤 대상의 내용이나 본질을 확실히 이해하여 앎'이라는 뜻을 가지고 있다. 사람보다는 어떤 물체나 상황에 대해 사용하기에 적절한 표현이다. 사전적인 의미대로라면, 사람에게 이 말을 사용한다는 것은 상대방을 자기 손아귀에 잡아 쥐려는 의도, 상대방 중심이 아닌 철저히 자기중심적인 의도가 되기 쉽다. 또한, 사람을 있는 그대로 이해하려 하지 않고 자기 기준으로 섣부르게 평가하는 오류를 범하기도 쉽다.

그래서 '파악'은 사람에게 쓰기에는 적합하지 않은 용어다. 사람은 파악의 대상이 아니다. 누군가를 파악하려 할수록 그에 대한 이해는 점점 더 어려워진다. 자신을 파악하고자 하는 상대의 불순한 의도에 스스로를 노출시키려 하는 사람은 아마도 없을 것이다. 사람은 있는 그대로 받아들여지고 이해되어야 하는 존재다. 잘 알려진 이야기이지만, 영어로 '이해'를 뜻하는 Understand는 아래Under에 선다Stand는 의미다. 사람을 이해하려면 그 사람의 아래에 서야 한다는 의미다. 사람 위에 서는 고압적인 태도로는 사람을 결코 제대로 이해할 수 없다.

과거 직장생활을 하다 보면 이런 말을 하는 리더를 흔히 볼 수 있었다.

"그 친구 내가 데리고 있어."

"내 밑에서 일하는 직원이야!"

잘 따져보면, 이 말에는 사람을 대하는 인식과 태도가, 사람 아래에 서는 게 아니라 사람 위에 군림하려는 모습으로 고스란히 담겨 있다. 마치 어디 오갈 데 없는 사람에게 동정이나 은혜를 베풀고 있는 듯하지 않은가? 자신의 직원에 대해 이런 식으로 말하는 리더가 있다면, 나는 그의 리더십에 대해 별 기대를 갖지 못할 것이다. 실제로 예전에 가깝게 지냈던 선배가 이런 말버릇을 가지고 있어 이제는 거리를 두고 지낸다. 그가 다른 곳에서 나에 대해서도 이런 식으로 말하고 다닐지 모른다는 의구심이 들기 때문이다.

리더는 직원을 자신과 동등한 위치로 인정할 수 있어야 한다. 행여 빈말이라도 앞서와 같은 표현은 삼가야 한다. 직원 개개인을 자신과 동등한 존재로 인정하고 귀하게 대할 때 비로소 사람에 대한, 직원에 대한 이해가 가능하다. 그러니 앞에서와 같이 누군가에게 함께 일하는 직원을 소개하거나 이야기할 상황이 온다면 앞으로는 이렇게 말해보면 어떨까?

"그 친구 우리 팀 핵심인재야. 나는 없어도 되는데, 그 친구 없으면 우리 팀 안 돌아가지."

직원에 대해
무엇을 알아야 할까?

직원이 스스로의 역량과 열정을 최고치로 발휘하기를 원한다면 리더인 당신은 직원 개개인에 대한 '진짜 중요한 정보'를 알고 있어야 한다. 이는 앞서 언급했던 리더 수첩에 반드시 기록되어야 하는 정보이기도 하다.

진짜 중요한 정보가 무엇인지는 크게 세 가지로 나누어 볼 수 있다.

첫째, 각 직원의 강점과 약점을 알아야 한다. 누구에게나 타고난 강점이 있다. 물론 인간은 신이 아니기 때문에 약점도 있다. 여기서 중요한 점은, 강점은 더욱 강화될 수 있지만 약점은 강점이 될 수 없다는 것이다. 그렇다고 약점을 내버려두라는 말은 아니다. 약점은 강점에 누가 되지 않도록 관리되어야 한다. 그게 바로 리더가 각각의 직원을 위해 해야 할 일이다.

야구에는 "모든 스트라이크존을 커버하는 완벽한 스윙은 없다"는 격언이 있다. 인코스 공을 잘 치는 타자는 아웃코스에 약하고, 높은 공에 강한 타자는 낮은 공에 약하다. 위대한 타자는 모든 공을 잘 치는 사람이 아니라, 자신의 강점에 집중하면서 약점에는 반응하지 않고 골라내는 타자다. 경기를 책임지는 야구 감독은 선수 개개인의 강점과 약점을 잘 알고 있어야 그들의 기량을 십분 활용해 경기에 승리할 수 있다.

당신은 각 직원이 자신의 강점을 최대한 살릴 수 있는 기회를 제공해야 한다. 흔히 말하는 '적재적소의 배치'가 가능해지려면 일이나 업무 못지않게 그 일을 수행하는 사람에 대해서도 잘 알고 있어야 한다.

그렇다면 직원의 약점은 어떻게 관리해야 할까? 그 약점이 해당 직원의 일과 회사생활에 지장을 주지 않도록 도와주고 배려해야 한다. 예를 들어 인간관계에 어려움을 느끼는 직원이 있다고 하자. 그와 상의하여 주로 혼자서 수행하는 업무를 맡기면 어떨까? 그렇게 되면 약점은 더 이상 약점이 되지 않을 것이다. 또한 동료들로부터 호감을 얻을 수 있는 아이디어를 찾아 실천하도록 도와주어도 좋을 것이다.

예전에 인간관계가 좋지 않아 힘들어 하는 팀원이 있었다. 내성적인 데다가 이기적인 행동으로 팀 동료들과 잘 어울리지 못했다. 이를 잘 아는 그의 팀장은 그와 협의하여 '화분에 물 주기 프로젝트'를 수행하게 했다. 즉, 다른 팀원들의 책상 위에 놓인 화분에 매일같이 물을 주도록 한 것이다. 작은 것이라도 지속적으로 호의를 베푸는 일만큼 인간관계 개선에 도움 되는 것도 없다. 결과적으로 그는 동료들의 호감을 얻게 됐고, 더 이상 인간관계로 문제되는 일은 없었다.

둘째, 각 직원의 호불호를 알고 있어야 한다. 다시 말해, 직원 개개인이 어떤 것을 좋아하고 어떤 것을 싫어하는지 알아야 한다는 것이다. 누군가는 다른 직원들과 어울리는 것을 좋아하지만, 누군가는 혼자만의 시간을 갖는 것을 좋아한다. 어떤 직원은 술자리를 좋아하지만, 어떤 직원은 따뜻한 차 한잔과 대화를 좋아한다. 어떤 직원은 일할 때 당신으로부터 직접 지도받고 싶어 하지만, 어떤 직원은 이를 간섭이라고 생각한다. 어떤 직원은 당신과 직접 만나는 대면 소통을 좋아하지만, 어떤 직원은 E-메일이나 문자 등을 활용한 SNS 소통을 더 좋아한다. 역량 개발을 할 때도, 어떤 직원은 교육 과정에 참여하고 싶어 하지만, 어떤 직원은 전문 서적을 읽고 싶어 한다. 어떤 직원은 조직에서 승승장구하여 임원이 되는 것을 꿈꾸지만, 어떤 직원은 전문가의 길을 걷고자 한다. 이처럼 직원 개개인의 선호는 모두 다르다. 이를 잘 알게 되면 각 직원에게 어떤 식으로 다가가야 할지도 잘 알 수 있다. 소통할 때도 마찬가지다. 저마다 관심사가 다르고 관심 있는 주제가 다르다. 상대의 눈이 번쩍 뜨일 만한 대화 소재를 알고 있다면 소통이 훨씬 편하고 즐겁지 않겠는가?

셋째, 각 직원의 업무 스타일을 잘 알고 있어야 한다. 일할 때 직원과 리더 사이에 서로 '잘 맞는 점'과 '잘 맞지 않는 점'에 대한 이야기이다. 조직 사회에서 자주 사용하는 단어 중 '코드'라는 말이 있다. 윗사람과 코드가 잘 맞으면 조직에서 승승장구할 수 있지만, 반대 상황이라면 생지옥이나 다름없다. 그래서 코드가 맞는 상사를 만나는 것도 조직생활의 큰 복이라 한다. 그런데 이런 현상이 과연 바람직한가를 따져볼 필요가 있다. 조직생활의 성패가 자신의 역량과 열정이 아니라 누군가와의 코드에 의해 결정된다면 직원 입장에서 기가 찰 일이 아닌가?

당신은 직원의 운명을 바꿔놓을 수 있는 위치에 있다. 그렇지만 당신 역시 사람이기에 결코 완벽하거나 완전할 수 없다. 더욱 낮은 자세로 직원들을 대하고, 당신의 불완전함으로 인해 직원의 운명이 갈릴 수 있는 상황을 경계해야 한다. 특히 각 직원과 당신이 잘 맞지 않는 점을 명확히 인지하는 것이 중요하다. 이런 점들로 인해 직원과 늘 부딪혀 서로에게서 마음이 떠날 수도 있기 때문이다. 이런 상황을 피하려면 단지 당신과 스타일이 달라서 발생하는 갈등 상황을 일방적으로 직원 탓으로 몰아가서는 안 된다. 보통 보고서는 두괄식으로 써야 한다고 한다. 상사를 설득하려면 두괄식이 좋다는 것이다. 그런데 보고서를 작성한 직원 입장에서 생각해보자. 직원이 미괄식으로 보고서를 작성해 왔다면 미괄식으로 이해하려고 노력하면 되지 않겠는가? 같은 식구끼리 형식이 뭐 그리 중요한가? 보고서 형식이 문제가 아니라 그 내용을 이해하려는 당신의 마음과 정성이 부족한 것은 아닌지 살펴볼 일이다.

달리 보면, 직원이 당신과 잘 맞지 않는 점은 당신의 부족한 점을 채워주는 보완장치가 될 수도 있다. 회사 다니던 시절, 나는

★★★ **리더가 직원 개개인에 대해 알아야 하는 세 가지** ★★★

• 직원 개개인의 강약점
• 직원 개개인의 호불호
• 직원 개개인의 업무 스타일(특히 리더인 나와 '잘 맞는 점'과 '잘 맞지 않는 점')

아이디어를 중심으로 일을 빠르게 쳐나가는 성향이었고, 함께 일했던 내 후배는 작은 거라도 찜찜하면 다음 단계로 못 넘어가는 성향이었다. 그와 함께 일할 때면 나는 늘 답답했다. 반대로 그는 아마도 내가 사고만 치고 다닌다며 불안해 했을 것이다. 서로 성향이 달라 싸우는 일도 많았다. 하지만 결과적으로 보면 그와 함께 일할 때만큼 결과가 좋았던 적도 없다. 서로 다른 성향이 시너지를 낸 덕이다. 요즘 그 후배와 만날 때면 당시 기억을 떠올리면서 우리 호흡이 얼마나 잘 맞았는지 서로 감탄하곤 한다. 숱하게 싸웠던 기억은 별로 남아 있지 않다. 아니, 싸웠던 기억마저 이제 오히려 찰떡같았던 호흡이라고 받아들인다. 일을 함께 잘해냈기 때문에 안 맞았던 점도 좋은 기억으로 남게 된 것이다. 차이를 존중하고 잘 맞춰가는 방법을 찾을 수 있다면, 서로 '달라서' 발생하는 갈등은 시너지로 이어지는 첩경이 된다.

휴가는 사유가 없다.
직원의 사생활에 관심 갖지 말라!

지금까지 리더가 직원 개개인에 대해 알고 노트에 적어야 할 세 가지를 소개했다. 노트의 분량이 늘어날수록 직원에 대한 이해 수준이 높아질 것이고, 더불어 각 직원과 보다 좋은 팀워크로 일할 수 있을 것이다. 그런데 이때 꼭 기억해야 할 유의사항이 있다. 직원 개개인에 대해 잘 알고 있어야 하지만, 그렇다고 해서 지나친 관심은 금물이라는 점이다. 특히 직원의 사생활에 대해서는 더욱 그렇다. 사생활에 대해서는 직원 스스로 입을 열지 않는 한 절대 먼저 언급하지 않는 것이 좋다. 관심을 가질수록 사이가 멀어지게 될 것이다. 인간관계에서 선을 넘는 관심은 항상 별 도움이 되지 않는다. 특히 일과 삶을 분리하고자 하는 성향이 강한 요즘 세대는 회사에서 자신의 사생활이 노출되는 것에 대해 알레르기 반응이 있다. 과거에는 회사에서 휴가를 신청할 때면 부서장이 사유를 물어보는 일이 많았다. "집에 무슨 일 있어?" 하는 식으로 말이다. 꼭 집에 무슨 일이 있어야만 휴가를 가는 건 아닌데, 휴가를 갈 때마다 적절한 사유를 지어내느라 고심했던 기억이 난다. 이제 세상이 바뀌었다. 바뀐 세상의 룰을 배워야 한다. 법으로 정해진 휴가를 가는데 무슨 사유가 필요하단 말인가?

앞서 말한 세 가지 외에 직원에 대해 알아둬서 좋은 것이 있다면, 직원의 생일이나 결혼기념일 같은 각종 기념일 정도다. 그 외에는 관심도 갖지 말고, 궁금해 하지도 말고, 혹시 궁금하더라도 절대 물어보지 말자.

6

진실 **착각**

"요즘 애들은 도대체 이해가 안 가!"

착각 진실

"이해가 안 간다면 당신은 이미 옛날 사람이다"

신세대의 특성은 거역할 수 없는 사회변화 트렌드다!

세대 전쟁이
일어나고 있다

한 기업의 회계팀을 대상으로 조직 개발 프로그램을 진행한 적이 있다. 직접 만나 이야기를 들어보고 그 조직이 가진 이슈를 도출하기 위해 팀장과 직원들을 만나 인터뷰를 진행했다. 먼저 팀장을 만났는데, 그는 최근 있었던 팀 내 갈등 상황에 대해 이야기를 꺼냈다.

"국세청에서 세무 조사가 나왔습니다. 우리 팀에서 가장 중요하고 긴급한 일이라고 볼 수 있죠. 그런데 이 친구가 6시에 정시 퇴근을 하는 겁니다. 저도 워라밸('일과 삶의 균형'을 뜻하는 Work-Life Balance의 줄임말) 좋다는 거 알고 있어요. 그런데 이건 너무 무책임한 거 아닌가요? 이런 걸 꼭 가르쳐줘야 합니까?

기본 아닌가요?"

이후에 문제의 그 팀원과도 같은 주제로 이야기를 하게 됐는데, 그는 다음과 같이 항변했다.

"저는 누구보다도 업무 시간에 열심히 일합니다. 제가 가장 싫어하는 게 야근이거든요. 야근하지 않으려고 업무 시간에 더욱 몰입해서 일합니다. 야근 때문에 제 삶의 밸런스가 무너지는 걸 결코 원치 않거든요. 잘 쉬어야 일도 더 잘할 수 있는 거 아닌가요? 그리고 국세청에서 세무 조사가 나왔다 해도 꼭 모든 직원이 남아서 일해야 하는 건 아니거든요. 그건 완전 옛날 방식입니다. 분명 담당 직원이 있는데 굳이 팀원 전체가 남아 있을 필요가 있을까요?"

이렇게 쌍방의 이야기를 모두 듣고 난 후 나는 큰 고민에 빠졌다. 따져보면 둘 다 자기 입장에서는 일리가 있는 말이기 때문이다. 팀장 입장에서는 세무 조사라는 비상 상황에서 팀 전체가 네 일 내 일 따지지 않고 한 몸처럼 움직여주기를 바랐을 것이다. 반면 해당 팀원 입장에서는 세무 조사가 아무리 팀에 중요한 일이라지만 그로 인해 개인 시간까지 통제받는 것은 바람직하지 않다고 생각했을 것이다. 이와 같은 세대 간의 생각 차이로 인한 갈

등은 지금 이 순간에도 우리나라 조직 사회 곳곳에서 발생하고
있다.

신세대의
여덟 가지 특성

스포츠에는 "스타 출신 명감독 없다"는 말이
전해 내려온다. 화려한 선수 시절을 보낸 스타들의 리더십이 그
리 기대할 것이 없다는 말이다. 실제로 이는 거의 기정사실로 받
아들여진다. 선수 시절 엄청난 커리어를 보였던 감독들이 임기를
채우지 못하고 중도 퇴진하는 모습을 심심찮게 볼 수 있다. 반면
선수 시절에는 무명에 가까웠던 감독이 명장 반열에 오르는 경우
가 많다. 그 이유는 굳이 오래 생각하지 않아도 바로 알 수 있다.
감독에게 요구되는 역량과 선수에게 요구되는 역량은 완전히 다
르기 때문이다. 선수는 해당 스포츠 분야에서 탁월한 운동 능력
을 가지면 성공할 수 있지만, 감독은 이와는 별개로 사람을 동기
부여하고 한 방향으로 이끄는 리더십이 중요하다. 스타 출신 감
독은 자신이 과거에 워낙 잘했으니 평범한 선수들이 겪는 상황이
나 심정 등에 대한 이해가 상대적으로 떨어질 수 있다. 리더십의
성패는 여러 형태로 나타날 수 있지만, 직원에 대한 이해를 빼놓
고는 설명할 수 없다. 이해할 수 있어야 제대로 활용도 할 수 있

★★★ **신세대의 여덟 가지 특성** ★★★

• 개인주의적 성향이 강하다
• 보헤미안 기질이 있다
• 자아가 강하다
• 칭찬과 격려에 민감하다
• 공정성을 중요한 가치로 여긴다
• SNS 소통을 편하게 느낀다
• 재미와 의미를 추구한다
• 빠른 성취 욕구가 있다

기 때문이다.

특히 조직 사회에서 차츰 주류로 자리 잡아가고 있는 신세대의 특성을 알아야 한다. 다음은 내가 다양한 회사와의 수많은 워크숍을 통해 정리한, 신세대의 여덟 가지 특성이다.

하나하나를 살펴보면 다음과 같다. 첫째, 신세대는 개인주의적 성향이 강하다. 회사도 중요하지만, 그 이상으로 개인의 삶이 중요한 것이다. '워라밸'이라는 말이 사회적 유행어가 된 것도 신세대의 이러한 특징 때문이다. 이들은 조직의 논리로 개인의 권리가 희생되는 것을 허용하지 않는다.

이런 모습을 보고 "책임감이 없다"고 지적하는 사람도 있다. 하지만 이에 앞서, 자신이 '책임'과 '희생'을 동의어로 잘못 이해하고 있지는 않은지 생각해봐야 한다. 책임을 다해야 하는 것은 당연하지만, 희생을 요구하는 것은 지나치다. 기존 세대와 신세대의 갈등은 상당부분이 책임과 희생 사이의 어떤 지점에서 발생한다.

직원 개개인이 책임져야 할 일에 대해서는 명확히 소통해야 한다. '이런 건 말하지 않아도 당연히 해야 하는 거 아닌가?' 하는 마음에 울컥할 때는 먼저 따져봐야 할 것이 있다. 책임져야 할 일과 그것의 '엔드 이미지End Image'에 대해 해당 직원과 명확히 소통을 했는가 하는 점이다. 일의 엔드 이미지는 일의 목적과 목표를 명확히 하는 것을 뜻한다. 리더가 생각하는 '당연히 해야 하는 일'이 직원 입장에서는 전혀 당연하지 않은 일일 때가 많다. 그리고 이런 상황에서는 항상 상하 간의 갈등이 발생한다. 책임에 대해 명확히 소통했다면, 그 책임을 넘어서는 요구를 해서는 안 된다. 또한, 그 이상을 해내는 직원이 있다면 충분히 보상해야 한다.

둘째, 신세대는 보헤미안 기질이 있다. 이는 회사가 마음에 들지 않으면 언제든지 떠날 수 있다는 말이다. 과거에는 한 회사에 입사하면 오랫동안 다니는 게 미덕이었다. '평생직장'이라는 말이 유행했던 시대도 있었다. 그러나 요즘 세대 중에는 한곳에 오래 있으면 경력을 망친다고 생각하는 사람이 많다. 다른 회사를 알아보는 것이 하나의 삶의 패턴이라고 보면 된다. 좀 과장해서 말하자면, 입사하는 순간부터 이미 언제 떠날 것인지를 고민하거나 계산한다. '잡호핑족Job-Hopping族'이라는 신조어가 있다. 2~3

년마다 습관적으로 직장을 이동하는 사람을 뜻한다. 이런 신조어가 전혀 어색함 없이, 오히려 당연한 현상처럼 받아들여지고 있다. 같이 일하고 있다고 해서 그가 계속 머물 거라 믿는다면 착각이다. 그렇기에 이제 조직은 직원들이 계속 머물고 싶은 마음이 생기는 매력적인 곳이어야 하고, 직원이 떠날 때는 억하심정이 아니라 감사하는 마음을 가지고 떠날 수 있도록 해야 한다.

셋째, 신세대는 자아가 강하다. 이는 주변 눈치를 보지 않는다는 말이다. 자기 생각을 표현하는 데 주저함이 없다. 심지어 주변을 불편하게 할 수 있는 말조차 서슴지 않고 한다. 입 다물고 윗사람 지시를 따랐던 세대에게는 신세대의 이러한 모습이 꽤나 충격적이다. 이제 직원이 자신의 생각을 자유롭게 표현할 수 있도록 도와줘야 한다. 말없는 직원이 오히려 먼저 떠난다는 사실은 이미 눈으로 확인하고 있지 않은가? 만약 지금 직원들이 당신 앞에서 자신의 생각을 편하게 말하지 않거나 아예 말하지 못하고 있다면, 이미 위험한 상황이다.

넷째, 칭찬과 격려에 민감하다. 쉽게 말해 '싫은 소리를 듣는 것을 힘들어 한다'는 뜻이다. 물론 싫은 소리 듣기를 좋아할 사람은 없다. 하지만 신세대는 기존 세대에 비해 싫은 소리에 대한 내성이 약하다. 싫은 소리에 대한 알레르기 반응을 보인다고 생각하면 된다. 신세대와 대화할 때 참고해야 할 점이자 칭찬과 격려의 비중을 많이 높여야 할 이유다.

다섯째, 공정성을 중요한 가치로 여긴다. 단순히 직급이 낮거나 어리다는 이유로 낮은 인사고과를 감수하거나 선배에게 승진을 양보하던 시절도 있었다. 하지만 요즘에는 씨알도 안 먹히는 말이다. 신세대는 공정하지 않으면 수용하지 않는다. 만약 리더인 당신이 연공서열을 중시하는 사람이라면 평가 결과가 피드백되는 연말 시점에 감당 못 할 불화에 직면하게 될 것이다.

여섯째, SNS 소통을 편하게 느낀다. 말보다도 문자를 선호하는 경향이 크다. 심지어 곁에 있는 사람과도 문자로 소통하기도 하며, 동의를 구하지 않고 전화부터 하는 것은 비매너라고 생각하는 세대다. "문자보다 전화를 선호한다면 옛날 사람"이라는 말도 있다. 신세대와 소통할 때는 SNS 소통의 에티켓을 익혀야 한다. 자아가 강해 자기 생각을 적극적으로 표현하는 데 주저함이 없다는 특성은 SNS를 만나 강한 화력을 갖게 된다. 그저 한 사람의 생각으로 그치는 것이 아니라 세상을 움직이는 여론을 만들수 있다는 것이다. 따라서 평소 신세대의 생각을 무시하거나 귀담아 듣지 않는 조직 또는 리더라면 뒷감당 못 할 일을 겪게 될지도 모른다. SNS 소통에 능한 신세대는 대면 소통을 불편하게 생각하기도 하기에 꼭 대면 소통을 해야 하는 상황이라면 대화 분위기에 많은 신경을 써야 한다.

일곱째, 재미와 의미를 추구한다. 이는 일을 대하는 관점과 태도에 관한 특징이라고 보면 된다. 신세대는 일이 재미있으면 좋겠지만, 재미가 없다면 의미라도 있어야 한다고 생각한다. 업무를 지시할 때 고려해야 하는 포인트다. 대충 지시해서는 안 된다. 상대가 일을 자기 일로 받아들일 수 있도록 정성을 기울여야 한다. 이 일이 왜 중요한지, 왜 그가 그 일을 해야 하는지, 그 일을 통해 그가 무엇을 얻을 수 있는지 상세한 설명이 필요하다.

여덟째, 빠른 성취 욕구가 있다. 모든 것이 하루 만에 배송되는 세상이다. 신세대는 이런 세상에서 자란 세대라는 점을 이해해야 한다. 그래서 훗날을 도모하는 옛날 세대와 달리 이른 시간 내에 뭔가를 성취하고자 하는 욕구가 강하다. 지금 당장 눈에 보이는 것, 당장 내 손안에 쥐어지는 것이 중요하다. 좀 과장하자면, 회사의 장기 비전 같은 것에는 별 관심이 없다. 보헤미안 기질이 강하다 보니 뭔가 뜻대로 안 되고 있다는 느낌이 들 때는 회사나 일에 더 이상 미련을 갖지 않는다. 업무 또한 그때그때 눈에 보이는 성과를 확인할 수 있는 일을 선호한다. 성과가 나는 데 시간이 오래 걸리는 일이라면 일을 통해 자신이 뭔가를 배우고 성장하고 있다는 느낌이라도 들어야 한다. 성과든 성장이든, 당장 눈에 보이는 게 있어야 한다는 말이다.

이해가 안 간다면
당신은 이미 옛날 사람이다

여덟 가지로 신세대의 특성을 살펴보았다. 이런 신세대의 특성을 정리하면서 세 가지 생각을 정리할 수 있었다.

첫째, 내용 하나하나는 모두 일리 있는 것들이다. 일부 전문가들은 이런 신세대의 특성을 과하게 해석하여 마치 외계인처럼 여기는 듯한 모습도 보이는데, 결코 그 정도는 아니다. 사실 신세대의 특성들이라고 정의하긴 했지만, 그보다는 사회가 발전하고 사람이 존중받는 사회적 분위기 속에서 자연스럽게 드러나는 인간 본연의 특성이라고 보는 편이 더 맞을 것이다. 따져보면 SNS 소통에 대한 특성만 빼면, 과거에도 비슷한 특성을 가진 사람들이 주변에 많았다. 다만 기존 질서가 너무 강해 쉽사리 드러나지 않았고, 그래서 두드러지지 않았을 뿐이다.

둘째, 신세대의 특성은 우리 사회의 변화 트렌드로 받아들이는 편이 더 적합하다. 다시 말해, 신세대를 이방인 대하듯 하는 소극적 관점으로 바라볼 것이 아니라, 그들과 구별되는 기성세대의 특성이 구시대적인 것이라는 관점을 가져야 한다. 사회변화는 주류 세대가 이끌어가기 마련이다. 주류 세대로 자리 잡은 신세대의 모습이 곧 우리 사회의 변화상이 되는 것이다. 신세대의 특성들은 다른 종류의 특성으로 대체되기보다는 앞으로 점점 더 심화

될 것이다. 이런 성향을 지니거나, 그 정도가 심한 신세대가 더 많아질 거라는 말이다. 하지만 자신과 다르고 익숙하지 않다고 이해하려 하지도 않고 수용할 마음도 없다면, 신세대와는 함께 일하기 어려워진다. 그렇게 되면 그들이 먼저, 알아서 떠날 것이다. 마음을 열고 보다 적극적으로 받아들이고, 이러한 특성을 고려하여 조직을 어떤 식으로 경영해야 할지를 고민해야 한다.

셋째, 신세대의 특성을 모든 직원에게 기계적으로 대입하고 해석하는 '일반화의 오류'에 빠져서는 안 된다. 사실 나이로는 신세대지만 전혀 다른 특성을 보이는 사람도 많다. MZ세대(1980년 초에서 2000년대 초까지 태어난 밀레니얼 세대와 1990년대 중반부터 2000년대 초반까지 태어난 Z세대를 통칭하는 세대)라는 말이 사회적 유행어가 됐지만, 이는 기성세대가 만든 용어일 뿐이다. 신세대는 스스로를 결코 그런 식으로 칭하지 않으며, 자신이 다른 신세대와 똑같은 사람이라고 생각하지도 않는다. 이미 말했듯이 신세대의 특성은 사회변화의 트렌드로 인식해야 한다. 따라서 직원 개개인의 고유한 특성을 이해하기 위해 노력해야 한다. '착각 다섯: 나는 사람을 중시하는 경영을 하고 있다'를 참고하기 바란다.

7

진실 **착각**

"동기부여에 물질적 보상만큼 좋은 것은 없다"

~~착각~~ **진실**

"돈을 많이 받는다고 열심히 일하는 것은 아니다"

직원의 마음속 네 가지 욕구에 관심을 가져라!

물질적 보상만으로
직원을 영원히 만족시킬 수는 없다

해마다 때만 되면 우리 사회를 떠들썩하게 하는 이슈 중 하나가 바로 노사분규에 관한 것이다. 노사분규의 쟁점을 보면 항상 임금 인상이 빠지지 않고 등장한다. 그런 걸 보면 임금이나 복리후생 등의 물질적 보상은 직원들이 회사생활에서 가장 중요하게 생각하는 것임에 틀림없다. 하지만 그것만으로는 절대로 직원들의 의욕을 높일 수 없다. 예를 들어, 연말에 직원들에게 파격적인 인센티브를 제공하면 직원들의 의욕 수준이 높아질까? 돈을 받은 만큼 일을 더 열심히 해야겠다는 마음이 생길까? 아마도 그렇지 않을 것이다. 으레 받아야 할 것을 받았다고 여기고, 오히려 자신이 충분한 보상을 받았는지 따질 가능성이 높다. 같이 있는 동료와 자신의 인센티브를 비교하면서 말이다.

아무리 많이 받았어도 동료에 비해 조금이라도 덜 받았다는 사실을 알게 되면 기쁘기는커녕 오히려 의욕이 반감되어 회사를 그만두고 싶은 마음까지 생길 수 있다. 물질적 보상으로 직원들을 만족시키는 방법은 딱 하나다. 남들보다 많이 주는 것이다. 하지만 이는 현실적으로 불가능하다.

물질적 보상을 활용할 때는 다음과 같은 부작용도 함께 염두에 두어야 한다.

첫째, 물질적 보상의 효과는 지속되기 어렵다. 물질적 보상은 위생요인Hygiene factor이다. 프레데릭 허츠버그Frederick Herzberg, 1923.04.18.-2000.01.19.의 '동기위생이론Motivation-Hygiene theory'에서 동기요인Satisfier의 반대 위치에 있는 위생요인은, 충족되지 않을 경우 불만족을 초래하지만, 충족된다 해도 직무수행 동기를 자극하지 못하는 요인을 말한다. '불만족을 줄일 수 있는 요인'이라는 뜻에서 '불만족요인dissatisfier'라고도 한다. 위생요인이라는 말이 어렵다면 불만족요인으로 이해해도 좋다.

물질적 보상을 '눈에 보이는 보상'이라고도 생각할 수 있는데, 경험상 오히려 눈에 보이지 않는다. 온라인 이체로 오가니 눈에 보이지 않고, 잠깐 통장에 찍힌 자국만 남기고 순식간에 사라져버린다. 적게 받으면 확실히 부족하고, 많이 받아도 늘 부족한 게 돈이다.

둘째, 물질적 보상은 늘 사람을 실망시킨다. 대체로 사람은

스스로에 대해 관대화 경향을 보인다. 타인을 평가하는 눈은 매섭고 냉정하지만, 정작 자기 자신에게는 한없이 부드럽고 너그러울 수 있다. 자칫 스스로를 과대평가할 수 있는 것이다. 나 역시 오랫동안 그래왔다. 제법 오래 회사생활을 했지만, 나를 만족시키는 물질적 보상은 거의 받아본 적이 없다. 늘 커져갈 수밖에 없는 기대와 그것을 영원히 못 따라가는 보상의 구도가 오늘날 직장 사회에서 흔히 볼 수 있는 풍경이다.

셋째, 물질적 보상으로 길들이면 이해득실을 계산하고 따지는 직원이 많아지게 된다. 이전에는 자발적으로 했던 일이라도 일단 그 일에 대해 돈을 받게 되면, 이후로는 돈이 지급되지 않으면 그 일을 하지 않으려 든다. 가령, 회사가 성장하는 시기에는 자발적으로 밤을 새워가며 일하던 직원들도 회사가 궤도에 올라 야근 수당을 주기 시작하면, 이후로는 야근 수당 없이는 남아 있지 않으려 한다. 더 많은 성과급을 받기 위해 열심히 일하는 직원도 있겠지만, 반대로 성과급을 깔끔히 포기하고 편하게 지내려는 사람도 생길 수 있다.

더욱이 누구도 손해 보는 일을 하려 하지 않고 자기 이익만 추구하는 경향이 강해질 것이다. 예를 들어, 타 부서나 동료와 협업해야 하는 일이 있을 때, 자신에게 돌아올 이익이 보이지 않는다면 나서려 들지 않을 가능성이 높다.

이렇게 물질적 보상의 부작용에 대해 알아보았다. 하지만 오해해서는 안 된다. 절대로 물질적 보상이 중요하지 않다는 말은 아니다. 물질적 보상은 충족되지 않을 경우 직원의 불만족을 일으킨다. 그러니 늘 관심을 가지고 챙겨야 한다. 다만 물질적 보상만으로 직원의 동기유발을 하려 해서는 안 된다는 말이다. 물질적 보상만으로는 마땅히 할 수 있는 일도 없고, 별다른 효과를 기대할 수 없기 때문이다.

서프라이즈 효과를
활용하라

물질적 보상 외에 직원의 마음을 얻고 동기부여할 수 있는 것이 필요하다. 같은 재료로 만든 음식이라도 양념을 달리하면 맛이 완전히 달라지는 것처럼, 물질적 보상에도 뭔가 색다른 것을 가미하면 그 성격이 달라지게 마련이다. 조직의 리더는 바로 이 점에 관심을 가지고 고민해야 한다.

예를 들어 보자. 요즘에는 대부분의 조직에서 직원들의 생일을 챙긴다. 아예 정례화해 직원의 생일 때면 작은 선물이나 상품권을 챙겨주는 회사도 많다. 그럼 직원들의 반응은 어떨까? 실제로 직원들에게 이런 문화에 얼마나 만족하는지 물어본 적이 있다. 대다수는 "생일을 안 챙겨주면 기분이 나빠지겠지만, 챙겨준다고 해서 특별히 기분이 좋아지는 일은 없다"고 답했다. '직원 생일 챙겨주기'는 전형적인 위생요인, 즉 불만족요인인 것이다. 하지만 여기에 '정성'이 양념처럼 담기면 결과가 달라진다. 같은 선물이라도 예상치 못한 방법으로 받게 되면 기쁨이 배가되는 것이다. 가령, 전혀 생각하지 못한 장소나 시점에 서프라이즈로 생일 축하를 받는다면 어떨까? 내가 아는 어떤 리더는 항상 직원의 생일을 누구보다도 일찍 챙긴다. 바로, 직원의 생일 전날을 노리는 것이다. 전혀 예상치 못한 시점이기 때문에 서프라이즈 효과가 가미된다. 출장 등으로 인해 사무실을 오래 비워야 하는 상황이라면 넉넉하게 일주일 전에 챙긴다. '출장 때문에 ○○씨 생일을 못 챙길까봐 미리 준비했어!'라는 말과 함께 정성이 담긴 작은 선물과 손편지를 건네는 것이다.

반대로 다소 어이없는 '직원 생일 챙겨주기'도 있다. 그중 최악은 아마도 '이달의 생일자'와 같은 행사일 것이다. 같은 달에 태어난 사람들을 한자리에 모아 놓고 생일 파티를 한다. 당사자 입장에서는 축하받는 자리가 아니라 민망한 자리가 된다. '나와 같은 달에 태어난 사람이 이렇게 많았나?' 하는 생각도 들 것이다. 뭐, 좋다. 효율로 따져보면 만점에 가깝다. 한 방에 여러 명의 생일을 동시에 챙겼으니 말이다. 하지만 마치 밀린 일을 원샷에 처리해버리는 듯한 이런 상황에 감동할 사람은 없다. 거듭 강조하지만, 효율적인 방식으로는 결코 사람의 마음을 얻을 수 없다.

같은 보상이라도 '서프라이즈 효과'를 적절히 활용하면 받는 사람 입장에서는 훨씬 크게 느껴진다. 물질적 보상에 심리적인 보상을 더해주는 셈이기 때문이다.

직원의 마음속 네 가지 욕구에
관심을 가져라

서프라이즈에는 정성이 필요하다. 특히 사람의 마음속에 무엇이 있는지를 알아야 제대로 활용할 수 있다. 마음을 톡 건드리는 뭔가를 찾을 수 있다면 더없이 좋을 것이다.

경영학 교과서에 항상 소개되는 실험 하나가 있다. 호손 실험Hawthorne Experiments이다. 1924년부터 1932년까지 9년에 걸쳐 미국 웨스턴일렉트릭사社의 호손 공장에서 이루어져 붙은 이름이다. 연구자들은 작업환경과 생산성 간의 상관관계를 밝히고 싶었다. 일반적으로 작업환경이 좋으면 생산성이 높아진다고 생각하기 쉽다. 그러나 이 실험에서는 큰 상관관계가 없는 것으로 나타났다. 오히려 작업환경이 나빠졌는데도 생산성이 떨어지지 않거나 오히려 올라가는 믿기지 않는 현상이 확인됐다. 뜻밖의 결과에 연구자들은 당황할 수밖에 없었다. 처음 세운 가설이 와르르 무너져 버렸기 때문이다. 이후 연구자들은 원점에서 연구를 다시 시작하게 됐는데, 그 결과 생산성을 향상시키는 요인은 작업환경과 같은 경제적 요건이 아님이 드러났다. 엉뚱하게도 그간 별로 대수롭지 않게 생각했던 인간관계나 상호 관심 같은 비경제적 요인들이야말로 생산성과 더 큰 관련이 있었던 것이다.

호손 실험은 인간이 단순한 경제적인 존재가 아니라 사회·심리적 존재라는 매우 중요한 메시지를 남겼다. 이는 사람들이 조직생활을 하는 이유가 돈을 버는 경제적 욕구만이 아니라 사회·심리적 존재로서 사회생활 자체에서 기대하는 욕구를 채우기 위함이기도 하다는 의미다.

나는 이와 같은 관점에서 다양한 조직의 직원들을 만나 사회·심리적 존재로서 직원들의 마음속에 존재하는 욕구를 조사해보았다. 일대일로 직접 만나 심층 인터뷰도 해보았고, 다수의 직원들을 대상으로 워크숍을 해보기도 했다. 처음 이 연구를 할 때에는 매우 다양한 이야기가 쏟아져 나올 거라 생각했지만, 결과는 의외로 네 가지 욕구로 간명하게 정리됐다.

첫째, 존중의 욕구다. 주변 사람들로부터 인간으로서 존중받고 싶은 마음을 뜻한다. 존중받으며 주변 사람과 잘 지내고 싶은 것이다. 사람은 자신을 존중해주는 사람들과는 잘 지낼 수 있다. 존중이란, 수평적 관계를 의미한다. 사람 위에 사람 없고 사람 밑에 사람 없다는 표현이 존중을 가장 잘 나타내는 정의다. 제아무리 처우가 좋은 회사일지라도 누군가로부터 지속적으로 무시나 괴롭힘을 당하거나 누군가를 떠받들고 살아야만 하는 환경이라면 결코 정붙이고 살기 어려울 것이다.

둘째, 인정의 욕구다. 한 연구 결과에 따르면, 윗사람의 인정을 받으면 조직생활의 만족도가 두 배 이상 증가하지만, 인정을 받지 못하면 업무 몰입도가 백분의 일로 떨어진다고 한다. 이는 조직생활을 조금이라도 해본 사람이라면 쉽게 알 수 있는 사실이다. 인정만큼 강한 에너지원이 있을까? 제아무리 의욕이 넘치는 직원이라 할지라도 인정받지 못하면 조직에서 버텨낼 재간이 없다. 인간은 원시시대부터 무리를 지어 살아왔다. 인간은 힘이 약한 존재였기 때문에 함께 모여 살면서 맹수나 거친 환경의 공격을 막아낼 수 있었다. 그래서 인간은 본능적으로 자신이 속한 사회 속에서 자신이 안전한지를 확인한다. 동료들이 자신을 존중하고 있는지, 특히 무리의 우두머리가 자신을 어떻게 생각하는지를 살핀다. 동료들이나 우리머리의 눈 밖에 난다는 것은 곧 무리에서 쫓겨나는 것, 즉 죽음을 의미했기 때문이다. 이러한 인간의 본능은 유전자에 새겨져 현대사회까지 그대로 이어져오고 있다.

셋째, 원하는 일을 하고자 하는 욕구다. 뭔가 멋진 일을 통해 성취와 보람을 얻고자 하는 욕구를 뜻한다. 이 욕구는 어떤 일을 수행하느냐와 관계되어 있다. 맡은 일이 자신의 관점에서 멋지고 중요한 일이어야 한다. 원하는 일의 욕구가 충족되면 누가 시키지 않아도 알아서 일한다. 미치지 않으면 미치지 못한다는 불광불급不狂不及이라는 말이 가장 어울리는 욕구라 할 수 있다. 사람은 자신이 원하는 일을 할 때 가장 잘 몰입할 수 있다. 진정 원하는 일을 만난 사람은 24시간 일한다고 해도 과언이 아니다.

　마지막으로 성장의 욕구다. 여기서 성장은 실력의 성장, 즉 전문성을 뜻한다. 직원들은 전문가로서의 성장을 원한다. 직장 생활은 묘하게도 년차가 높아질수록 불안감이 커진다는 특징이 있다. 뭐든 오래하면 자신감이 커지는 것이 당연한데, 어찌 된 일인지 하면 할수록 불안해지는 것이 직장 생활이다. 가장 큰 원인은 곳간이 채워져 있지 않기 때문이다. 아니, 채워지기는커녕 점점 비워져가는 일도 허다하다. 프로페셔널에게 가장 중요한 곳간은 바로 전문성이라는 이름의 곳간이다. 내세울 만한 전문성이 뒷받침되지 않는 경력은 철골 없이 부실하게 지어진 건축물과도 같다. 전문가로의 성장은 프로의 세계에서는 선택이 아닌 필수 사항이다.

　물질적 보상 못지않게 리더인 당신이 관심을 가져야 하는 것이 바로 이 네 가지 욕구다. 이 네 가지 욕구는 모든 직원이 가지고 있다. 누군가가 회사생활을 힘들어 한다면 이 네 가지 욕구 가운데 한 가지 이상에 문제가 있을 소지가 크다. 어떤 직원이 어떤 욕구에 결핍이 있는지 살피고 챙긴다면 그 직원은 물론이고 팀 전체의 사기가 올라갈 것이다.

　팀 전체 차원에서도 이 네 가지 욕구가 잘 채워질 수 있도록 해주어야 한다. 아래 표에 정리된, 직원의 욕구와 관련된 네 가지 질문에 답해보기 바린다. 각 질문에 리더로서 어떤 노력을 하고 있는지 마땅한 답변이 떠오르지 않는다면, 조직 전반적으로 해당 욕구의 결핍 현상이 발생할 것이다. 당장은 문제가 없을지 몰라도, 장기적으로 몸은 회사에 있으나 마음은 떠나게 되는 '내면적 자기퇴직 증후군'을 야기할 수 있다.

이상의 네 가지 욕구를 보다 잘 이해하고 싶다면 나의 전작인 《회사를 다닐 수도, 떠날 수도 없을 때》(중앙북스/2020.12)를 참고하기 바란다.

직원의 네 가지 욕구와 관련 질문

구분	질문	답변
존중의 욕구	직원들 간에 서로 존중하는 분위기를 만들려면?	
인정의 욕구	각 직원이 리더인 나로부터 인정받는다는 느낌을 받게 하려면?	
원하는 일을 하고자 하는 욕구	각 직원을 적재적소에 배치하려면?	
성장의 욕구	각 직원이 나와 함께 일할 때 성장 경험을 제대로 만끽하게 하려면?	

CHAPTER 2

리더의
자기인식에 관한 착각
그리고 진실

8

진실 **착각**

"리더는
출세를 상징하는 자리다"

착각 진실

"리더는 사람과 일을 책임져야 하는
고행의 자리다"

명 짧아지지 않으려면
당신의 케렌시아부터 챙겨라!

리더가 된다는 것,
과연 좋기만 한 일일까?

리더로 승진하는 것이 무조건 좋았던 시절이 있었다. 리더라는 자리가 인생의 성공을 상징하던 시절이 있었다. 너나 나나 할 것 없이 리더 자리에 오르려고 애쓰던 시절이 있었다. 리더로 승진한다는 것은 사회적 선망의 대상이었고 출세의 상징이기도 했다. 또한 리더 자리는 더 높은 자리, 즉 더 높은 성공을 위해 반드시 거쳐야 하는 관문과도 같았다.

리더가 되면 달라지는 것이 많다. 일단 직원의 수가 늘어난다. 말의 무게감도 달라진다. 접하게 되는 정보의 질이 달라진다. 요즘은 많이 바뀌긴 했지만, 사무실에서 볕이 잘 드는 창가 같은 독립적인 공간에 자리가 주어진다. 권한도 늘어나 사용할 수 있는 예산 범위가 커진다. 만나는 사람이 다양해지고, 만나자는 사람도 많아진다. 만족할 수준은 아니겠지만, 연봉도 올라갈 것이다. 그래서 다들 리더가 되려고 애썼다.

나 역시 회사원이었을 때, 위로 올라가기 위해 애쓰던 시절이 있었다. 그 시절, 승진 실패는 하늘이 무너지는 것과도 같았다. 이전투구를 해가며 동료와 피 튀기는 경쟁을 했고, 휴일조차 반납해가며 일했다. 윗사람 눈에 들기 위해서였다. 그 시절에는 다 그렇게 일했던 것 같다. 그런데 확실히 세상이 바뀌긴 바뀐 모양이다. 회사에서 승진하지 않고 마음 편하게 살려는 사람들이 점점 늘어나고 있는 것을 보면 말이다. 주어진 일이나 하면서 굳이 스트레스 받는 일을 만들려 하지 않는다. 과장 이상 승진하면 노조 가입이 안 된다고 '승포자'의 길을 자처하는 사람도 늘고 있다 하니 말 다했다. 승포자란 '승진 포기자'의 준말로, 조직 사회에서 승진을 포기하고 마음 편히 살고자 하는 사람을 뜻한다.

사회 전반적으로 리더는 좋은 자리라기보다는 힘든 자리라는 인식이 자리 잡아가고 있다. 무엇보다 리더가 되면 책임도 커지고 해야 할 일도 많아지기 때문이다. 실무자는 자기 일만 잘하면 되지만, 리더는 담당 조직 내의 모든 일을 알고 있어야 하고, 어떻게든 어필할 수 있는 성과를 만들어내야 한다. 요즘 리더치고 밤에 두 다리 쭉 뻗고 잠을 이룰 수 있는 사람은 별로 없을 것이다. 회사마다 실적 관리 시스템이 너무나도 정교하게 발전하여 하루를 그냥 넘어가는 법이 없다. 실적은 둘째 치고 사고나 안 터지면

매우 운 좋은 것이다. 복잡성의 시대에 어찌 모든 걸 컨트롤할 수 있단 말인가? 작은 사고라도 하나 터지면 경력에서 지울 수 없는 오점으로 남게 된다.

게다가 요즘 직원들은 리더 편이 아니다. 윗사람을 깍듯하게 모셔야 하고, 일할 때 윗사람이 직접 나서야 하는 상황을 송구하게 여겼던 과거 윗사람 중심의 조직 분위기는 이제 구시대의 유물이 되고 말았다. 직원들의 생각은 놀랍도록 단순하다. 돈 많이 받는 사람이 일을 많이 해야 한다는 것이다. 더구나 주 52시간 제도 시행 이후로는 이제 일이 있어도 직원들에게 함부로 야근을 지시할 수 없게 됐다. 예전에는 직원들이 윗사람 눈치를 봤다면 이제는 리더가 직원들 눈치를 살펴야 한다. 직원들이 모두 퇴근하고 외로이 사무실을 지키고 있다는 리더의 하소연이 SNS를 타고 도처에서 들려온다. 하지만 아무도 들어주지 않는 공염불일 뿐이다.

출세가 목적인 리더는
조직을 불모지로 만든다

나는 오래전부터 리더로 승진한 사람들에게 절대 축하한다는 말을 하지 않는다. 현장에서 번민하는 수많은 리더들을 만나면서 리더의 길이 결코 축하할 일이 아니라는 생각을 갖게 됐기 때문이다. 대신 나는 이렇게 말한다.

"앞으로 고생 많으시겠어요. 건강과 스트레스 관리 각별히 잘 하세요."

리더를 만나면 그저 안쓰러울 뿐이다. 평소 건강에 자신이 없거나 스트레스에 대한 내성이 약한 사람은 리더가 되어서는 안 된다고 믿는다. 본인의 긴 인생에서 결코 좋은 일이 아닐 수 있기 때문이다. 높은 자리에 오르긴 했지만 하루하루가 인고의 나날이라면 어찌 좋은 일이라 할 수 있겠는가?

그렇다고 리더가 되는 것이 꼭 나쁜 일은 아니다. 분명 이전에는 경험하지 못했던 좋은 점들도 있다. 노파심에서 말하는데, 출세를 말하는 건 아니다. 리더 자리를 출세라고 생각하는 것만큼 조직에 위험한 일도 없다. 출세는 성공적으로 리더 역할을 수행함으로써 얻어지는 결과물이어야지 그 자체가 목적이 되어서는 안 된다. 자신의 출세를 최우선으로 삼는 리더라면 주어진 권한과 자원을 자기에게 유리한 방향으로 쓸 가능성이 높다. 조직의 성공이 아니라 자신의 치적을 위한 수단으로 말이다. 재임 기간 동안의 단기 실적에 올인하는 것이 대표적인 행태다. 이후로 조직이야 어떻게 되든 말든 수단과 방법을 가리지 않고 재임 기간 동안 자신이 돋보일 만한 일에만 몰두한다. 그 결과 본인은 더 높은 자리로 오를 수 있을지 모르지만, 그가 떠난 조직은 뭘 해볼 수 없을 정도로 황폐해지고, 그와 함께했던 직원들은 만신창이가 되어버리고 만다. 리더의 야욕은 조직에는 재앙과도 같다. 혹시 리더 자리를 출세라는 말과 동일시하고 있다면 얼른 생각을 바꿔 먹기 바란다.

리더가 되면 확실히 좋은 점은 크게 다음의 두 가지다. 하나는 이전과는 차원이 다른 삶의 무대로 들어가게 된다는 것이다. 이는 자신을 한 차원 성장시킬 수 있는 기회를 갖게 된다는 말과 같다. "자리가 사람을 만든다"는 옛말을 떠올리면 된다. 높은 자리에 올라가면 그 자리가 요구하는 사고와 행동을 하게 된다. 그리고 그 과정에서 한층 성장하고 발전할 수 있다. 리더가 되면 좋은 또 다른 점은 영향력이 커진다는 것이다. 좀 더 큰 세상에 기여하는 영향력을 발휘할 수 있다. 자신이 몸담은 조직 사회는 물론이고 그 사회와 연결된 다양한 사회에도 긍정적인 변화를 만들어낼 수 있다. 즉, 리더의 길은 본인이 성장하는 길인 동시에 더 큰 사회에 기여하는 길이 될 수도 있다는 것이다. 이게 바로 리더가 되면 좋은 점이다.

당신의
케렌시아를 찾아라!

나는 리더에게 있어 리더십보다도 더 중요한 것은 건강과 스트레스 관리라 믿는다. 그래서 리더의 길에 제대로 들어서려면 무엇보다 본인의 건강과 스트레스부터 챙겨야 한다. 그러지 않으면 리더의 길은 명이 짧아지는 수명단축의 길이 되고 말 것이다.

스페인어에 케렌시아Querencia라는 단어가 있다. 안식처 또는 피난처를 의미하는 말로, 투우 경기장에서 투우사와 마지막 결전을 앞두고 소가 잠시 쉬는 곳을 뜻한다. 우리 모두에게는 이와 같은 케렌시아가 필요하다.

요즘 사회 전반적으로 정신질환에 시달리는 사람이 늘고 있다고 한다. 날로 치열해지는 전쟁터와 같은 삶의 현장에서 나타나는 자연현상일 것이다. 멀쩡한 정신으로 건강하게 살아가려면 영혼을 달래고 치유할 수 있는 케렌시아가 있어야 한다. 특히 리더는 누구보다도 스트레스에 노출될 수밖에 없는 자리다. 스트레스는 책임져야 할 일의 종류나 숫자, 그 크기에 비례하기 때문이다. 해소되지 않는 스트레스는 어디 가지 않는다. 함께 일하는 직원들에게도 부정적인 영향을 끼쳐 조직의 활기를 떨어뜨리고 만다. 또한 직원들에게 전이된 리더의 스트레스는 최종적으로 고객이나 외부 협력업체와 같은 비즈니스 파트너들에게도 악영향을 끼친다. 그 결과, 업무 성과가 나빠지거나 사고가 터질 개연성이 높아진다. 종종 뉴스에는 협력업체에 대한 갑질로 사회적 물의를 일으키는 사건들이 보도된다. 이는 특정 개인의 행동 문제라기보다는 그가 속한 조직 사회의 스트레스, 특히 리더의 스트레스가

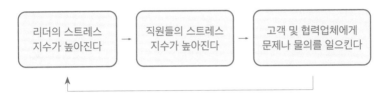

원인일 수 있다. 경험적으로 봤을 때, 화가 많은 리더가 이끄는 조직은 직원들도 화가 많다.

건강한 리더가 이끄는 조직은 확실히 조직의 기운부터 다르다. 요즘 직원들은 리더가 얼마나 정서적, 신체적으로 건강한가를 따진다. 건강한 리더와 함께 일할 때 직원들 역시 건강한 기운을 받을 수 있기 때문이다. 늘 뭔가에 쫓기는 듯하고 병세가 느껴지는 리더에게 자신의 미래를 걸고 싶은 사람은 없을 것이다.

당신은 건강관리를 위해 무엇을 하고 있는가? 가중되는 스트레스를 어떤 식으로 극복하고 있는가? 이를 위한 당신만의 확실한 답이 있어야 한다. 만약 마땅한 것이 없다면 당신은 머잖아 번아웃Burnout 상황을 피할 수 없을 것이다. 아무도 당신을 챙겨주지 않는다. 일단 번아웃에 빠지고 나면 해결 방법이 마땅치 않다. 미리 조치해야 한다. 뭐라도 좋으니 건강과 스트레스 관리에 도움이 되는 것을 당장 시작하라. 기왕이면 작은 것이라도 일상에서 쉽게 실천할 수 있는 루틴이면 더 좋다.

다음은 한 기업의 리더들이 건강과 스트레스 관리를 위해 사용하고 있는 루틴이니 참고하자.

산책을 한다. 명상을 한다. 낚시를 한다. 책이나 잡지를 읽는다. 보약이나 건강식품을 먹는다. 등산을 한다. 자전거를 탄다. 서점에 간다. 점심 식사 시간에 낮잠을 청한다. 가족과 대화를 나눈다. 친구를 만난다. 강아지나 고양이를 키운다. 요가나 필라테스를 한다. 일찍 출근해서 회사 헬스장에서 러닝머신을 뛴다. 음악을 듣는다. 영화를 본다. 식물을 키운다. 술을 줄인다. 담배를 끊는다. 여행을 간다. ……

나의 케렌시아 중 대표적인 것을 하나 소개하자면, 혼자서 카페에 가는 것이다. 일이 잘 안 풀리거나 마음이 편치 않을 때는 더욱 자주 간다. 특별한 게 아니라서 실망했는가? 하지만 이를 케렌시아라고 정의하는 것과 그렇지 않은 것은 천양지차다. 같은 것이라도 별생각 없이 행하는 것과 의미를 두고 선택하는 것은 느끼고 얻어지는 결과에서 큰 차이가 난다. 스스로 케렌시아라고 정의하면 보다 빈번하게 그것을 찾게 되고, 찾을 때마다 소위 만끽하는 수준으로 누릴 수 있게 된다. 아무튼 나는 카페에서 우유 거품을 잔뜩 머금은 카페라떼를 한 잔 시켜놓고 빈둥거리며 시간을 보낸다. 특별히 하는 일은 없다. 음악을 듣기도 하고, 졸거나 멍때리기도 하며, 좋아하는 스포츠 경기를 보기도 한다. 때로는 본의 아니게 옆 사람들 대화를 엿듣게 되기도 하고, SNS에 글을 올리기도 하며, 조금 여유가 있으면 일과 삶에서의 이런저런 고민을 기록해보면서 생각을 정리한다.

이런 케렌시아를 통해 심적 안정을 찾을 수 있다. 나아가 심신이 이완되고 머릿속이 편해지면서 문제 해결을 위한 새로운 아이디어가 샘솟게 된다. 케렌시아는 건강과 스트레스를 관리하는 것은 물론이고 일을 더 잘할 수 있는 에너지와 아이디어를 공급하는 것이다. 당신의 안식처, 케렌시아는 무엇인가?

부하직원이
말하지 않는
31가지 진
실

9

진실 **착각**

"우리 직원들은
대체로 나를 잘 따르는 편이다"

착각 진실

"풉!
자기가 왕따 당하는 줄도 모르면서"

당신과 직원 사이에 존재하는
심리적 거리감을 좁혀라!

저분은
진짜 높은 분이구나!

조직마다 상하 간의 소통을 활성화하고 수
평적 조직 문화를 형성하겠다고 의례적으로 하는 행사가 하나쯤
은 있다. 회사마다 이를 부르는 명칭은 다양하다. 예전에는 흔히
간담회라고 했는데, 요즘에는 '타운홀미팅Town Hall Meeting'이라는,
좀 있어 보이는 표현을 주로 사용하는 듯하다. 이 책에서는 편하
게 '간담회'로 통칭하겠다.

주된 목적이 윗사람이 아랫사람을 만나는 것인지 아니면 아
랫사람이 윗사람을 만나는 것인지는 잘 몰라도, 아무튼 간담회와
같은 행사를 주기적으로 시행하는 회사가 많다. 그런데 대부분
소통이라는 본래의 취지와는 거리가 먼 방식으로 운영된다. 특히
직원들이 이런 자리에 참석하는 걸 별로 탐탁지 않아 한다는 점

이 문제다. 왜일까? 과거 학창 시절 교장 선생님이 주관하는 조회 시간을 떠올려보자. 날씨가 추우나 더우나 전교생을 한자리에 모아 놓고 훈화 말씀을 늘어놓으신다. 이거 듣다가 중간에 졸도한 학생들도 꽤 됐던 것 같다. 가만 생각해보면 그런 자리가 왜 필요했는지 알 수가 없다. 과연 누구를 위한 자리였을까? 학생? 아니면 교장 선생님? 만약 학생을 위한 자리였다면 학생들을 한자리에 불러 모으는 방식이 아니라 교장이 시간을 내 학생들을 찾아가는 방식으로 했어야 하지 않을까?

　나는 회사에서 이뤄지는 간담회도 이와 다르지 않다고 생각한다. 대개 직원들이 아닌 윗사람이 중심이 된 행사이기 때문이다. 그렇기에 보기에도 어색한 격식과 형식이 주를 이룬다. 이러한 격식과 형식이 내용을 삼켜버리고, 냉소가 직원들 마음속을 파고든다. 이런 자리는 직원들이 주인공이 아닌 들러리 역할밖에 되지 않는다. 예를 들면 이렇다. 직원들은 미리 와서 대기하고 있어야 한다. 윗사람이 '입장'을 해야 행사를 시작할 수 있다. 묘한 것은 윗사람이 입장하는 순간부터 갑자기 분위기가 경건해진다는 점이다. '다음 순서는…'의 사회자 멘트와 식순에 따라 진행되니 하나하나가 자연스럽지 않다. 대개 윗사람 말씀은 마지막 식순으로 진행되는데, 이때면 갑자기 무대의 테이블 배열이 달라진다. 교장선생님 훈화 말씀과 같은 윗사람 말씀이 끝나고 나면 질의응답 시간을 갖는다. 이때 혹시나 윗사람의 심기를 불편하게 할 만한 질문을 해서는 안 된다. 요새는 그런 일이 많이 줄었지만, 예전에는 사전에 질문과 질문자를 미리 정해놓고 짜놓은 각본대로 질의응답을 진행하는 경우도 많았다. 부끄럽게도 나 역시 실무자 시절 이와 같은 간담회를 진행한 적이 있다. 별다른 문제의식을 느끼지 못한 채 말이다.

한번은 간담회 행사를 마치고 행사에 참여했던 한 직원에게 참가 소감을 물었다. 나는 아직도 그가 했던 말을 잊지 못한다.

"저분이 평소에 높은 분이라는 건 알고 있었어요. 그런데 막상 이런 행사에 참여하고 나니 그냥 높은 분이 아니라 진짜 높은 분이라는 걸 깨닫게 됐어요."

아이러니하게도 상하 간의 소통 활성화를 위한 장이 오히려 상하 간의 불통을 확인하는 장이 되고 만 것이다.

매우 권위적인 성향의 리더가 이끄는 조직을 관찰할 기회가 있었다. 그의 표정과 자세, 말 한 마디에는 뭔가 가까이하기 힘든 '포스'가 있는 느낌이었다. 그래서인지 직원들은 그에게 잘 다가가려 하지 않았다. 그가 호출하지 않는 한 먼저 다가가는 법이 없었다. 그가 호출을 하면 인상부터 구기는 직원도 많았다. "이번에는 또 뭐 가지고 깨려고 그러시나" 하면서 말이다. 그 리더의 호출을 받는 것은 결코 좋은 일이 아니었던 것이다. 직원들끼리 모이면 늘 대화 소재는 그 리더였다. 물론 좋은 쪽이 아니라 부정적인 쪽으로 말이다. 어떤 직원은 그의 말투를 흉내 내며 비꼬았고,

★★★ **왕따 당하는 리더의 다섯 가지 특징** ★★★

- 내가 없는 자리에서 직원들이 나에 대해 안 좋은 이야기를 할 것 같다.
- 직원들이 나와 같이 밥을 먹고 싶어 하지 않는다.
- 내가 호출하지 않는 한 직원들이 나에게 먼저 다가오지 않는다.
- 직원들이 내 앞에서 자신의 속내를 잘 털어놓지 않는다.
- 내가 자리를 비우면 직원들이 매우 좋아할 것이다.

이를 본 다른 직원들이 뭐가 그리 웃긴지 함께 히히덕거렸다. 제 3자 관점에서 이런 장면을 목격한 나는 딱한 심정이 들었다. 누구가 딱했느냐고? 직원들? 천만에! 바로 그 리더가 딱했다. 그 리더는 직원들에게 '왕따'를 당하는 상황이었던 것이다. 정작 본인은 그 사실 조차 모른 채 말이다.

더욱 딱하게 느껴졌던 상황은 점심식사 때였다. 그 조직의 직원들은 누구도 리더와 함께 식사하고 싶은 마음이 없었다. 결국 리더와 식사할 사람을 가위바위보로 정했다. 진 사람을 당번으로 남겨놓고 나머지 직원들은 해방된 느낌으로 사무실을 떠난 것이다. 이게 왕따가 아니면 무엇인가? 당신의 직원들은 어떨 것 같은가? 위 표에 정리된 '왕따 당하는 리더의 다섯 가지 특징' 중 당신은 몇 가지나 해당되는지 살펴보라. 이때, 직원의 관점에서 객관적으로 판단해야 정확한 진단이 가능하다.

'상하 간의 거리감'은
백 퍼센트 리더의 책임이다

'상하 간의 거리감'은 계층이 존재하는 조직이라면 필연적으로 발생하는 현상이다. 조직에서 일어나는 모든 일이 계층 구조를 타고 결정되고 시행될 수밖에 없기 때문이다. 상하 간의 거리감은 직원들의 심리에도 영향을 미치기 때문에 '심리적 거리감'이라고도 한다. 아랫사람이 윗사람을 대할 때 얼마나 심리적 부담감을 느끼느냐에 관한 개념이다. 대개 표면적인 물리적 거리감보다 심리적 거리감이 훨씬 더 크게 느껴진다.

심리적 거리감을 느끼는 아랫사람 입장에서는 윗사람이 어려울 수밖에 없다. 나 역시 과거 회사 다니던 때를 생각해보면, 윗사람 앞에만 서면 왠지 기가 약해져 말 한 마디 건네기가 힘들었다. 물론 직원 개인 차원에서도 윗사람에게 다가가는 노력을 해야겠지만, 그보다는 윗사람이 노력하는 것이 훨씬 더 효과적이다. 가령, 가정에서 심리적 거리감 때문에 부모와 자식 간에 소통이 잘 안 된다면 누구의 잘못이 더 큰 걸까? 그리고 누가 더 노력하는 것이 효과적일까? 같은 이치로 조직에서 상하 간 심리적 거리감의 책임은 리더 몫이라 보는 것이 맞다. 리더가 직원과 거리감을 두려 하거나, 거리감을 좁히기 위한 노력을 하지 않으면, 상하 간의 심리적 거리감은 점점 더 벌어지게 된다.

상하 간의 심리적 거리감을 좁히기 위해서는 어떤 노력을 하면 좋을까? 가장 권하고 싶은 것은 직원들이 일하는 공간으로 자주 찾아가 그들 이야기를 듣는 것이다. 나는 직원들을 자신의 자리로 불러대는 리더치고 직원과 소통을 잘하는 사람을 본 적이 없다. 당신의 호출에 의해 직원이 고객이나 거래처와의 중요한 만남을 미루거나 중간에 끊고 달려와야 한다고 생각해보라. 결코 함부로 불러댈 수 없을 것이다.

내 지인 중 직원과 소통을 할 때면 자신의 자리로 부르지 않고 자신이 직접 직원 자리에 찾아가는 리더가 있다. 상황이 여의치 않으면 제3의 장소인 회의실에서 직원을 만난다. 절대 직원이 자신의 자리로 오게 하지 않는 것이다. 리더의 포지션 파워(Position Power, 직위권력)가 강하게 드러나는 장소에서는 자칫 직원이 기를 못 펴고 주눅 들 수도 있기 때문이다.

직원 자리로 찾아가는 소통은 스포츠로 따지면 직원에게 홈구장 어드밴티지를 주는 것과 같은 이치다. 직원들이 편안함을 느끼고 자신의 생각을 솔직하게 표현할 수 있는 곳은 그들이 일하는 자리이니 말이다. 요즘은 사무 공간을 직원들의 소통과 협업을 돕고 창의성을 촉진하는 공간으로 바꾸기 위해 노력하는 회사가 많다. 이때 항상 빠지지 않고 나오는 아이디어가 리더의 자리 배치다. 과거에는 리더의 자리는 약속이나 한 듯 사무실에서 가장 터가 좋은 곳이었다. 좀 과장하자면, 일단 리더의 자리부터

★★★ **직원들에게 다가가는 방법** ★★★

- 직원의 자리에 직접 찾아가 보고를 받는다.
- 직원과 일대일로 가까운 카페나 공원에서 대화를 나눈다.
- 직원의 말을 경청하고, 절대로 중간에 끊지 않는다.
- 나갔다 오는 길에 직원들과 함께 먹을 수 있는 음식을 사온다.
- 각 직원에게 마음을 담은 편지를 쓴다.
- 웃는 얼굴과 밝은 표정으로 직원들을 대한다.
- 자신의 취미나 선호를 직원들에게 강요하지 않는다.
- 직원들이 반드시 알아야 할 내용이 있을 때는 확인하려고 하기보다는 다시 한번 일러준다.
- 직원들의 경조사를 철저하게 챙긴다.

넉넉하게 배정해 놓고 나머지 직원들의 자리를 구겨 넣었다고 할 정도였다. 그렇게 되면 직원 입장에서는 아무래도 공기부터가 다른 리더의 자리를 찾아가는 것이 불편하고, 그러니 리더와의 소통도 불편하고 번거로워질 수밖에 없다. 이 같은 문제를 해결하기 위해 많은 조직이 사무실 자리 구조를 바꿔나가고 있는 것이다. 상하 간의 원활한 소통을 최우선 목적으로 말이다. 사무실에서 당신의 자리는 어떤 모습인가? 직원들과의 원활한 소통이 가능한 모습인가? 생각해봐야 할 문제다.

조직 내의 모든 격식과 형식을 증오하고 벗어던져라. 격식과 형식은 직원들의 숨통을 조인다. 혹시 당신 앞에서 말을 제대로 하지 못하고 더듬거리는 직원이 있지는 않은가? 그런 직원이 있다면 그것은 그가 자신의 생각을 잘 표현하지 못하는 사람이라서가 아니라 당신이 그의 숨통을 쥐고 말문을 막고 있기 때문일 가능성이 높다.

노란색 부메랑을 던지면
노란색 부메랑이 돌아온다

직원에게 좀 더 다가가려면 무엇보다 우선 직원 개개인을 존중하는 마음이 있어야 한다. 하지만 이는 결코 쉬운 일이 아니다. 특히 숫자가 곧 인격이라고 할 수 있는 성과 중심의 조직 풍토에서 '사람에 대한 존중'이라는 말은 현실 세계에서는 불가능한 이상적인 이야기로 들릴 수도 있다. 일 잘하는 직원은 그렇다 치더라도 일 처리가 미숙한 직원에게도 존중하는 태도를 보이기란 결코 쉽지 않기 때문이다.

그렇다면 사람에 대한 존중의 마음을 가지려면 어떤 노력이 필요할까?

먼저, 누군가에 대한 존중은 곧 나 자신을 위하는 것임을 깨달아야 한다. 사람 사이에서는 항상 '부메랑의 원리'가 작동한다. 주는 대로 돌려받는다는 의미다. 상대에게 노란색 부메랑을 던지면 반드시 자신에게도 노란색 부메랑이 돌아오고, 검은색 부메랑을 던지면 검은색 부메랑이 돌아온다. 당신이 직원을 존중하면 자연히 직원도 당신을 존중하게 될 것이다. 이를 잘 보여주는 것이 오기 장군의 일화다.

오기 장군은 중국 춘추전국시대 최고의 명장으로 꼽히는 위나라 장군이었다. 그는 늘 병사들과 동고동락하는 사람이었다. 병사들과 똑같이 입고, 똑같은 음식을 먹었으며, 잠을 잘 때도 자리를 깔지 않는 것은 물론, 행군할 때도 마차에 타지 않았다. 그래서 그를 따르고 존경하는 병사들이 많았다.

어느 날, 오기 장군은 종기로 고통에 시달리는 병사를 보게 됐다. 그 모습을 본 그는 병사의 종기에 입을 대고 피고름을 빨아냈다.

그런데 이 소식을 들은 병사의 어머니는 대성통곡하며 슬퍼했다. 그러자 옆에 있던 사람이 이를 이해할 수 없다는 듯 물었다.

"장군께서 당신 아들을 그렇게 돌봐주시는데 감격스러운 일이 아니오? 그렇게 슬퍼하는 이유가 뭐요?"

그러자 병사의 어머니가 답했다.

"지난해 오 장군께서는 제 아이 아버지의 종기 고름을 빨아주셨는데, 그 후로 그 사람은 적에게 등을 보이지 않고 끝까지 싸우다 전사했습니다. 그런데 이번에는 제 아들의 종기를 빨아주셨

다니, 이제 그 아이의 운명도 불을 보듯 뻔한 거 아니겠습니까?"

당신이 직원을 무시하는 언행을 일삼는 사람이라면 당신에 대한 안 좋은 소문이 비례해서 늘어난다고 보면 틀림없다. 더욱이 요즘은 SNS 시대 아닌가? 소문이 퍼지는 건 순간이다. 당신의 직원을 '키보드워리어'로 만들지 말라. 오늘날과 같은 초연결 사회에서는 제아무리 탁월한 역량을 지닌 사람일지라도 평판이 좋지 않으면 절대로 오래갈 수 없다. 좋은 것이든 나쁜 것이든, 사람에 대한 당신의 태도는 결국 당신에게 다시 돌아온다는 사실을 잊어서는 안 된다.

다음으로, 직원의 가족을 생각하라. 사람이 더욱 소중한 이유는 그 사람 때문만이 아니라 그를 사랑하는 사람들이 있기 때문이기도 하다. 혹시라도 어떤 직원에게 좋지 않은 감정이 들 때면, 다른 거 하지 말고 그의 가족을 먼저 떠올려라. 오직 그만을 사랑하고 그를 이 세상의 모든 것이라 믿고 의지하는 그의 배우자를 생각해보라. 그를 통해 삶을 배우며 매일같이 그가 귀가하기만을 손꼽아 기다리는 그의 자녀를 생각해보라. 그에게 모든 것을 희생해가며 정성껏 키웠을 그의 부모를 생각해보라. 그를 소중하게 생각하는 사람들, 그 없이는 살 수 없을 것 같은 사람들을 생각한다면 그 어떤 누구도 함부로 대할 수 없을 것이다.

10

진실 **착각**

"나의 리더십은 문제가 없다"

착각 진실

"문제가 없는 게 아니라
문제를 모르는 것뿐이다"

리더놀음만 안 해도
중간은 간다!

연봉 인상보다
상사의 해고를 원한다?

회사마다 HR부서에서는 퇴직자를 대상으로 퇴직 사유를 조사한다. 떠나는 원인을 알아야 해결 방법을 찾을 수 있기 때문이다. 대학원에 진학해서 공부를 더 하겠다는 사람도 있고, 사업에 도전하겠다는 사람도 있다. 적성에 맞는 일을 찾거나 새로운 경험을 해보고 싶다는 사람도 있다. 구구절절 사연도 다양하다. 하지만 회사를 떠나는 '진짜 이유'는 잘 말하지 않는다. 그것이 무엇인지는 굳이 말하지 않아도 알 것이다.

사람은 조직을 떠나지 않는다. 사람을 떠난다. 특히, 힘든 직장 상사를 떠난다. 미국의 심리학자 미셸 맥퀘이드Michelle McQuaid가 미국의 직장인 1,000명을 대상으로 조사한 연구 결과, 65퍼센트의 직장인이 '연봉 인상'보다도 자신의 '상사 해고'를 원한다고 했다. 상사가 잘리면 직원들의 회사 만족도가 올라간다는 말이다. 실제로 원치 않는 상사 밑에서 일하면 소화불량, 두통, 가슴 두근거림, 우울증 같은 질병이 생기기 쉽다고 한다. 직원 입장에서는 원치 않는 상사와 일을 하게 되면 경력도 망가지고 심지어 건강도 나빠지는 셈이다. 전생의 원수는 회사에서 만난다는 말이 사실이라면 이런 경우가 아닐까?

직원에게 직장은 하나의 운명과도 같은 곳이다. 직장을 선택하고 입사할 때 노심초사한 과정을 생각해보라. 하지만 이렇게 운명처럼 선택한 직장을 어이없게도 함께 일하던 상사 때문에 떠나야 한다면 그 상사와의 인연은 악연이라고 할 수밖에 없을 것이다.

'리더놀음'을
조심하라!

내가 리더들을 만나면 가장 먼저 해주는 말이 있다. '리더놀음'에 관한 것이다. 다른 말로는 '왕놀음'이라고도 한다. '왕놀음'이라고 하면 자기 얘기가 아니라고 우기는 사람들이 많아서 좀 더 완곡하게 '리더놀음'이라고 하는 것뿐이다.

리더가 되면 이전에 없던 힘을 갖게 된다. 말 한 마디에도 직원들이 고개를 끄덕이고 노트에 받아 적는다. 시답잖은 '아재개

★★★ '리더놀음'의 13가지 행동 ★★★

1. 직원의 이야기를 시큰둥해하며 건성으로 듣는다.
2. 회의나 모임에는 항상 가장 늦게 도착한다.
3. 직원을 손가락으로 오라 가라 하며 자기 자리로 불러댄다.
4. 직원이 인사를 하면 받는 둥 마는 둥 한다.
5. 항상 무게를 잡고 인상을 쓰고 다닌다.
6. 직원에게 '야! 야!' 하며 말을 함부로 한다.
7. 습관적으로 왕년의 자기 자랑을 한다.
8. 도무지 뭘 새롭게 배우려 하지 않는다.
9. 회의 때 자기 말만 한다.
10. 직원과의 면담 중에도 전화가 오면 다 받는다.
11. 명백한 잘못을 하고도 사과하지 않는다.
12. 말을 모호하게 해서 무슨 말인지 헷갈리게 만든다.
13. 어디에 가든 자신이 중심이어야 하고 대접 받으려고만 한다.

그'에 직원들이 물개박수를 치며 반응해준다. 신기하지 않은가? 리더가 되기 전에는 절대 누리지 못했던 일종의 혜택이다. 어디 가서 이런 대접을 받을 수 있겠는가? 이는 충분히 감사하고 또 감사해야 할 일이다. 그런데 어리석은 리더는 이러한 힘을 남용하고 직원들 위에 군림한다.

그런 의미에서, '리더놀음'은 직원들을 무시하고 리더의 지위를 남용하는 행동을 뜻한다. 구체적으로는 총 13가지 행동으로,

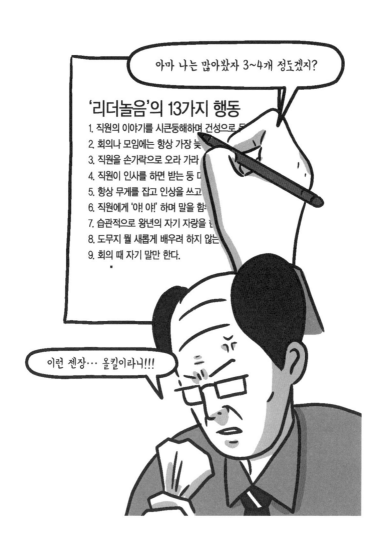

137쪽의 표와 같다. 자신에게 해당되는 내용에 ○, ×로 체크해보자. ○가 4개 이상이면 리더놀음을 시작하는 단계이며, 8개 이상이면 중증 리더놀음에 빠진 상태라 볼 수 있다.

내가 2013년에 리더놀음을 처음 소개했을 때만 해도 리더놀음은 우리 사회 곳곳에서 흔하게 관찰되는 행동이었다. 당시에는 워낙 일상적인 행동이라 "뭐가 문제죠?" 하고 반문하는 사람도 있었다. 그런데 확실히 세상이 바뀌었다. 이제는 이러한 행동을 대놓고 하는 사람을 찾기 어렵다. 이는 분명 우리 사회의 리더십이 점점 발전하고 있다는 증거일 것이다. 요즘은 이런 행동을 하면 사내에 금세 파다하게 소문이 날 수밖에 없다. 대개 나쁜 소문은 날아간다. 특히 요즘 신세대는 이런 행동을 참고 견디는 세대가 아니다.

리더놀음은 힘을 갖게 되면서 자신도 모르게 나올 수 있는 행동이기 때문에 더욱 조심해야 한다. 주변에 자신을 떠받드는 직원이 있으면 특히 그렇다. 그리고 리더놀음은 마약과도 같이 한 번 익숙해지면 좀처럼 벗어나기 힘들다.

반성하는
리더가 아름답다

요새는 많은 회사에서 360도 리더십 진단을

한다. 함께 일하는 직원들로부터 리더가 자신의 리더십을 평가받는 세상이 된 것이다. 진단 결과를 받아본 리더들의 표정은 희비가 엇갈린다. 진단 결과가 좋아 만족하는 리더가 있는가 하면, 심한 배신감에 치를 떠는 리더도 있다.

사람이 성장하려면 항상 피드백이 필요하다. 자기 자신을 객관적으로 바라보기 어렵기 때문이다. 골프 레슨을 받을 때 자신의 스윙을 동영상으로 확인하는 것처럼 제3자 관점에서 스스로를 들여다봐야 한다. 특히 리더는 조직에 미치는 영향력이 가장 큰 사람이기에 더욱 적극적인 피드백이 필요하다. 비단 회사 차원에서 이뤄지는 360도 리더십 진단이 아니더라도 평소 직원들에게 자신의 리더십이 어떤지 물어보고 리더십 개발의 시사점을 찾아야 한다.

실제로 직원들에게 자신의 리더십을 주기적으로 피드백을 받는 팀장이 있었다. 개선이 필요하다는 피드백을 받은 행동은 두 가지였다. 하나는 불같은 성격과 공격적인 말투 때문에 직원들을 주눅 들게 한다는 것이었고, 다른 하나는 업무 지시가 모호해서 무슨 말인지 헷갈린다는 점이었다. 그는 개선 계획을 세워 직원들 앞에서 변화를 약속했다. 나아가 눈에 잘 띄는 사무실 벽면에 다음의 표를 붙여놓고 직원들에게 점수로 피드백을 받았다.

이런 그의 모습에 직원들은 큰 흥미를 느꼈다. 결과적으로 그의 이 같은 노력은 팀에 신선한 변화를 가져왔다. 우선, 팀원들이 그를 더 믿고 따르게 됐다. 나아가 팀 전체에 솔직하게 말하는 분

팀장의 리더십을 평가해주세요.	
+5점	팀장과 대화하고 나서 일을 보다 잘할 수 있었다.
+3점	팀장에게 칭찬과 격려를 받았다.
-1점	업무 지시가 모호해서 잘 이해할 수가 없었다.
-3점	팀장과 대화 후 기분이 나빠졌다.
-10점	최근 한 달 동안 팀장과 어떠한 교류도 하지 않았다.

위기가 형성되기 시작했다. 일하다 보면 문제가 눈에 보여도 누군가가 상처받을까봐 자신의 생각을 잘 표현하지 못하는 경우가 많다. 그런데 팀장부터 솔직하게 피드백을 받는 모습을 보면서 팀원들끼리도 서로 솔직하게 말하는 분위기가 형성된 것이다.

하나의 조직을 책임져야 하는 리더는 늘 자신의 행동을 되돌아봐야 한다. 리더십은 조직의 공유 자원이고, 리더의 잘못된 행동은 조직 전체에 악영향을 끼칠 수밖에 없기 때문이다. 자신의 말과 행동 하나하나를 되돌아보고 좀 더 나은 모습으로 고쳐갈 수 있어야 한다. 특히 앞에서 소개한 '리더놀음'과 같은 성숙하지 못한 구태 행동은 눈곱만큼도 남아 있지 않도록 해야 한다.

지난 일주일 동안 리더로서 당신의 말과 행동을 찬찬히 되돌아보라! 뭔가 찜찜한 상황이 있지는 않았는가? 당신이 하지 말았어야 하는 말과 행동이 있었다면 구체적으로 어떤 것이었는가? 만약 떠오르지 않는다면 이를 가장 잘 말해줄 만한 직원을 찾아가 물어보라. 그게 가장 빠르고 효과적인 방법이다.

1840년대 오스트리아의 한 산부인과에서 있었던 일이다. 이 병원에는 두 개의 병동이 있었다. 하나는 의사 병동이고, 다른 하나는 간호사 병동이었다. 그런데 이 두 병동 사이에서 쉽게 설명하기 힘든 현상이 반복적으로 일어났다. 산모와 태아의 치사율이 간호사 병동보다 의사 병동에서 훨씬 높게 나타난 것이다. 한두 해도 아니고 매해 같은 현상이 지속됐는데, 심하게는 다섯 배 이상 차이가 나기도 했다. 상식적으로 생각하면 간호사보다는 의사가 산파 역할을 수행하는 것이 훨씬 더 안전할 것이다. 아무래도 전문성에서는 간호사보다 의사가 앞서기 때문이다. 그런데 마치 악령이라도 쓴 것처럼 의사 병동에서 수많은 산모와 태아의 죽어나간 것이다.

오랫동안 풀리지 않는 미스터리 같았던 이 현상의 원인은 때마침 이 병원에 처음 부임한 호기심 많은 의사 이그나츠 제멜바이스Ignaz Philip Semmelweis에 의해 밝혀졌다. 그는 광범위한 조사 끝에 한 가지 결론을 내렸다. 바로 '의사의 손'이 문제였다.

당시 의사 병동에서는 의료 연구를 위한 해부 실험 등이 활발하게 이뤄지고 있었다. 하지만 소독 등의 위생 개념 자체가 없었던 시대라 당시의 의사들은 해부 실험과 산파 역할을 별다른 문제의식 없이 동시에 시행했다. 그 결과, 해부 실험 과정에서 사체에 있던 세균이 의사의 손에 옮겨졌고, 의사의 손을 통해 산모와 태아를 감염시킨 것이다. 그로 인해 수많은 산모와 태아가 세균 감염으로 고열 증세에 시달리다가 생명을 잃었다. 아이러니하게도 환자를 돕고자 한 의사의 손이 거꾸로 환자를 죽이는 결과를 낳은 셈이다.

이 사례가 리더에게 주는 시사점은 매우 크다. 본인 스스로는 리더십을 발휘한다고 하지만 그것이 직원들을 도와주기는커녕 위축시키고 떠나게 하는 형태로 작용할 수도 있음을 알아야 한다. 리더가 먼저 자기 자신을 보다 객관적인 시각으로 돌아봐야 하는 이유다.

11

진실 **착각**

"나는 꼰대가 아니다"

~~착각~~ **진실**

"말하기 좋아하는
당신은 이미 꼰대다"

'라떼 이야기'는 줄이고
대변인 역할에 충실하라!

'라떼 이야기'를 하게 되는
이유

우리 팀원들에게 가장 큰 고문은 바로 팀장님의 '라떼 이야기'
를 듣는 겁니다. 말 그대로 고문이죠. 술 한잔 들어가면 레퍼토
리는 어찌 그리도 똑같은지……. 한두 번도 아니고 이제 진짜 지
쳐 쓰러질 지경입니다. 그렇다고 싫은 티를 낼 수도 없고, 기분
나빠할까 봐 전에 들었던 이야기라고 내색도 못하고요. 그런데
참 신기한 점이 있어요. 팀장님은 그렇게 반복하면서도 언제나
처음 이야기하는 것처럼 말씀하시거든요.

과거에 이룬 성취에 도취되어 갖은 미사여구美辭麗句로 자신의
무용담을 늘어놓는다. 입만 열면 또 그 얘기라고 생각될 정도로
무한반복이다. 회사생활을 조금이라도 해본 사람이라면 공감되

는 이야기일 것이다. 오죽했으면 'Latte is Horse!('나 때는 말이야'를 뜻하는 신조어)'라는 이상한 말이 유행어가 됐을까?

그렇다면 '라떼 이야기'를 자주 하게 되는 이유는 무엇일까? 아마도 크게 다음과 같을 것이다.

먼저, 사람은 좋았던 시절을 떠올리면 에너지를 얻는다. 나는 이 점에서 '라떼 이야기'를 반복하는 리더에게 연민을 느낀다. 과거 자신이 멋졌던 시절이 생각나고 그리운 것이다. 둘째, 직원들로부터 자신의 가치를 인정받고 싶어 한다. 리더 역시 사람인지라 직원들과 마찬가지로 인정의 욕구를 가지고 있다. 한편으로 이 점에서는 직원들의 반성도 필요하다. 리더로부터 인정받기를 원하면서도 정작 리더에 대한 인정에는 인색한 직원들이 많다. 혹시 당신 앞에서 라떼 이야기를 하는 사람이 있다면 이렇게 생각해보자. '아! 이분이 나에게 무척 인정받고 싶어 하시는구나'라고 말이다. 셋째, 라떼 이야기 속에는 알게 모르게 상대를 과거의 자신과 비교하려는 의도가 담겨 있다. '나는 과거에 이렇게 했는데 너희는 왜 그렇게 안 하지?' 하는 식으로 말이다. 특히 직원들의 일하는 방식이 마음에 들지 않을 때 라떼 이야기가 더욱 잦아지는 경향이 있다. 하지만 리더의 라떼 이야기는 과거 리더의 포지션 파워가 먹히던 시절에나 통했던 방식이다. 요즘에는 그저 전형적인 꼰대의 행동으로 받아들여질 뿐이다.

말의 가치를
높이는 방법

누구에게나 자기 이야기를 하고 싶어 하는 본능이 있다. 그런데 눈앞에 자신의 말을 잘 경청해주는 누군가가 있다고 생각해보자. 이보다 좋은 기회는 없을 것이다. 리더는 소위 '말발'이 먹히는 위치에 있다. 세상 누구보다도 잘 들어주는 직원들과 함께 생활하기 때문이다. 솔직히 가족보다도 더 열심히 경청해주지 않는가? 그렇기에 라떼 이야기는 리더 지위에 있는 사람들에게는 참을 수 없는 유혹과도 같다. 리더가 되면 꼰대가 될 확률이 급격히 높아지는 이유이기도 하다.

이쯤에서 반문하고 싶은 리더도 있을 것이다.

"그렇다면 직원들 앞에서는 말 한 마디도 하지 말아야 하는 건가요? 세상이 변했다 해도 반드시 지켜야 하는 것도 있지 않겠어요? 예전에 했던 방식을 무조건 '라떼 이야기'라고 매도하는 태도가 오히려 바람직하지 못한 모습이라 생각합니다."

전적으로 동의한다. 리더의 모든 말을 '라떼 이야기'로 치부해버리는 직원이 있다면, 나는 그의 수용력에 문제가 있다고 지적할 것이다. 꼰대라는 소리가 무서워서 해야 할 말도 못 할 바에는 차라리 꼰대의 길을 택하라고 권하겠다. 해야 할 말은 반드시 해야 한다. 가르쳐줘야 할 것이 있다면 가르쳐줘야 한다.

여기서 중요한 것은 전달 방법이다. 같은 말이라도 어떤 상황에서는 라떼 이야기로 치부되기도 하고, 어떤 상황에서는 피가 되고 살이 되는 인생의 교훈이 되기도 하기 때문이다. 딱 두 가지 규칙만 지키면 된다.

먼저, '1/n의 대화 규칙'을 지켜야 한다. 라떼 이야기의 대표적인 특징은 대화의 비중을 홀로 너무 많이 차지한다는 것이다. 리더가 대화를 독점하는 상황이라면 제아무리 필요한 말이라도 모두 라떼 이야기가 되고 만다. 1/n의 대화 규칙은 대화 시간을 사람의 머릿수로 나눠 공평하게 발언하는 것을 뜻한다. 다섯 명이 대화를 나눈다면 자신에게 할당된 1/5의 시간만 말해야 한다. 말이 많으면 쓸 말이 없다지 않는가? 1/n의 시간을 초과하여 자신의 말의 가치를 저렴하게 만드는 일은 없어야 한다. 당신에게 주어진 시간은 더도 말고 덜도 말고 딱 1/n이다. 그러니 제한된 시간동안 보다 임팩트 있게 전달할 수 있는 방법을 연구해야 한다.

다음으로, 먼저 말하기보다는 물어보면 '답하는 형식'으로 말하는 것이 좋다. 라떼 이야기의 또 다른 특징은 상대가 묻지도 않았는데 먼저 말해준다는 것이다. 사람은 자신이 궁금해 하는 것에 대해 듣기를 원한다. 같은 말이라도 상대의 질문에 답변하는 형식이라면 말의 가치가 쑥 올라갈 것이다. 아무리 입이 근질거리는 리더라도 상대방이 묻지 않거나 궁금해 하지 않으면 말하지 않는 편이 좋다. 정 뭔가를 말하고 싶다면 다음과 같이 질문해보자!

"혹시 일하면서 궁금한 점은 없나요? 언제든 찾아와 말씀해주세요."

이렇게 말해두면 당신에게 찾아와 질문하는 직원이 늘어날 것이고, 직접 찾아와서 물었다면 그 질문에 대한 답변을 결코 라떼 이야기라 생각하지는 않을 것이다.

리더는
조직의 대변인이다

리더는 조직을 대표하는 사람이다. 따라서 리더는 자아에 갇혀 있어서는 안 된다. 리더의 자아는 본인이 아닌 조직을 대표하는 자아여야 한다. 좀 더 구체적으로 말하자면, 리더는 '라떼 이야기'가 아니라 조직 전체 또는 직원 개개인을 대변하는 사람이어야 한다는 말이다.

스포츠 경기가 끝난 후에는 항상 감독의 인터뷰가 있다. 인터뷰를 살펴보면 명장일수록 자기 자랑을 늘어놓지 않는다. 가령 자신이 세운 작전이 좋아서 팀이 승리했다는 따위의 이야기는 하지 않는다. 대신 선수들에 대해 이야기한다. 어떤 선수가 어떤 플레이를 잘해서 팀이 승리할 수 있었다는 등 대부분 선수에 대한 칭찬과 감사가 중심이 된다. 경기 중 누군가의 실수가 있었다면 그의 편에 서서 입장을 대변해준다. 감독은 팀의 대변인으로서 오로지 팀과 팀 멤버에 대한 이야기를 할 뿐이다. 나는 이 같은 모습이 리더의 역할이라 생각한다. 조직의 대변인으로서의 역할 말이다.

대변인 역할에 충실하려면 먼저 직원 개개인의 크고 작은 성공 스토리를 낱낱이 알고 있어야 한다. 질보다는 양을 추구하는 자세로 직원 개개인의 미담이나 무용담을 최대한 많이 찾는 것이 중요하다. 그래야 대변인으로서 말할 거리가 생기지 않겠는가?

이와 같은 대변인 역할에 충실하다 보면 여러 가지 긍정적인 효과를 거둘 수 있다. 먼저 직원들의 사기가 올라간다. 사람에 대한 이야기는 어떤 식으로든 당사자에게 흘러들어가게 되어 있다. "너희 팀장이 너 칭찬 많이 하더라"라는 식으로 말이다. 칭찬은 속성상 본인이 직접 들어도 기분이 좋지만, 제삼자를 통해 듣게 되면 기쁨이 두 배가 된다. 소문처럼 듣게 되는 칭찬이니 마치 온 세상이 자신을 칭찬하는 듯한 느낌이 들기 때문이다.

다음으로 해당 직원의 사내 평판이 좋아지게 된다. 개인 브랜드가 중요한 세상에서는 평판만큼 중요한 것도 드물다. 평판이 좋은 사람은 어딜 가나 후한 대접을 받는다.

마지막으로, 직원들이 리더를 믿고 따르게 된다. 이 세상에 자신을 지지하는 말을 하고 다니는 사람을 싫어할 사람은 없다. 뭔가 빚졌다는 느낌을 갖게 되고, 보답하려는 마음도 생길 것이다. 혹시 서운한 점이 생기더라도 크게 개의치 않을 가능성이 높다.

대변인 역할과 관련하여 노파심에서 덧붙이고 싶은 것이 있다. 어떤 경우에도 외부에 자기 직원에 대한 불평을 떠들고 다녀서는 안 된다는 점이다. 제아무리 그럴듯하게 포장해도, 당사자가 없는 데서 하는 부정적인 이야기는 어쩔 수 없는 '뒷담화'일 수밖에 없다. 다른 사람을 통해 거쳐서 듣게 될 경우, 칭찬은 기쁨이 배가되는 반면 뒷담화는 분노와 실망감이 배가 된다. 온 세상이 자신을 비난하는 듯한 느낌이 드는 것이다. 뒷담화는 인간의 자존감을 떨어뜨리는 잔인한 행위이며, 멘탈이 약한 사람에게는 피해망상 같은 정신적인 문제를 야기하기도 한다. 만약 직원에게 만족스럽지 않은 점이 있다면 다른 데 가서 떠들고 다닐 게 아니라, 해당 직원을 직접 만나 솔직하게 피드백하는 편이 백번 낫다. 말하자면 뒷담화가 아니라 앞담화를 하라는 말이다. 잠깐은 서로 불편할 수 있겠지만, 뒤끝이 없는 가장 깔끔한 방법이다.

밤하늘의 대장별은 북극성이다. 모든 별이 북극성을 중심으로 돌기 때문이다. 하지만 묘하게도 밤하늘에서 북극성의 위치를 아는 사람은 그리 많지 않다. 놀랍게도, 북극성은 빛이 약한 별이기 때문이다. 그래서 북극성을 찾으려면 그 주변의 북두칠성이나 카시오페이아 같은 별자리를 알고 있어야 한다. 만약 북극성이 대장별의 위상에 걸맞게 가장 빛나는 별이었다면 어떤 일이 발생했을까? 아마도 별자리에 관한 수많은 이야기들이 오늘날과 같지는 않았을 것이다. 사람들은 오로지 북극성만 쳐다보며 살았을 테니까 말이다. 북극성은 자신의 빛을 낮춤으로써 주변을 도는 수많은 별들을 더욱 빛나게 한다. 그리고 그 별들은 북극성 주변을 돌면서 북극성이 건재함을 온 세상에 알린다.

12

진실 **착각**

**"사과는 리더의 권위를
실추시키는 일이다"**

착각 **진실**

**"사과는 무너진 신뢰를 되살리는
대표적인 행동이다"**

실수나 잘못이 있다면
쿨하게 사과하라!

직원에게
사과를 해본 적이 있는가?

예전에 한 대기업 CEO에게 경영을 하면서 가장 어려운 점이 무엇인지 물은 적이 있다. 그는 잠시도 주저하지 않고 의사결정이라고 말했다. 그리고 지금까지 자신이 내린 모든 의사결정에서 단 한 번도 확신을 가져본 적이 없다고 했다. 충분히 공감되는 말이었다. 과거의 농경, 산업 사회라면 몰라도 변화가 일상이 되어버린 오늘날 세상에서는 제아무리 유능한 사람이라도 늘 옳은 판단을 한다는 보장이 없다. 정답이 없는 세상 아닌가? 리더는 정답이 없는 세상에서 가장 많은 의사결정을 하는 사람이다. 따라서 의사결정의 수에 비례해 실수와 잘못이 생겨날 수밖에 없다. 게다가 리더는 가장 높은 위치에 있다. 리더의 일거수일투족이 직원들의 눈에 잘 띌 수밖에 없다. 직원들은 다른 정보는 공유하지 않아도 리더에 대한 정보는 자기들끼리 실시간으로 주고받는다. 그래서 같은 잘못과 실수라도 직원이 했을 때는 그냥 넘어갈 수 있는 반면, 리더가 했을 때는 훨씬 더 크고 많아 보이는 경향이 있다. 그렇게 본다면 리더는 직원들에게 가장 많이 사과해야 하는 입장에 놓인 사람이라 해도 무리가 아닐 것이다.

실수나 잘못이 있을 때 당신은 주로 어떤 행동을 하는가? 다음의 셋 중 하나를 선택할 것이다.

★★★ 리더가 실수나 잘못을 했을 때 선택할 수 있는 세 가지 옵션 ★★★

1. 유야무야 넘어간다.
2. 둘러대거나 합리화한다.
3. 쿨하게 인정하고 사과한다.

세 가지 옵션 가운데 당신은 주로 무엇을 선택하는가? 혹시 직원들에게 쿨하게 사과를 해본 적은 있는가? 리더가 직원에게 사과를 해야 하는 상황은 수도 없이 많다. 생각나는 것 몇 가지만 적어보겠다.

의사결정을 잘못했을 때, 한 번 내린 의사결정을 번복하거나 다르게 의사결정을 해야 할 때, 의사결정을 제때 해주지 못했을 때, 말을 모호하게 해서 직원들이 헷갈려 할 때, 직원과의 이런저런 약속을 지키지 않았을 때, 회의 시간에 늦었을 때, 보고서를 두 번 작성하게 하는 등 불필요한 일을 하게 했을 때, 회의 시간에 혼자 말이 많았을 때, 회의를 너무 자주 하거나 길게 했을 때, 직원 개개인에게 충분한 관심을 보이지 않거나 소통을 하지 않았을 때, 직원들에게 화를 냈을 때, 조직의 성과가 좋지 않거나 낮은 조직 평가를 받았을 때, 업무에 대한 상황 판단을 제대로 하지 못했을 때, 유관 조직과 평소 소통을 하지 않아 협업 상황에서 직원이 불편함을 느낄 때, 말실수를 했을 때, 직원에게 칭찬에 인색하거나 야단만 쳤을 때, 직원에게 성장의 기회를 제대로 주지 못했을 때, 평가에서 꼭 챙겼어야 하는 직원을 여러 사정으로 그렇게 하지 못했을 때, 직원에게 번거로운 일을 맡겼을 때, 아재개그로 팀 분위기를 썰렁하게 만들거나 웃음을 은근히 강요했을 때, 일하는 데 자원을 충분히 제공해주지 못할 때, 직원들이 휴·야근을 해야 할 때, 기타 등등.

물론 이런 상황에서 항상 사과를 해야 한다는 것은 아니다. 사과는 하면 좋은 것이지만 너무 남발하는 것도 모양새가 그리 좋지 않다. 상황에 따라 필요하다 생각하면 주저하지 말고 그냥 하면 된다. 석고대죄를 하라는 게 아니다. 가볍게 그리고 쿨하게 인정하고 미안하다는 말 한마디면 된다.

그간 수많은 리더들을 상사로 모셔봤지만, 자신의 실수나 잘못을 쿨하게 인정하고 사과하는 사람은 별로 본 적이 없다. 아마도 직원에게 사과하면 자신의 권위가 손상되지 않을까 하는 걱정이 앞서는 모양이다.

하지만 과연 사과는 리더의 권위를 손상시키는 것일까? 인간 사회에서 사과가 갖는 힘을 생각하면 전혀 그렇지 않음을 금세 알 수 있다. 또한, 사과는 상대의 마음에 남은 앙금을 제거하고 상처를 치유해준다. 나아가 본인은 마음을 짓누르는 불편한 족쇄로부터 자유로워질 수 있다. 사과는 인간관계에서 신뢰를 더욱 두텁게 해주는 효과가 있다. 로이터통신은 '세계 최장수 결혼 생활' 기록으로 기네스북에 오른 영국인 부부에게 장수 커플의 비결을 물었다. 나는 아마도 '사랑'과 같은 말이 나오지 않을까 예상했다. 그런데 그 비결은 내 생각과는 좀 달랐다. 답은 "미안하다는 말을 많이 하라"는 것이었다. 무릎을 탁 치게 되는 메시지였다. 함께 오래 산다는 것은 그만큼 서로의 허물을 많이 알고 경험하게 된다는 것 아닌가? 서로에게 의지하는 일 못지않게 상처와 실망을 안기는 일도 많을 수밖에 없다. 그러니 서로에게 받은 상처와 실망을 치유해야만 계속 장수 커플로 살아갈 수 있다. 이때 필요한 것이 다름 아닌 사과라는 것이다.

리더의 사과는 잘못된 일을
곧바로 교정하는 큐사인이다

조직에서 리더의 사과에는 더욱 특별한 힘이 있다. 먼저, 리더의 사과는 직원을 존중한다는 의미를 담고 있다. 그래서 상하 간의 신뢰 형성을 돕는다. 나는 오래전부터 이러한 사과의 힘을 많은 리더들에게 알려왔다. 그러던 어느 날, 한 리더로부터 메일을 받게 됐다. 함께 일하는 직원에게 사과 편지를 보냈던 경험이 담긴 메일이었다.

며칠 전, 한 직원에게 사과 편지를 보냈습니다. 나름대로 열심히 일하는 직원인데, 얼마 전에 제가 별일도 아닌 일을 가지고 지나치게 화를 냈다는 생각이 들더군요. 처음 펜을 들었을 때는 굳이 이럴 필요까지 있을까 생각했는데, 쓰다 보니 조금씩 마음이 편해지는 것을 느낄 수 있었습니다. 무엇보다도 제 자신의 모습을 객관적으로 바라볼 수 있어서 좋았습니다. 그런데 편지를 보내고 얼마 후에 그 직원으로부터 답장을 받았습니다. 제가 보낸 짧은 사과 글을 그는 화장실에서, 사무실에서, 차 안에서 열 번도 더 읽었다고 합니다. 그가 오히려 저에게 미안하다고 말하는데 너무나 뜻밖이었습니다. 이것이 바로 사과의 힘이겠지요? 저는 지금 이 순간이 무척이나 감사하고, 그 친구가

더없이 고맙기만 합니다. 그에게 사과를 하지 않았더라면 이렇게 좋은 감정을 갖기란 어려웠을 겁니다. 도움이 되는 방법을 알려주셔서 정말 감사드립니다.

오늘 당신은
누구의 감정을 건드렸는가?

'입술에 30초, 가슴에 30년'이라는 말이 있다. 자신의 입에서 나간 말은 불과 30초밖에 되지 않지만, 상대방의 가슴속에는 30년 동안 남는다는 말이다. 우리나라 영화사를 대표하는 위대한 영화 중 하나로 꼽히는 〈올드보이〉는 말의 이 같은 속성을 적나라하게 보여준다. 주인공 오대수가 어린 시절 경솔하게 내뱉은 말 한마디가 문제였다. 동네에 소문으로 퍼져 한 남매를 비극적인 운명으로 몰아간다. 그리고 오대수 역시 훗날 이로 인해 처절한 복수를 당하면서 불행한 운명을 맞게 된다. 결국 그는 그 모든 일의 화근이 됐던 자신의 혀를 자름으로써 업보를 치르게 된다.

하루를 정리하면서 당신의 말과 행동이 직원들에게 혹시라도 상처가 되거나 사기를 떨어뜨리지는 않았는지 생각해보라. 일을 통해 성과를 내야 한다는 압박감이 심한 사회에서 살다 보면 자신도 모르게 누군가의 감정을 건드리는 경우가 종종 생기기 때문이다. 직원 얼굴 하나하나를 떠올리면서 직원들에게 했던 말과 행동 하나하나를 생각해보자. 혹시 실수한 일이 있다면 주저하지 말고 해당 직원을 따로 불러 사과를 하자. 사과하기나 너무 어렵거나 굳이 그렇게까지 할 필요가 없는 상황이라고 판단했다면, 최소한 당신이 왜 그렇게 행동할 수밖에 없었는지 그 이유라도 분명히 설명해주자. 너무 바빠서 그럴 여유도 없다면 해당 직원에게 메일을 보내보면 어떨까? 직원 내면의 불편하고 거북한 감정들은 쌓이면 폭발할 수밖에 없는 시한폭탄과도 같다. 방치할 경우 내부 갈등이 심화되고 직원들의 사기가 저하되는 상황을 모면하기 어렵다.

다음은《진실한 사과는 우리를 춤추게 한다》(켄 블랜차드 저/조천제 역/21세기북스/2004.12)에 실린 링컨 대통령의 일화로, 실수를 인정하고 쿨하게 사과하는 리더의 모습을 잘 보여준다.

남북전쟁 당시 버지니아 북부에서는 치열하게 반격해오는 남군과의 싸움이 한창이었다. 그러던 어느 날, 수도 방위 경비를 담당하던 스캇 대령이 링컨 대통령을 찾아왔다. 스캇 대령의 아내가 아픈 남편을 간호하러 워싱턴에 왔다가 집으로 돌아가는 길에 체사픽 베이 증기선 충돌사고로 사망한 직후였다. 대령은 슬퍼하는 아이들을 위로하고 아내의 장례식에 참석하기 위해 연대장에게 휴가를 신청했다. 그러나 워낙 전쟁이 급박해서 장교 한 사람의 몫이 아쉬운 때였으므로 그 신청은 받아들여지지 않았다. 하지만 당연히 휴가를 받아야 한다고 생각했던 스캇 대령은 이에 굽히지 않고 군대의 위계질서를 어겨가며 애드윈 스탠튼 국방장관에게 직접 휴가를 요청했다. 그러나 스탠튼 장관 역시 그의 요청을 거절했다.

결국 대령은 자신의 의사를 관철시키기 위해 급기야 통수권자인 링컨 대통령을 직접 찾아가게 된 것이다. 토요일 오후, 마지막 접견객으로 대통령 집무실에 들어선 스캇 대령은 링컨 대통령에게 자신의 사정을 설명했다. 그러자 링컨 대통령은 스캇 대령은 말이 끝나기가 무섭게 불같이 화를 내기 시작했다.

"잠시만이라도 나를 가만히 내버려둘 수 없나? 밀려드는 요청에 조금도 머리를 식힐 수가 없어. 왜 이 따위 문제로 여기까지 오나? 인사과에 가란 말일세. 서류나 휴가 문제는 인사과 담당이잖아?"

스캇 대령은 스탠튼 장군이 휴가를 허락해주지 않아 부득이 대통령을 찾아오게 됐다고 말했다.

"그러면 못 가는 거지! 갈 수 있는 상황이라면 스탠튼 장관이 어련히 보내주지 않았겠나? 위계질서와 명령은 지키라고 있는 것일세! 게다가 지금 나보고 스탠튼 장관의 결정과 규칙을 번복하라는 말인가? 그러다 중요한 작전이라도 망치면 어떻게 할 텐가? 지금 내가 할 일 없이 노는 사람처럼 보이나? 눈코 뜰

새 없이 바쁘다네. 그깟 휴가 문제 따위로 낭비할 시간이 조금도 없단 말일세! 여기까지 오면 내가 동정이라도 해줄 줄 알았는가?"

대통령의 역정은 계속됐다.

"자넨 지금 전쟁 중인 걸 모르나? 아내가 죽어서 힘든 건 자네뿐이 아니네! 모두 힘들지만 꾹 참고 견디고 있어. 동정이나 사랑 타령은 평화로운 때나 하는 걸세. 지금이 어떤 시국인데……그렇게 어리광이나 부리고 있을 시간이 조금도 없단 말일세! 우리가 할 일은 싸우는 것, 그것 하나뿐이야!"

링컨 대통령의 말에는 계속 짜증이 섞여 나왔다.

"자네 같은 사람이 어디 한두 명인가? 이 나라의 모든 사람들이 지금 슬픔으로 가슴이 무너질 걸세. 그렇다고 다들 자네처럼 나한테 와서 하소연을 하는가? 나는 지금 내 일만으로도 벅차네. 인사과로 가져가게. 휴가 문제는 인사과에서 처리하라고! 그리고 인사과에서 안 된다고 하거든 그냥 참게. 전쟁이 끝날 때까지는 다 그래야 해! 지금 전쟁에서 이기는 것, 그것보다 중요한 일은 없으니까!"

링컨 대통령의 분노에 스캇 대령은 크게 좌절하여 자신의 막사로 돌아갔다.

다음 날 새벽녘, 스캇 대령은 누군가 막사 문을 두드리는 소리에 잠이 깼다. 스캇 대령이 아직 잠에 취한 채 문을 열어보니 문앞에 링컨 대통령이 서 있었다.

"스캇 대령, 어제 저녁 나는 정말 사람도 아니었네. 정말 할 말이 없네."

링컨 대통령은 스캇 대령의 손을 꽉 잡으며 말했다.

"어제는 너무 심신이 지쳐 있었네. 그렇다고 해도 국가를 위해 헌신하고 아내를 잃어 실의에 빠진 사람을 그렇게 험하게 대해서는 안 되는 것이었는데, 밤새 후회하면서 뒤척이다가 용서를 청하러 이렇게 왔네."

링컨 대통령은 진심으로 사과했다. 그리고 나서 스탠튼 장관에게 연락하여 부인의 장례식에 갈 수 있도록 조처를 취해두었다고 말했다. 그리고 대령을 자신의 마차에 태워 친히 포토맥 증기선 부두까지 배웅해주었다.

13

진실 **착각**

"직원들은 좀처럼 바뀌지 않는다"

착각 진실

"당신이 안 바뀌니까 바뀌지 않는 것이다"

변화를 원한다면 몸으로
보여주고 될 때까지 챙겨라!

조직 변화의
악순환

리더가 직원들 앞에서 가장 많이 사용하는 말을 꼽자면 아마도 '변화'는 제법 높은 순위를 차지할 것이다. 리더는 경영 환경 변화에 따른 위기의식을 가장 많이 느끼는 사람이기 때문이다. 하지만 변화는 말로 강조하기는 쉬워도 직접 추진하는 과정은 가시밭길의 연속이다. 변화를 시도하다가도 대부분은 제풀에 지쳐 용두사미에 그친다. 수많은 조직의 변화 프로그램을 봐왔지만, 막상 성공 사례는 손에 꼽을 정도다. 10퍼센트 정도면 매우 후하게 쳐주는 것이다. 늘 실패함에도 불구하고 의무방어전처럼 또 다른 변화 프로그램이 기획되고 시작된다. 하지만 변화의 동력은 점점 약해질 수밖에 없다. 빈번한 변화 시도와 실패로 인해 조직 내에 이미 변화에 대한 피로감과 냉소만 커져

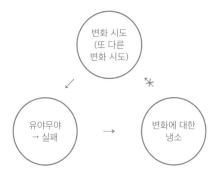

버린 상태이기 때문이다.

변화를 추진할 때 가장 큰 문제점은 '변화'라는 용어 자체에 대해 직원들이 별다른 감흥을 느끼지 못한다는 점이다. 항간에는 변화라는 말을 사용하는 것 자체부터 변화해야 한다는 말이 나올 정도다. 너무 많은 변화 시도와 반복된 실패에 익숙해져 버린 직원들에게 변화란 잠깐 버티면 지나가는 이벤트성 행사에 불과하다. 늘 애만 쓰다가 실패하고, 실패하기 때문에 변화에 대한 저항감이 더욱 커지는 변화의 악순환이 변화의 가장 큰 적이 되어가고 있는 것이다.

변화를 거역할 수 없는
강력한 힘!

조직의 변화는 강제한다고 되는 게 아니다. 직원들의 자발적 참여 없이는 결코 변화에 성공할 수 없다. 그리고 직원들의 자발적 참여는 다음의 두 가지 원칙을 지켜야만 가능하다.

첫째, 리더가 먼저 솔선수범해야 한다. 말이 아니라 몸으로 직접 보여줘야 한다. 이는 조직 변화에 있어 가장 효과적이고 부작용이 없는 방식이다.

큰아이가 유치원에 다니던 때의 일이다. 당시 나는 콜라를 매우 좋아해 냉장고에는 항상 콜라가 가득 채워져 있었다. 아빠가 콜라를 마시는 모습이 아이에게는 좋아 보였던 모양이다. 처음에는 호기심에 곁에서 한 모금씩 얻어 마시곤 했다. 그러다가 어느 날부터는 아이가 혼자서 냉장고에서 콜라를 꺼내 마시는 상황이 되고 말았다. 나는 아이에게 콜라를 마시면 안 되는 이유에 대해 자세히 설명해주었다. 효과가 있을 리 만무했다. 그래서 말로는 안 되겠다 싶어 콜라를 금지시켰다. 콜라를 마시면 혼날 줄 알라고 으름장을 놓았다. 역시 효과가 있을 리 없었다. 오히려 아이의 반발심만 키워버렸다. 아이가 콜라를 마시지 않게 하려면 어떻게 해야 했을까? 예상했겠지만, 당연히 내가 먼저 마시지 않는 것이었다.

나는 오랫동안 몸에 배어 있던 습관 하나와 이별을 해야 했다.

내가 기업에서 교육담당자로 일할 때였다. 언젠가 한 임원이 몹시 불쾌한 표정으로 나를 호출했다. 그는 직원들의 인사성에 큰 불만을 가지고 있었다. 젊은 직원들이 윗사람을 보면 슬슬 피해 다니기만 하지, 먼저 다가와 인사할 줄을 모른다는 것이다. 그래서 싹 잡아다가 예절 교육을 시키라는 지시를 내렸다. 지금은 참 이해가 안 가는 얘기지만, 과거에는 이런 일이 많았다. 그래서 그의 지시대로 회사의 젊은 직원들을 싹 잡아다가 예절 교육을 시켰다. 그 후 한동안 교육의 효과가 있는 듯 보였지만, 얼마 지나지 않아 다시 본래의 모습으로 돌아가 버렸다. 교육 효과가 사라져버린 것이다. 그래서 젊은 직원들이 윗사람들에게 인사를 하지 않는 이유를 조사해보았다. 답은 '윗사람이 인사를 제대로 받아주지 않아서'였다. 아랫사람이 인사할 때마다 윗사람이 본체만체하는 경우가 많았다. 젊은 직원들은 이런 멋쩍은 경험을 하고 싶지 않았던 것이다. 나는 무릎을 치며 탄식했다. 교육 대상이 잘못된 것이다. 싹 잡아다가 교육시켜야 했던 대상은 젊은 직원들이 아니라 인사를 잘 받아주지 않는 임원들이었다.

직원들의 행동은 대부분 리더와의 관계 속에서 이루어진다. 리더의 행동에 따라 직원들의 행동도 바뀐다는 의미다. 미국 시스코시스템즈의 전 CEO인 존 챔버스는 이러한 점에서 매우 탁월한 사람이었다. 그는 재임 시절 회사의 비용 절감을 위해 출장

을 갈 때면 항상 이코노미석을 이용했다. 이는 매우 상징적인 의미가 있다. 사장이 회사의 경비를 함부로 사용하지 않음을 전 직원에게 알린 셈이니, 직원들에게 비용 절감과 관련하여 굳이 이런저런 잔소리를 할 필요가 없어진 것이다.

SK그룹의 최태원 회장은 행복을 강조하는 경영자로 유명하다. 어느 날, 직원들에게 행복에 대해 설명해야 하는 일이 있었다. 그는 자신이 신고 있던 알록달록한 줄무늬 양말을 보여주었다. 행복은 삶에서 작은 변화를 선택하는 것이라는 의미였다. 신고 있던 양말 하나로 행복에 대한 메시지를 전달한 것이다. 백문이 불여일견이다. 말로 백번 강조하는 것보다 행동 하나로 보여주는 편이 훨씬 효과적이다.

조직 변화가 실패하는 결정적인 이유 하나를 꼽는다면, 대부분 직원들에게만 변화를 강요한다는 것이다. 심리학자인 알버트 반두라Albert Bandura의 사회학습이론Social Learning Theory에 따르면, 사람의 행동은 자신이 모델로 삼는 사람의 행동을 관찰하고 모방함으로써 이루어진다고 한다. 자녀가 부모의 행동을 보고 배우듯 직원들은 리더의 행동을 보고 따라 한다. 조직의 변화가 필요하다면 리더인 당신이 먼저 변화를 보여주어야 한다. 그러면 직원들은 자연스레 당신을 따라 변화할 것이다.

정리하자면, 변화는 절대로 설명하거나 강요해서 이뤄지는 것이 아니다. 거역할 수 없는 힘을 사용해야 한다. 바로, 리더인 당신의 솔선수범이다. 진정 직원들의 변화를 원한다면 말이 아니라 몸으로 보여주어야 한다. 시간을 내서 당신이 본보기가 되는 변화가 있는지 살펴보기 바란다.

변화의
핵심행동을 찾아라

리더의 솔선수범과 더불어 직원의 자발적 참여를 이끌어내는 또 다른 방법은 변화의 부담을 줄여주는 것이다. 거창하게 시행되는 변화일수록 부담감 때문에 실패할 가능성이 높다. 여기서 '거창하다'는 말은 '애매하다'는 말과 같다고 보면 된다. 애매한 것은 사람마다 다르게 해석할 소지가 커 실행력이 떨어질 수밖에 없다. 예를 들어, 조직들이 변화를 시도할 때 가장 많이 사용하는 아이템 중 '기본 준수'가 있다. 영어로는 'Back to the basics'다. 참 듣기 좋은 말이다. 그런데 이를 조직 변화의 슬로건으로 정한다면 직원 입장에서는 어떻게 느낄까? 일단 '기본'이 무엇인지 정확히 알지 못한다. 서로 각자 달리 이해하는 기본을 위해 노력한다면 변화는커녕 오히려 조직이 더욱 혼란스러워지고 말 것이다. '기본 준수'라는 애매한 표현보다는 "쓰레기는 먼저 본 사람이 줍는다"라는 표현은 어떤가? 이는 '배달의 민족'으로 유명한 '우아한형제들'이라는 회사가 직원들에게 강조하는 핵심 행동이다. 내용이 구체적인 만큼 실행력이 높아질 수밖에 없다.

변화 아이템이 너무 많거나 복잡한 것도 변화 실패의 주요 원인이다. 할 게 많거나 복잡하다는 것은 받아들이는 사람 입장에서는 부담이 될 수밖에 없다. 다들 자기 일만으로도 바쁜 사람들 아닌가? 인간은 항상성을 추구하는 경향이 있어 본디 변화를 싫어한다. 그래서 변화가 있으면 늘 저항이 생기고, 변화의 규모가 클수록 저항도 커지기 마련이다. 변화가 가능하려면 인간의 두뇌를 속여야 한다는 말이 있는 이유다. 두뇌가 변화를 잘 받아들이려 하지 않으니 두뇌도 속을 정도로 작은 것을 선택해야 한다는 말이다.

그런 의미에서 '핵심행동'이라는 개념을 소개하고자 한다. 핵심행동은 원하는 것을 얻는 데 있어 핵심이 되는 작은 행동을 의미한다. 뭔가 복잡하고 오랜 시간이 길릴 것 같은 문제라 할지라도 몇몇 중요한 행동이 엄청난 변화를 만들어낸다. 가령, 만성 소화불량에 시달리는 사람에게 필요한 핵심행동은 무엇일까? 음식을 꼭꼭 씹어 먹는 것이다. 다이어트에 필요한 핵심행동은 무엇일까? 매일같이 몸무게를 재는 것이다. 이처럼 조직에도 조직의 상황이나 특성에 맞는 핵심행동이 있게 마련이다. 그것을 찾아 직원들이 함께 실천할 수 있으면 자연스레 큰 변화가 만들어진다. 조직 변화의 선순환이 이루어지는 것이다.

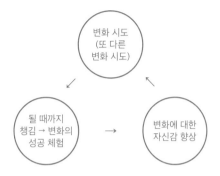

밝은 조직 분위기를 원하는가? 가볍게라도 웃을 일을 자주 만들면 된다. 아이디어가 많은 조직을 원하는가? 회의할 때 서로의 의견을 끝까지 들어주면 된다. 협업하는 조직이 되길 바라는가? 조직 내 협업 당사자들 간의 대화 시간을 늘리면 된다. 비록 작은 행동이지만 오랫동안 지속되면 어떤 변화 프로젝트보다도 강력한 힘을 발휘할 것이다.

하다 말 거라면
하지 않는 것이 좋다

조직 변화 추진 과정에서 최악은 하다 마는 것이다. 초기에는 힘을 받아 뭔가를 정해 열심히 실천한다. 그러다가 좀 지나면 유야무야 아무도 신경 쓰지 않는다. 결국 변화 이전의 모습으로 순식간에 돌아가 버리고 만다. 변화의 도로 아미 타불이다.

한번 정한 핵심행동은 조직의 완전한 습관으로 정착될 때가지 챙겨야 한다. 아니, 정착되고 나서도 방심해서는 안 된다. 끝을 본다는 마음가짐이 필요하다. 누군가를 시킬 것이 아니라 리더인 당신이 직접 나서서 될 때까지 챙겨라. 하다 말 거라면 아예 하지 않는 것이 좋다. 앞서 말한 것처럼 변화를 시도할 때마다 실패하게 되는 변화의 악순환에 빠져버릴 수 있기 때문이다. 집요하게 챙겨서 직원들이 변화의 성공 체험을 맛볼 수 있도록 해야 한다. 이러한 성공 체험은 이후 다른 변화를 추진하는 원동력이 된다. 새로운 변화를 소화하는 속도 역시 더 빨라질 것이고, 성공 확률도 높아질 것이다.

14

진실 **착각**

"리더는
권한을 위임해야 한다"

착각 진실

"솔선수범이 필요할 때
권한을 위임하면 되겠는가?"

중요한 일은 맡기고,
꺼리는 일에 발 벗고 나서라!

권한위임은 리더가 할 일과 직원이 할 일을 명확히 구분하는 것이다

적이 침입했다. 보스는 자신의 부하들을 앞에 세우고 뒷전의 전망 좋은 자리에 앉아 아래를 내려다보고 있다. 직접 나설 뜻은 전혀 없어 보인다. 보스는 가소롭다는 표정으로 가볍게 손짓해 부하 몇 명을 내보낸다. 그의 부하들은 제대로 싸워보지도 못하고 적의 일격에 쓰러지고 만다. 보스는 혀를 끌끌 찬다. 부하들이 한심해 보이는 모양이다. 그리고 좀 더 무공이 강한 다른 부하들을 내보낸다. 약간의 경합이 이뤄지는 듯하지만, 결국 적에게 무참히 당하고 만다. 이쯤 되자 나머지 부하들이 겁을 집어먹고 주춤주춤 뒤로 물러선다. 보스의 눈치를 슬금슬금 보면서 말이다. 그러나 보스는 부하들의 희생과 두려움은 안중에도 없다. 연신 손짓과 언짢은 표정으로 재촉하듯 부하들을 내

보낸다. 하지만 마지못해 적에 맞선 부하들은 추풍낙엽으로 적의 칼에 바닥에 나뒹굴고 만다. 결국 모든 부하가 쓰러지고, 이제 보스 홀로 남았다. 직접 나서야 하는 상황이다. 보스는 표정이 몹시 안 좋다. 무엇보다 자신이 직접 나설 수밖에 없는 상황을 만든 부하들의 무능함이 못마땅한 것이다.

영화에서 자주 보는 장면이다. 영화 속 리더는, 특히 악당일 수록 먼저 나서지 않는 경향이 있다. 대개 부하들을 모두 죽게 하고 맨 마지막에 나선다. 실제로도 리더가 되면 실무에서 손을 떼는 경우가 많다. 일은 직원들이 하는 것이고 자신은 뒷전에서 관리하는 역할이라고 여긴다. '권한위임'이라는 그럴듯한 논리를 붙여가면서 말이다. 하지만 권한위임은 리더가 뒷전에서 관리만 하라는 말이 아니라, 직원이 할 일과 리더가 할 일을 명확히 구분해서 하라는 의미다. 실무자 선에서 도저히 할 수 없는 일인데 권한위임을 했다고 리더가 빠져버리면 직원 입장에서는 난감하기 짝이 없다. 리더의 전화 한 통이면 해결될 일을 직원들이 맡아서 하게 되면 시간은 시간대로 쓰고 일도 제대로 안 되는 경우가 많다.

반대로 리더가 실무를 도맡아 하는 모습도 결코 바람직하지 않다. 어떤 리더는 직원이 당연히 해야 할 일을 자신이 나서서 처리하고는 솔선수범이라고 포장한다. 가령, 직원이 애써 작성한 보고서를 가져다가 마치 자기가 쓴 것처럼 윗선에 보고하는 식으로

★★★ **권한위임의 착각과 덫** ★★★

리더가 관리만 한다	→	일이 방치되거나 제대로 처리되지 않는다	→	리더와 직원이 서로를 탓하며 불신한다

* 권한위임의 착각: 리더가 직접 나서야 하는 일을 직원에게 맡기고 뒷전으로 빠진다.

★★★ **솔선수범의 착각과 덫** ★★★

리더가 실무자처럼 일한다	→	직원의 리더에 대한 의존도가 높아진다 (직원들이 무능해진다)	→	리더의 일이 점점 더 많아진다

* 솔선수범의 착각: 직원이 마땅히 해야 할 일을 리더가 직접 수행한다.

말이다. 리더는 이를 솔선수범이라고 하겠지만, 직원은 공을 중간에서 가로챈 것으로 본다. 리더가 실무자처럼 일해 버리면 직원들의 리더에 대한 의존도가 높아지는 것이 가장 문제다. 더욱이 직원들은 일을 통해 경험과 실력을 쌓을 기회를 얻지 못하게 된다. 결과적으로 리더가 직접 해야 하는 일이 점점 많아지는 악순환에 빠지게 될 것이다.

이렇듯, 업무 현장에서 권한위임의 착각 또는 솔선수범의 착각에 빠진 리더를 종종 보게 된다. 직원에게 어떤 일을 맡기고 자신이 어떤 일을 수행해야 하는지 몰라 혼란스러운 것이다. 그나마 한 가지 착각에만 빠져 있으면 다행이다. 두 가지 착각에 동시에 빠져 있는 리더도 있다. 직원이 해야 할 일을 솔선수범이랍시고 자신이 직접 붙잡고 있고, 리더가 직접 나서야 할 일은 권한위임이랍시고 직원에게 시킨 채 뒷전으로 물러난다. 권한위임을 해야 할 때는 솔선수범을 해버리고, 솔선수범을 해야 할 때는 권한위임을 해버리는 것이다.

물론 리더가 해야 할 일과 직원이 해야 할 일을 구분하기란 쉽지 않다. 조직마다 상황과 특성이 다르고 함께 일하는 직원의 역량과 특성도 고려해야 하기에 명쾌한 답을 내기 힘들다. 다만 한 가지 꼭 기억해야 할 것이 있다. 직원들이 하기 싫어하는 일이나 할 수 없는 일이 있다면, 그것이 곧 리더인 당신이 직접 나서거나 처리해야 할 일이라는 점이다.

오래전, 군복무 시절에 겪은 일이다. 김 대위는 중대장으로 부임해 새로운 중대를 맡게 됐다. 출근 첫날 장병들이 거주하는 부대의 시설을 둘러보다가 불결한 화장실이 눈에 들어왔다. 재래식 화장실이고, 더운 여름철이어서 악취가 진동했으며, 파리와 애벌레가 들끓었다. 무척 불결했고, 백여 명의 병사가 함께 사용하는 곳인 만큼 전염병 발병 위험도 있어 보였다. 막사와 멀리 떨어져 있는 곳이라 오랫동안 아무도 관심을 갖지 않았던 것이 확실했다. 김 대위는 작업복으로 갈아입고 병사 한 명과 함께 화장실로 향했다. 그리고 직접 청소 도구를 들고 손길이 닿지 않는 구석구석까지 깨끗이 청소했다. 병사들은 중대장의 이런 모습에 상당히 놀랐다. 중대장이 직접 청소를, 그것도 병사들조차 기피하는 화장실 청소를 할 거라고는 생각조차 못 했기 때문이다. 이 사건 이후 중대 장병들은 김 대위를 대하는 태도가 달라졌다. 그렇다면 이후로 화장실 청소는 어떻게 됐을 것 같은가? 리더가 관심을 갖는 일은 더 이상 방치되지 않는다.

나는 오늘날 리더의 이상적인 모습은 플레잉 코치Playing Coach 라고 믿는다. 리더 역할을 수행하면서도 실무에서 손을 떼지 않는 모습이다. 무엇보다 리더 스스로에게 도움이 되기 때문이다. 실무를 해야만 실무 감각을 유지할 수 있고, 관련 역량도 함께 키울 수 있다. 요즘처럼 변화가 심한 세상에서는 실무에서 손을 떼는 순간부터 경쟁력이 떨어진다고 보면 된다.

플레잉 코치가 실무자와 다른 점은 리더인 자신이 해야 할 일과 실무자인 직원이 해야 할 일을 명확히 구분한다는 점이다. 다시 말하면 리더와 직원이 해야 하는 실무가 서로 달라 역할에 중복이 없고, 그로 인한 혼란과 갈등이 발생하지 않는다.

당신이 플레잉 코치라면 고민에 빠질 것이다. 리더와 직원이

해야 할 일을 어떤 기준으로 구분할 것인가? 앞의 김 대위 사례에서 답을 찾을 수 있다. 직원들이 꺼리는 일이 리더가 할 일이다. 직원들이 원하는 일이나 잘할 수 있는 일은 직원에게 맡기면 된다. 어느 조직이든 직원들이 관심을 두지 않거나 꺼리는 일이 있다. 열심히 해봐야 성과도 안 나고 잘해봐야 공로를 인정받지 못하는 일들이 그렇다. 바로 이런 일이 플레잉 코치의 몫이다. 그 이유는 다음과 같다.

첫째, 리더는 경계에 놓인 일에 대한 이해도가 가장 높은 사람이다. 경계에 놓인 일이란, 누구의 책임도 아닌, 애매한 위치의 일을 말한다. 조직을 둘러싼 경영 환경이 늘 바뀌기 때문에 책임 영역이 모호한 일들이 계속 생겨날 수밖에 없다. 하지만 직원들은 대체로 그런 일들에는 별 관심이 없다. 업무분장 상에 주어진 일로 평가를 받게 되니 다른 일에 신경 쓸 이유도, 여유도 없다. 반면 리더는 조직 전체를 바라보는 위치에 있다. 그래서 직원과 직원, 기능과 기능 사이에 있는, 책임 영역이 애매한 일들을 누구보다도 잘 찾아내고 처리할 수 있다. 예를 들면, 어느 회사든 회의록 작성과 같은 취합성의 일이 꼭 있게 마련이다. 가령 주간회의록이라 하면 금주에 한 일과 다음 주에 할 일을 상위 조직과의 소통을 위해 보기 좋게 정리하는 것이다. 그러나 아무도 이런 일을 하고 싶어 하지 않는다. 티도 안 나고 잘해봐야 성과로 인정해주지도 않기 때문이다. 그렇다고 상부 조직과 소통하기 위한 일인 만큼 대충 처리할 수도 없는 일이다.

바로 이런 일이 리더가 해야 할 일이다. 조직 전반의 일에 대한 이해도가 가장 높으면서 상부 조직과의 소통 책임을 직접 맡고 있기 때문이다. 일반 직원이 하면 한참 걸릴 일이지만, 리더가 직접 처리하면 짧은 시간 내에, 상대적으로 손쉽게 처리할 수 있다.

그런데 만약 이 일을 직원에게 시킨다면 어떻게 될까? 일단 내용을 취합하는 것부터가 힘들다. 초안을 작성하고, 누군가의 검토 과정을 거치고, 수정·보완하는 번거로운 작업을 되풀이해야 한다. 일 같지도 않은 일이 자칫 끝도 없는 일이 될 수 있다. 직원들이 네 일 내 일 따지며 서로 미루거나 귀찮아하는 일이 있다면, 그것은 경계에 놓인 일로, 리더인 당신이 팔을 걷어붙이고 해야 할 일이다.

둘째, 리더가 관심을 갖는 일은 더 이상 하찮은 일이 될 수 없다. 조직에서 중요한 일과 그렇지 않은 일을 가르는 기준이 있다. 바로 리더의 관심이다. 직원들 관점에서는 리더인 당신이 관심 갖는 일은 중요한 일이 되고, 당신이 관심 갖지 않는 일은 하찮은 일이 되는 것이다. 따라서 직원 모두가 원치 않는 일에 당신이 관심을 보이고 직접 수행한다면 아무도 그 일을 하찮은 일이라고 생각하지 않게 된다. 자연스럽게 그 일에 관심을 갖는 직원들도 늘어나, 더 이상 방치되지도 않을 것이다.

마지막으로, 직원들의 마음을 얻을 수 있게 된다. 직원들이

손사래 치는 일에 당신이 솔선수범한다면 그 모습에 감동하지 않겠는가? 솔선수범의 사전적 의미는 '남보다 앞장서 지킴으로써 모범을 세움'이다. 나는 여기에 한 가지를 더해 이렇게 말하고자 한다. 바로 '남들이 꺼리는 일'이다. 그래서 솔선수범은 '남들이 꺼리는 일에 먼저 나서는 것'이라 할 수 있다.

관리의 사각지대는
직접 챙겨라

앞서 말한, '직원들이 꺼리는 일' 외에도 조직에서 누구보다도 리더의 몫이 되어야 하는 네 가지 종류의 일이 있다. 그 일들에는 한 가지 공통점이 있다. 바로, 겉보기에는 우선순위가 낮아 보일 수 있으나, 문제가 발생할 경우 자칫 조직을 위태롭게 할 수 있는 일들이라는 점이다. 구체적으로 보자면, 금전, 정보 보안, 윤리, 안전과 관련된 일이다. 이런 영역의 일들은 대체로 평상시에는 다른 일들에 비해 우선순위가 많이 떨어진다. 하지만 일단 이러한 영역의 사고는 대부분 대형 사고로 이어진다. 이전까지 쌓아온 업적이나 보유한 역량과는 상관없이 치명적이고 회복할 수 없는 상처를 입게 된다. 나는 그래서 상기의 네 영역에 '관리의 사각지대'라는 이름을 붙이고자 한다. '관리'라는 말을 별로 좋아하지는 않지만, 네 가지 영역에서만큼은 이 말보다 좋은 표현을 찾기 어렵다.

많은 조직에서 관리의 사각지대와 관련된 사고가 지속적으로 발생한다. 잊을 만하면 뉴스를 타고 소식이 전해진다. 한번 터지면 치명적인 만큼 평소에 관리를 잘할 법도 한데 왜 자꾸 이런 사고가 발생하는 걸까? 바로, 이런 일들이 성과와는 직접적인 관련이 없기 때문이다. 아니, 오히려 성과 때문에 마음이 급할수록 관리의 사각지대에서 사고가 더 많이 터지는 경향이 있다. 성과를 따질수록 관리의 사각지대에 대한 관심이 줄어들기 때문이다.

이런저런 이유로 관리의 사각지대는 일단 사고가 터져야 세간의 주목을 받는다. 평상시에는 아무리 잘해도 누가 잘했다고 인정해주지 않는다. 아이러니하게도 평소에는 아무 일이 없기 때문에 인정받기 어렵고, 일이 생기면 일이 생겼기 때문에 인정받기 어렵다.

리더는 이런 관리의 사각지대에 일상적인 관심을 가져야 한다. 관리의 사각지대는 권한위임을 하기보다는 직접 챙기고 눈으로 확인하며 관리해야 한다. 그리고 문제가 생길 소지가 있다면, 비용과 노력이 들더라도 미연에 방지하는 조치를 취해야 한다. "작전에 실패한 군인은 용서할 수 있어도 경계에 실패한 군인은 용서할 수 없다"는, 맥아더 장군의 명언을 다시 상기할 필요가 있다. 여기서 '작전'은 '성과'를, '경계'는 '관리의 사각지대'를 뜻한다. 성과는 때에 따라 안 날 수도 있지만, 관리의 사각지대에서의 사고는 조직의 붕괴를 의미하는 것이기에 행여 작은 불씨라도 가벼이 넘겨서는 안 된다.

15

진실 **착각**

"자기개발은
직원들에게나 필요한 것이다"

착각 **진실**

"당신은 과거에 일을 잘했던
사람일 뿐이다"

솔직히 당신의 앞날이 걱정된다.
뭐라도 좋으니 제발 공부하라!

구시대적 사고에 갇힌 리더만큼
조직을 암담하게 하는 것도 없다

나 상무님은 어떻게 그 자리까지 오르실 수 있었어요? 그 비
   결을 알고 싶습니다.

임원 음, 다른 건 없어. 난 신입 사원 때부터 임원을 목표로 열
   심히 일했지. 뭔가를 목표하고 노력하면 이 세상에 안 되
   는 일은 없다고 생각하네.

나 그럼 지금 임원이 되셨으니까 인생의 목표를 달성하신 거
   네요?

임원 그런 셈이지, 허허.

나 임원은 임시직원이라는 말도 있는데 상무님은 앞날이 걱
   정 안 되시나요?

임원 걱정이 안 된다면 그건 거짓말이지. 사실 회사에서 가장

좋을 때는 과장 때였던 것 같군.

나   그럼, 요즘 상무님의 앞날은 어떻게 준비하고 계시나요? 가령 뭘 새롭게 배우고 있다거나……

임원   뭘 하긴 해야 하는데 시간도 없고, 여유도 없고…… 뭘 배우기에는 나이도 그렇고…….

나   앞날에 대한 대책이 없다는 말씀처럼 들리는군요.

임원   …….

실제로 어떤 기업 임원과 나눴던 대화의 일부다. 그는 유능했고, 누구보다도 성실히 일한 결과, 그 자리까지 오를 수 있었다. 그러나 높은 자리에 오른 후, 그는 모든 동력을 상실하고 열정을 잃은 듯했다. 일과 일상 모두 똑같은 하루하루의 반복이었고, 새로운 꿈이나 목표 같은 것은 찾아볼 수 없었다.

퀴즈 하나 풀고 시작해보자. 다음 중 조직에서 가장 치열하게 공부해야 하는 사람은 누구일까?

1번, 리더. 2번, 직원.

단언컨대, 정답은 1번이다. 리더는 누구보다도 중요한 의사결정을 많이 하는 사람이고, 의사결정의 내공을 높여야 하기 때문이다. 하지만 리더가 더 치열하게 공부해야 하는 이유는 따로 있다. 나이가 들수록 새로운 것을 수용하는 학습능력이 떨어진다는 점이다.

내가 최근에 만난 한 회사의 실무 팀장이 난감한 표정으로 자신의 고충을 토로했다. 회사에서 중요한 프로젝트를 수행하고 있는데, 최종 의사결정권자인 담당 임원이 자기 눈에 번쩍 뜨이는 뭔가 멋진 것을 만들어보라고 지시했다는 것이다. 나는 고개를 갸웃거리며 물었다.

"그게 왜 고민이죠? 오히려 일에 대해 윗분의 관심과 기대가 크다는 것 아닌가요? 더 좋을 수도 있을 것 같은데요?"

그러자 그는 고개를 저으며 말했다.

"그분 눈에 번쩍 뜨이는 멋진 걸 만들면 망합니다. 고객 눈에 멋진 걸 만들어야죠. 솔직히 그분의 안목이 고객과 같을 거라는 확신이 없네요."

그제야 비로소 그의 고충을 이해할 수 있었다. 나는 이 대화를 통해 '리더'라는 개념을 다음과 같이 정의해도 무방하지 않을까 하는 생각이 들었다.

★★★ 리더에 대한 정의 ★★★

- 과거에 일을 잘했던 사람
- 현재와 미래에 무능해지기 쉬운 사람
- 과거의 성공방식에 사로잡혀 직원들이 일할 때 뒷다리 잡기 십상인 사람

리더는 분명히 과거에 일을 잘했던 사람이다. 그래서 변화된 세상에서는 가장 무능해지기 쉬운 사람이기도 하다. 자칫 과거의 성공방식에 사로잡혀 직원들이 일할 때 뒷다리를 잡는 사람이 될 수도 있는 것이다. 세상은 변화한다. 아주 빠른 속도로 변화하는 세상은 과거의 지식을 순식간에 무용지물로 만들어버린다. 그렇기에 과거의 성공 경험이 많을수록 앞으로의 실패 가능성이 높아진다고 해도 틀린 말은 아니다. 따라서 리더는 자신의 기존 경험과 지식을 갈아엎는 수준으로 계속적인 학습을 해야 한다. 이를 전문용어로 '언러닝Unlearning', 우리말로 '이탈 학습'이라고 한다. 이미 알고 있는 지식을 버리지 않으면 새로운 것을 채워 넣을 수 없다. 리더가 이탈 학습을 하지 않으면 지속적으로 과거 답습형 의사결정만 해댈 것이다. 구시대적 사고에 갇힌 리더만큼 조직의 미래를 암담하게 만드는 것도 없다.

그럼에도 조직의 리더 계층이 공부하지 않는 이유를 살펴보면 다음과 같다.

첫째, 나이가 들면서 새로운 것에 대한 수용력이 떨어진다. 특히, 평상시 뭘 배우려 노력해본 적이 없는 사람들은 더더욱 그렇다. 머리가 화석처럼 굳어버려 새로운 것들이 비집고 들어갈 틈이 없다. 체력도 떨어져 장시간 책상 앞에 앉아 있는 것도 힘들다. 심지어 노안까지 와서 짧은 글 하나 읽는 데도 어려움을 느끼고 쉬이 피로해진다.

둘째, 스스로 많이 안다고 생각한다. 그래서 새로운 것을 받아들이려는 동기가 약해진다. 모두가 그런 것은 아니지만, 조직에서 직급이 높거나 나이가 많을수록 학습 태도가 나빠지는 경향이 있다. 교육 과정에 참여해서도 "어디 한번 가르쳐 봐라!"또는 "네가 얼마나 많이 아는지 한번 보자"는 식이다. 배우고 수용하는 자세가 아니라 교수자를 평가하는 자세다. 이런 자세로는 절대로 새로운 것을 배우지 못한다. 어린 아이에게도 새로운 것을 배울 수 있는 세상이다. 참고로 요즘 세상의 변화 트렌드는 어린 아이들이 어른들보다 훨씬 더 잘 안다.

가만 보면, 나이가 들수록 자신의 생각과 비슷하거나 익숙한 이야기에만 귀 기울이는 학습 편향성이 커진다는 것을 알 수 있다. 자신의 생각과 다르거나 처음 듣는 이야기에는 소화불량이라도 걸린 것처럼 불편해하고 거부감을 느낀다. 스스로가 옳고 문제없다는 사실을 확인하고 싶은 심리 때문일 것이다.

셋째, 학습의 시간이나 기회가 줄어든다. 나이가 들고 사회적 지위가 높아지게 되면 스스로를 위해 보내는 시간이 절대적으로 줄어들게 된다. 여기저기 찾는 사람도 많아 함부로 자리를 비울 수도 없다. 학습에 절대적으로 필요한, 자신만의 침잠의 시간을 갖기가 어렵다. 뭔가를 배우고 싶어도 주변에서 가만 내버려두지를 않는다.

나이 타령은 이제 그만!
학습의 세계로 뛰어들자!

리더인 당신은 현재 조직 내 누구보다도, 삶 전반으로 따져보면 그 어느 때보다도 위기 상황에 처해 있다고 보면 된다. 지금까지 성공적인 삶을 영위해왔겠지만, 얼마 남지 않은 이야기일 수도 있다. 나는 회사에서 리더 역할을 오랫동안 수행하다가 면보직된 리더들을 숱하게 만나왔다. 이들이 다시 재기할 수 있도록 동기유발하는 교육 프로그램도 수년에 걸쳐 시행하고 있다. 요즘 기업에서 이와 같은 교육 수요가 빠르게 증가하는 것을 보면 세대교체 속도가 빨라지고 있고 자리에서 물러나는 리더의 비율이 그만큼 높아지고 있다는 것이다. 회사는 늘 세대교체를 통한 변화를 모색하고 있는 곳이라고 보면 된다. 사람을 교체하는 것만큼 확실한 변화 방법이 없으니 이를 매정하다고 탓할 수만도 없다. 문제는 세대교체로 인해 리더의 자리에서 물러난 사람들이다. 전부는 아니지만 일부는 조금 과장하자면 거의 패잔병 신세가 된다. 전투에서 패한 후 다시 뭘 해볼 생각도 없고 일어설 여력조차 없는, 그런 상태 말이다.

인생은 등산과도 같다. 산 정상은 포기하지 않으면 언젠가는 오를 수 있지만, 정상에서 계속 살아갈 수는 없다. 결국에는 누구나 내려와야만 한다. 리더인 당신도 지금보다 더 높은 곳까지 올라갈 수도 있지만, 그래봐야 언젠가는 내려올 수밖에 없는 운명이다. 내려올 때 대안이 있어야 하지 않겠는가? 산 정상에서 추락하지 않으려면 말이다. 무엇보다 중요한 것은 실력이다. 리더의 완장을 떼고도 혼자서 거뜬히 뭔가를 해내고 인정받을 수 있는 실력 말이다. 실력이 없는 사람은 리더 자리에서 내려오면 곧바로 실업 상태에 들어가게 된다. 반면 실력이 있는 사람은 얼마든지 새로운 기회를 잡거나 만들어낼 수 있다. 실제로 정년 퇴직 후에도 누구도 범접하지 못한 실력 덕에 다니던 회사의 요청으로 재취업하는 사람들도 많다. 또한 전문지식과 경험으로 보다 넓은 세상에서 사업을 일구거나 뜻을 펼치는 사람도 많다. 언젠가 자리에서 물러나게 될 것을 두려워할 게 아니라, 실력이 없는 것을 두려워해야 한다.

나이가 들수록 주의를 요하는 말이 있다. 우리 사회에서 너나 나나 할 것 없이 자주 사용하는 표현이기도 하다. 바로 "이 나이에"라는 말이다. 삶의 새로운 가능성을 차단시켜버리는 최악의 말이 아닐 수 없다. 스스로를 무기력하게 만들고 자포자기의 늪에 가두어버린다. 나이 타령은 이제 그만하고 학습의 세계에 과감하게 뛰어들어보자.

뭘 배워야 할지 잘 모르겠다면, 다음의 질문에 답해보자.

"요즘 내 분야에서 뭐가 유행이지?"

마땅한 답변이 떠오르지 않는다면 직원들에게 무엇을 배우는

게 좋을지 물어보자. 아마 직원들은 답을 아주 잘 알고 있을 것이다. 그리고 답을 알았다면, 이것저것 따지지도 말고, 바쁘다는 핑계도 대지 말고 그냥 배우자! 배울 때도 '이런 게 있나 보다' 하고 머리로만 아는 얄팍한 수준이 아니라, 관련된 일을 혼자서도 척척 수행할 수 있도록 몸으로 익히는 수준이 되어야 한자. 처음에는 좀 어렵겠지만, 한두 번 경험하다 보면 온몸의 학습 센서가 다시 예전처럼 기민하게 작동하게 될 것이다.

CHAPTER 3

사람을 보는
안목에 관한 착각
그리고 진실

16

진실 **착각**

"일 잘하는 직원은 만사 오케이!"

착각 진실

"당신에게 총애받는 넘버 투가 조직을 망친다"

사람이 아닌 룰에 의해 움직이는 조직을 만들어라!

당신에게 총애받는 직원이
조직을 망친다?

다양한 조직을 만나면서 뜻밖의 현상을 발견하게 됐다. 바로, '인정받는 직원'이 조직을 망치는 경우가 의외로 많다는 점이다. 사회적으로도 이런 현상은 쉽게 목격할 수 있다. 뉴스를 장식하는 대형 비리의 주인공은 권력자의 핵심 측근인 경우가 많다. 도대체 뭐가 아쉬워서 저런 일을 저지를까 싶을 정도로 굵직한 인사들이다. 흔히 역량이 떨어지거나 의욕이 없는 직원이 문제를 일으킨다고 생각하기 쉽지만, 실제로는 그렇지 않다. 역량이 떨어지는 직원은 충분한 권한을 얻지 못해 사고를 칠 만한 일 자체가 없고, 의욕이 낮은 직원은 사고를 칠 만한 일 자체를 하지 않기 때문이다. 사고를 친다 한들 이들은 영향력이 낮기 때문에 조직에 미치는 부정적인 파장이 그리 크지 않다.

그렇다면 인정받는 직원의 경우는 어떨까? 편의상 '넘버 투'라고 명명해보자. 넘버 투는 일에 대한 열정도 강하고, 누구보다도 열심히 일하며, 늘 성과를 척척 내는 직원이다. 자연스럽게 그에게 많은 일을 위임하고, 그러다 보니 시간이 갈수록 그에 대한 의존도도 높아지게 된다. 그 결과, 당신은 넘버 투에게는 뭔가 빚진 듯한 느낌이 들고 상대적으로 관대하게 대하기 쉽다. 다른 직원에게는 용납되지 않는 행동도 넘버 투가 하면 그럴 만한 사정이 있을 거라고 생각하거나, 못 본 체 넘어가기도 한다. 예를 들어, 일 못하는 직원이 지각하면 의욕이 없는 거라며 혀를 끌끌 차지만, 넘버 투가 지각하면 뭔가 불가피한 사정이 있었을 거라 생각해주곤 한다. 넘버 투는 소위 리더로부터의 '까방권(까임 방지권)'을 부여받게 되는 셈이다.

그러나 당신의 측근이라 할 수 있는 넘버 투에게는 오히려 보다 엄격해질 필요가 있다.

일전에 한 외식업체 점장들을 대상으로 강연할 기회가 있었다. 그들은 자신이 몸담고 있는 외식업체에서 능력을 인정받아 점장으로 승진한 사람들이었다. 그들이 공통적으로 토로한 어려움은 놀랍게도 업무 성과와 관련된 일이 아닌, 특정인에 대한 어려움이었다. 그 상대는 걸핏하면 그만두는 직원도 아니고, 행패를 부리는 진상 고객도 아니었으며, 그 업체의 사장은 더더욱 아니었다. 바로, 사장의 측근이었다. 사장과 아주 가까운 친척 인사 한

명이 임원으로 있는데, 사장을 등에 업고 직원들에게 온갖 '갑질'
을 일삼았던 것이다. 사장의 측근이기에 조직을 망치는 그의 독
성 강한 행동은 누구로부터도 견제받지 않았다. 그 결과, 회사에
서 열정적으로 일하던 직원들이 줄줄이 사표를 내고 떠나는 상황
이었다. 더 답답한 것은 사장이 알고는 있는지, 알면서도 묵인하
는 것인지조차 알 수 없었다는 점이다.

악화가
양화를 구축한다

조직에서의 나쁜 행동은 좋은 행동보다 훨씬
더 빠르게 확산된다. 마치 맑은 물이 가득 찬 컵에 잉크 한 방울
을 떨어뜨리는 것과 같다. 잉크는 비록 한 방울이지만, 컵에 담긴
물은 순식간에 잉크와 같은 색으로 바뀌고 만다. 이 물을 이전과
같은 맑은 상태로 정화시키려면 그 몇 배나 되는 깨끗한 물이 필
요하다. 나빠지기는 쉬우면서도 한번 나빠지면 회복하기가 상당
히 어려운 것이 조직 문화다.

따라서, 조직 문화는 처음부터 나쁜 것에 오염되지 않도록 세
심한 주의를 기울여야 한다. 생텍쥐페리의《어린 왕자》를 보면 다
음과 같은 바오밥나무 이야기가 나온다.

어린 왕자의 별에는 좋은 풀의 씨앗과 나쁜 풀의 씨앗이 있었습니다. 하지만 그 씨앗들은 보이지 않기 때문에 어떤 것이 나쁜 씨앗인지, 좋은 씨앗인지 알 수가 없었습니다. 씨앗들은 땅속에 숨어서 잠을 자다가 드디어 깨어납니다. 씨앗은 기지개를 켜며 새싹을 내밀게 되지요. 그것이 무나 장미의 새싹이라면 그냥 두어도 좋습니다. 그러나 나쁜 풀이라면 당장 뽑아버려야 합니다. 그런데 어린 왕자의 별에는 무서운 씨앗이 있었습니다. 바로 바오밥나무의 씨앗이지요. 바오밥나무는 그 새싹이 나왔을 때 빨리 뽑지 않으면 큰일 납니다. 새싹이 자라서 큰 나무가 되면 뿌리가 땅속 깊숙이 박혀 별에 구멍을 내기 때문입니다. 그러면 작은 별은 그만 터져버리고 말지요.

어린 왕자는 나에게 이렇게 말했습니다.

"아침에 세수를 하고 나면 정성껏 청소를 해주어야 해요. 바오밥나무의 싹은 장미의 싹과 비슷해서 골라내기가 어렵지만, 구별할 수 있게 되면 정기적으로 뽑아버려야 해요. 아주 귀찮은 일이지만 그렇게 어려운 일은 아니에요."

그러면서 나에게 그림을 그려서 지구의 어린이들에게 이런 사실을 알려주라고 말했습니다.

"그래야 어린이들이 여행할 때 도움이 되지요. 다른 일들은 좀 미루어도 되겠지만 바오밥나무의 새싹 뽑는 일을 미루면 난리가 날 거예요. 난 게으름뱅이가 사는 별 하나를 아는데 바오밥나무 세 그루 때문에 큰일이 나고 말았어요."

그래서 나는 어린 왕자의 말대로 게으름뱅이가 사는 별의 바오밥나무를 그렸습니다. 그런 다음 나는 이렇게 썼습니다.

"바오밥나무를 조심하라."

조직에서의 나쁜 행동은 이 바오밥나무와 같다. 어린 왕자는 바오밥나무를 몹시 두려워한다. 바오밥나무의 씨앗은 너무 크게 자라서 별에 구멍을 내고 파괴하기 때문이다. 게다가 바오밥나무의 새싹은 다른 식물들의 새싹과 비슷해 신경을 쓰지 않으면 찾기가 어렵고, 일단 커지면 뽑기가 어려워진다. 그래서 어린 왕자는 별을 보호하기 위해 바오밥나무 새싹을 찾아 뽑아버려야 한다고 말한다. 그러지 않으면 별에 난리가 날 거라고 말이다.

참으로 멋지고 딱 떨어지는 은유다. 여기서 어린 왕자는 리더, 바오밥나무의 씨앗은 직원들에게 있을 수 있는 나쁜 행동이다. 당신은 조직 내에 존재할 수 있는 나쁜 행동을 찾아내서 줄이거나 제거할 수 있어야 한다. 그러나 나쁜 행동은 좋은 행동과 잘 구별되지 않는 경우가 많으니 쉽지 않다. 사람마다 옳다고 생각하는 것도, 성장해온 환경도 모두 다르기 때문이다. 이러한 이유로 특히 리더가 바뀌거나 대규모 인력의 교체가 있는 조직이나 신생 조직에서는 무엇이 옳고 무엇이 그른지 판단의 기준이 되는 원칙이 있어야 한다. 원칙이 없는 조직은 늘 산만하고 불필요한 갈등에 시달릴 수밖에 없다.

나라에는 법,
조직에는 약속

다음은 한 팀장이 직접 경험한 수기다.

"회의 때마다 이유 없이 5분씩 늦게 참여하는 팀원이 있습니다. 일은 제법 잘하는 팀원인데, 한두 번도 아니고…… 눈치가 없는 건지 아니면 눈치를 안 보는 건지, 계속 늦게 나타납니다. 어느 날 도저히 참을 수가 없어 따로 불러 한마디 했습니다. 회의 시간에 늦지 말라고요. 말로는 알았다고 하는데 영 떨떠름한 표정이었습니다. 알아듣게 얘기했으니 이제 좀 달라지겠지 싶었어요. 그런데 이게 웬걸. 또다시 늦는 겁니다! 이제는 노이로제에 걸릴 지경이에요. 팀장인 나를 대놓고 무시하는 거 아닌가요? 기분이 이만저만 나쁜 게 아닙니다. 이런 경우에 다시 불러서 야단을 치는 게 맞겠죠? 한편으로는 맨날 사소한 것으로 나무란다고 저를 쪼잔한 사람으로 볼까 봐 걱정도 됩니다. 이제는 다른 팀원이 그 친구의 행동을 닮을까봐 걱정입니다."

혹시 이 팀장과 비슷한 경험을 한 적은 없는가? 몹시 골치 아픈 상황이 아닐 수 없다. 이 팀장은 팀원의 반복적인 문제 행동에 대해 어떤 식으로 대처해야 할지 고민에 빠져 있다. 더구나 일을 제법 잘하는 팀원이다. 방치하면 조직 문화가 나빠지고, 볼 때마다 한마디 하자니 여간 신경 쓰인다. 하지만 일을 잘하는 직원이라고 특별 대우하여 그냥 넘어가서는 안 된다. 조직은 공평무사의 원칙이 적용되어야 한다. 당신의 개입을 줄이면서 직원 스스로 자신의 행동을 되돌아보게 할 방법이 있으면 가장 좋다. 바로, 조직의 '그라운드 룰'을 정하는 것이다.

그라운드 룰이란, 리더와 구성원이 함께 지켜야 할 공동의 약속을 말한다. 다시 말해, 직원들이 지켜야 할 바람직한 행동과 바람직하지 못한 행동을 미리 규정하는 것이다. 그라운드 룰을 만들면 리더가 군이 나서서 잔소리를 할 이유가 없다. 그라운드 룰을 통해 직원 스스로 자신의 행동을 돌아보게 하면 되기 때문이다.

앞의 사례에서는 팀 회의의 그라운드 룰을 만들어 함께 지킬 수 있도록 하면 될 것이다. 만약 이를 어길 경우 벌금 등의 조치를 함께 정한다면 대놓고 지각하는 행위는 자연스레 줄어들 테니, 당신은 군이 잔소리를 할 필요가 없다.

그라운드 룰을 만들 때는 리더가 일방적으로 정하기보다는 직원들과 함께 머리를 맞대고 만드는 것이 더 효과적이다. 스스로 만들면 직원들도 그라운드 룰에 대한 주인의식이 생겨 자연스레 실행력이 높아지기 때문이다. 나라에 법이 있듯이 건강한 조직이 되기 위해서는 함께 약속하고 실천하는 그라운드 룰이 필요하다.

다음은 어떤 팀에서 정한 그라운드 룰의 예시다.

체크를 게을리하면
약속은 깨진다

1. 모호하면 물어보고, 정성껏 답변한다.
2. 결론 없는 회의는 회의가 아니다.
3. 동료의 말을 함부로 자르지 않는다.
4. 뒷담화보다는 앞담화!
5. 먼저 본 사람이 인사한다.
6. 싸울 때는 치열하게, 결정 나면 원보이스(One Voice)!
7. 대접할지언정 대접받지 않는다.
8. 덜 친한 동료와 밥 먹는다.
9. 공손하게 요청하고, 기꺼이 도와준다.
10. 매주 금요일은 상기의 규칙이 잘 준수되고 있는지 점검한다.

뉴욕 양키스는 미국 메이저리그를 대표하는 구단이자 세계에서 가장 시장 가치가 높은 스포츠 구단 중 하나다. 이 구단은 선수들이 지켜야 할 내부 규칙이 엄격한 것으로 유명하다. 보스턴 레드삭스에서 뛰던 자니 데이먼은 얼굴을 뒤덮은 수염으로 유명한 슈퍼스타였다. 마치 원시시대 사람처럼 보인다고 해서 별명도 동굴맨이었다.

그런 그가 보스턴 레드삭스의 라이벌 구단인 뉴욕 양키스로 팀을 옮긴다고 발표했을 때, 언론에서는 무엇보다 그의 수염의 운명에 깊은 관심을 보였다. 왜냐하면 뉴욕 양키스에서는 선수들은 수염을 기르지 않는다는 내부 규칙이 있기 때문이다. 수년 동안 단 한 번도 면도를 하지 않았던 슈퍼스타 자니 데이먼의 선택은 무엇이었을까? 팬들로부터 오랫동안 사랑받아 온, 자신의 상징이라 할 수 있는 덥수룩한 수염을 고집했을까? 양키스 입단 첫날, 그는 수염을 깨끗이 밀고 완전히 다른 사람이 되어 인터뷰 장소에 나타났다. 뉴욕 양키스에서는 슈퍼스타라도 내부 규칙을 어기면 반드시 징계를 하기 때문이다. 이렇게 스타플레이어들의 이기심이나 개인주의 성향을 관리하는 것이다.

야구에 관련된 사례를 하나 더 들자면, 미국 메이저리그에는 모든 팀이 공통적으로 가진 독특한 규칙이 있다. 바로 벤치클리어링 조항이다. 경기 중 우리 팀 동료가 상대 팀 선수와 물리적인 충돌이 발생했을 때, 선수들은 예외 없이 덕아웃에서 뛰쳐나가 상대 팀 선수와 맞서 싸워야 한다. 만일 우리 팀 동료가 싸우고 있는데 덕아웃에 머물러 있거나 소극적으로 행동하면 규정 위반으로 징계를 피할 수 없다. 나아가 팀 동료들로부터 신뢰를 얻지 못해 소속 팀에서 선수 생활을 지속하기가 어려워진다. 한편으로는 굳이 상대 팀 선수들과 주먹질까지 해가며 싸워야 한다는 규정에 고개가 갸웃거려진다. 하지만 선수들은 이를 팀워크를 위해 꼭 필요하고 당연한 규칙으로 받아들인다. 위험에 빠진 동료를 외면하는 것은 동고동락하는 팀 멤버로서 할 일이 아니라는 것이다.

하지만 중요한 게 있다. 조직의 그라운드 룰을 만들어 놓았다고 해서는 저절로 지켜지지는 않는다는 점이다. 사람은 자신에게 익숙지 않은 행동을 실천하는 데 능하지 않다. 변화보다는 관성을 따르는 게 인간이다. 더구나 사회 전반적으로 개인주의 성향이 짙어지면서 조직 문화에 별 관심이 없는 직원의 비율이 높아져가는 추세다. 따라서 리더는 그라운드 룰에 대해 주기적으로 직원들과 이야기하고 돌아보는 시간을 가져야 한다. 주간 또는 월간 회의처럼 정기적으로 진행되는 공식 회의에서 일부 시간을 떼어 활용하면 좋다. 그라운드 룰을 살펴보고 각 직원이 스스로의 행동을 되돌아보는 형식이면 된다. 이때, 자발적인 참여 분위기를 조성하는 것이 중요하다. 리더인 당신이 주도하기보다는 직원 중의 누군가에게 진행을 맡기는 것이 좋다. 그라운드 룰은 누군가가 강제로 끌고 가는 모습이 아닌, 모두가 함께 참여하고 실천할 때 비로소 제자리를 잡을 수 있다.

부하직원이
말하지 않는
31가지 진
실

17

진실 **착각**

"쓸 만한 인재가 없다"

~~착각~~ **진실**

"인재가 없는 것이 아니라
'인재를 보는 눈'이 없는 것이다"

털어서 먼지 안 나는 사람 없고,
닦아서 광 안 나는 사람 없다!

잘되면 본인 덕,
안 되면 직원 탓

2004년, 영국 옥스퍼드에서 숨진 어느 할머니의 집에서 르네상스 시대의 값비싼 미술품 두 점이 발견됐다. 발견된 작품은 당시 가치가 우리나라 돈으로 18억 원이 넘는 것으로 추정됐다. 그런데 할머니는 30여 년간 그림을 집안에 아무렇게나 걸어두고 지냈다고 한다. 그림의 가치를 알지 못했기 때문이다. 그러다가 세상을 떠나기 직전, 우연히 그림의 가치를 알게 됐다. 그림의 가치를 미리 알았더라면 얼마나 좋았을까?

남 얘기 할 것 없다. 나 역시 비슷한 경험이 있었다. 한번은 아이들이 다 커서 책장을 가득 채우고 있던 동화책을 몽땅 내다 버린 적이 있다. 나중에 알게 된 사실인데, 만약 중고시장에 내놓았다면 제법 용돈벌이가 됐을 만한 고급 아이템들이 많이 섞여

있었다. 뭔가를 보는 안목은 이래서 중요하다. 안목이 없는 사람에게는 제아무리 귀한 것을 안겨줘도 그것의 진정한 가치를 알지 못한다.

조직의 성과가 부진할 때 소위 리더라는 사람들이 흔히 사용하는 변명이 있다. 성과 부진의 가장 큰 원인을 '직원의 부족한 역량' 탓으로 돌리는 것이다. 직원의 역량이 눈에 보이는 것도 아니고 측정할 수 있는 것도 아니어서 이러한 변명은 생각보다 잘 먹히는 경향이 있다.

리더가 이런 변명을 하는 가장 큰 이유는 자신의 책임을 면할 수 있기 때문이다. 솔직히 정말 비겁한 행위가 아닐 수 없다. 리더에게 책임을 뺀다면 도대체 무엇이 남겠는가? 어쩌다가 높은 성과를 거두기라도 하면 금상첨화의 상황이 된다. 일단 직원들의 역량이 부족하다고 소위 밑밥을 깔아두었으니 자신이 더욱 돋보일 기회가 된다. 변변찮은 직원들을 데리고 높은 성과를 이뤄낸 탁월한 리더가 되는 셈이다. 한마디로 잘되면 본인 덕, 안되면 직원 탓이라는 계산이다. 직원의 역량 부족을 탓하는 행위는 성과가 나쁘면 자신을 보호하고 성과가 좋으면 본인을 띄워주는 일종의 보험 장치와 같다. 그러나 자신의 안위를 위해 직원의 역량을 평가절하하는 리더를 믿고 따를 사람은 아마도 없을 것이다.

또한 성과 부진의 원인을 직원의 역량 탓으로 돌리는 행위는 매우 게으른 방식이다. 성과 부진에 대한 복잡한 원인 분석과 문제 해결의 수고를 굳이 거치지 않아도 되기 때문이다. 한마디로 그런 일은 삼척동자도 할 수 있는 일이다. 설사 외부에서 우수한 인재를 영입했다 치자. 과연 그것으로 부진한 성과를 극복할 수 있을까? 외부 인재를 확보하는 것도 중요하지만, 그보다 중요한 것은 기존의 인재를 육성하고 보다 효과적으로 활용하는 것이다. 이를 위해 리더가 존재하는 것이다.

털어서 먼지 안 나는 사람 없고, 닦아서 광 안 나는 사람 없다

프로스포츠에는 FA_{Free Agent}라는 제도가 있다. 일단 FA로 시장에 나오면 소위 '스타 선수'들은 각 구단의 영입 경쟁으로 인해 몸값이 천정부지로 뛰곤 한다. 그들의 이름은 그 자체로 마치 우승 보증수표와도 같다. 그런데 묘하게도 FA를 통해 스타 선수들을 영입한 구단이 그다지 좋은 성적을 거두지 못하는 경우가 많다. 일단 그렇게 영입한 선수들이 부상이나 슬럼프로 '먹튀'가 되는 경우가 적지 않다. 여기서 '먹튀'란, 높은 연봉을 받고 이적한 선수가 기대에 미치지 못하는 활약을 보일 때의 속어로, '먹고 튄다'의 줄임말이다. 그런데 이보다 더 큰 문제가 있다. FA로 외부에서 영입한 선수로 인해 기존의 내부 선수들이 성장할 수 있는 기회를 잃어버린다는 것이다. 비싼 돈을 들여 선수를 영입했으니 FA 선수에게 주전 자리를 보장해야 한다. 그 결과, 주전 자리를 꿈꾸며 열정을 불태웠던 내부 선수들은 경기에서 뛸 기회조차 얻지 못하게 된다. 장기적인 안목으로 내부에서 선수를 육성하고 기회를 주는 팜시스템Farm System을 제대로 갖추지 못한 구단은 결코 경쟁력 있는 구단이 될 수 없다.

누가 봐도 탁월한 인재들이 몰리는 한 대기업에서 임원 워크숍을 진행한 적이 있다. 조직의 당면 과제를 찾는 시간에 좀 황당한 의견이 눈에 띄었다. 바로 '우수한 인재의 부족'이었다. 제3자 관점에서 보기에 그 회사에는 어울리지 않는 말이었다. '우수한 인재의 부족'이 아니라 '우수한 인재의 활용 능력 부족'이라고 보는 게 더 적절했다.

"어디 밖에 쓸 만한 사람 없어?"

조직의 리더들에게서 가장 자주 듣는 말 중 하나다. 탁월한 인재에 대한 갈망일수도 있지만, 그보다는 자신과 함께 일하는 직원에 대한 실망감이 먼저 느껴진다. 나는 이런 리더를 만날 때마다 사람에 대한 파랑새 증후군Bluebird Syndrome에 걸린 것일지도 모른다는 생각을 한다. 파랑새 증후군은 마테를 링크의 동화《파랑새》에서 유래한 말로, 현실의 삶에서 행복을 찾지 못하고 존재하지도 않은 세상만을 막연히 동경하는 현상이다. 눈앞의 인재는 과소평가하고 외부에서만 인재를 새롭게 수혈하려는 모습이 바로 파랑새 증후군이 아니면 뭐겠는가? 털어서 먼지 안 나는 사람 없고, 닦아서 광 안 나는 사람 없다. 혹시 인재를 보는 안목이 결여되어 있는 것은 아닌지 스스로에 대해 냉정한 평가를 해봐야 한다.

지식 경영의 대가인 전 IBM의 최고지식 경영자 로렌스 프루삭Laurence Prusak은 조직에 필요한 지식은 대부분 조직 내부에 이미 존재한다고 했다.

국내 한 IT 기업의 임원으로부터 들은 이야기다. 회사에서 전사적 역량을 모아, 한 발 앞선 경쟁자의 제품을 따라잡기 위해 오랫동안 애썼으나, 도저히 따라갈 수가 없었다. 그런데 해법은 뜻밖의 곳에서 찾을 수 있었다. 경쟁사가 보유한 기술을 확보하는 접근이 아니라, 이미 회사 내부에 축적되어 있는 설계 기술을 활용한 것이다. 이렇게 개발한 제품은 시장에서 오히려 경쟁사 제품보다도 월등한 품질로 평가받았다. 이처럼, 쓸 만한 인재와 쓸 만한 지식은 어쩌면 파랑새처럼 내 곁에 존재하고 있는지도 모른다.

컨설팅 만능주의를 경계하라!

컨설팅을 받는다는 것은 조직 바깥의 전문 컨

설팅 회사의 역량을 활용한다는 의미다. 적절하게 활용하면 조직 내부에서는 얻을 수 없는 새로운 시각을 만날 수 있다. 그러나 종종 '컨설팅 만능주의'에 빠진 리더가 있다. 컨설팅 만능주의는 컨설팅에 대한 의존도가 지나치다는 의미다. 뭔가 풀리지 않는 문제가 있을 때면 가장 먼저 컨설팅을 떠올리는 증상이기도 하다.

이들이 컨설팅부터 떠올리는 이유는 무엇일까? 굳이 골치 아프게 생각하지 않아도 되기 때문이다. 특히 의사결정에 대한 부담감이 많이 줄어든다. 리더가 가장 힘들어하는 일이 의사결정이 아닌가? 외부의 도움으로 좀 더 편하게 의사결정을 하려는 것이다.

컨설팅 만능주의의 부작용은 만만치 않다.

첫째, 컨설팅 만능주의는 상하 간 불신의 표상이다. 함께 일하는 직원들의 역량을 믿지 못하는 리더가 대체로 컨설팅을 선호한다. 실무자들도 컨설팅을 마다하지 않는데, 이는 윗사람의 의사결정을 쉽게 받아낼 수 있기 때문이다. 묘하게도 직원들의 말은 죽어라 믿지 않으면서 생전 처음 보는 외부 컨설턴트의 말에는 너무도 쉽게 넘어가는 리더가 많다. 마치 동화 속의 벌거벗은 임금님처럼 말이다.

둘째, 컨설팅은 뒷일을 책임지지 않는다. 읽기에도 부담스러운 장편 파워포인트를 남길 뿐이다. 컨설팅은 결코 실행까지 책임져주지 않는다. 실행은 결국 직원들이 할 수밖에 없다. 그래서 컨설턴트가 떠난 자리에는 직원들 또한 남아 있지 않으려 한다.

그 부담스러운 뒤처리를 누가 하려고 하겠는가?

셋째, 컨설팅은 '업무 스피드 저하'라는 후유증을 남긴다. 대표적인 것이 보고서다. 리더가 컨설팅의 결과로 눈에 보이는 화려한 보고서에 넋을 뺏기고 나면, 이후 직원들이 작성한 보고서는 모두 허접하게 보인다. 컨설팅을 받고 나서 직원들은 때 아닌 보고서 작성법을 배워야 하는 일도 생긴다. 보고서에 대한 윗사람의 눈높이가 높아져버렸기 때문이다. 그래서 컨설팅이 휩쓸고 간 이후에는 직원들의 보고서 작성 시간이 길어지는 경향이 있다. 물론 컨설팅의 결과로 남은 장편 파워포인트가 직원들에게 약간의 도움이 되기도 한다. 그 안에 담긴 다채로운 도형이나 그림 서식 등을 보고서 작성에 가져다 쓸 수 있기 때문이다. 한마디로, 웃기는 일이 아닐 수 없다.

넷째, 컨설팅은 중독성이 강하다. 한번 컨설팅을 받고 나면 자연스럽게 다시 컨설팅을 찾게 된다. 효과가 없다는 것을 알면서도 마약처럼 다시 의존한다. 그 이유가 황당하다. 컨설팅에 대한 의존도가 높아질수록 직원들이 무능해져 버리기 때문이다.

이처럼 컨설팅 만능주의는 부작용이 심한 만큼, 불가피한 상황이 아니라면 컨설팅을 받는 영역을 최소한으로 좁힐 것을 권한다. 내부 역량으로는 도저히 소화할 수 없거나 객관적인 시각을 확보할 수 없는, 한정된 영역으로 말이다. 그 외 나머지는 내부 직원을 믿고 내부 역량으로 채우는 것이 맞다. 그래야만 직원들의 업무 역량도 강화되고 업무 실행력도 높일 수 있다.

직원은 당신이 기대하는 만큼
성장한다

하버드대학 심리학과 교수였던 로버트 로젠
탈Robert Rosenthal은 캘리포니아주의 한 초등학교에서 학생들을 대상
으로 지능 검사를 시행했다. '아이들의 미래의 가능성을 예측하
는 테스트'라고 이름 붙였으나, 사실 그런 게 있을 리 만무했다.
아무튼 지능 검사를 대충 하고 나서 검사 결과와는 상관없이 한
반에서 무작위로 20퍼센트의 학생을 골라 명단을 작성한 후 교사
에게 넘겨주었다. 그리고 앞으로 이들의 지적 능력이나 학업 성
적이 향상될 가능성이 높으니 눈여겨보라고 말해주었다. 사실상
허위 정보를 제공한 셈이다. 그리고 8개월 후 다시 학교를 찾아
갔는데, 놀랍게도 당시 교사에게 넘겨준 명단에 포함된 아이들의
학업 성적이 평균 10퍼센트 이상 향상되어 있었고, 지능지수 또
한 높아져 있었다. 교사가 명단의 학생들에게 긍정적인 기대감을
가진 결과가 학생들의 학업에 긍정적 영향을 미친 것이다. 이를
'로젠탈 효과'라 하는데, 사람은 기대만큼 성장한다는 의미로 쓰
인다.

믿지 못할 사람은 쓰지 말 것이며, 일단 쓴 사람은 의심하지

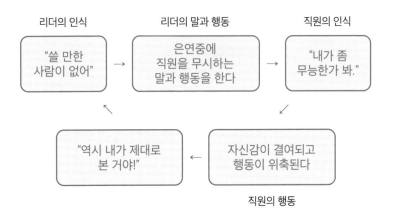

직원에 대한 낮은 기대의 악순환

리더의 인식
"쓸 만한 사람이 없어"

→

리더의 말과 행동
은연중에 직원을 무시하는 말과 행동을 한다

→

직원의 인식
"내가 좀 무능한가 봐."

"역시 내가 제대로 본 거야!"

←

자신감이 결여되고 행동이 위축된다

직원의 행동

말라고 했다. 나는 20여 년간의 직장생활을 통해 다양한 상사를 만났다. 내가 최고의 역량을 발휘했을 때는 나를 인정하고 믿어준 리더를 만났을 때였다. 마치 스타라도 된 양 의욕이 하늘을 찔렀고, 자신감도 넘쳐 일할 때 두려울 게 없었다. 반대로 내가 최악이었던 상황은 나를 도무지 인정하지 않는 상사를 만났을 때였다. 당시 나는 병든 병아리와도 같았다. 스트레스도 심해서 몸이 아플 때도 많았다. 그와 1년만 더 보냈다면 나의 경력은 아마도 몹시 안 좋은 쪽으로 흘러갔을 것이다.

직원을 바라보는 당신의 눈과 직원을 대하는 당신의 태도가 직원의 수준을 결정한다. 당신이 직원의 역량이 높다고 생각하면 직원은 높은 역량을 발휘할 가능성이 높다. 반면 당신이 직원의 역량을 의심하거나 낮게 평가하면 직원은 이미 보유하고 있는 역량조차도 제대로 발휘하지 못할 것이다.

18

진실 **착각**

"남성 인력이
여성 인력보다 우수하다"

착각 **진실**

"여성이
지배하는 세상이다"

여성 인력과 함께
일하는 법을 배워라!

미래 사회의 핵심 키워드,
여성

이 글을 시작하면서 먼저 밝힐 사실이 있다. 나는 페미니스트도, 반페미니스트도 아니라는 점이다. 내가 지금부터 말하고자 하는 바는 두 가지다. 하나는 앞으로 우리 사회에서 여성 인력의 비중이 점점 높아질 것이라는 점이다. 다른 하나는 오랫동안 남성 중심의 사회였고 그렇기에 여성 인력과 함께 일할 기회를 갖지 못했던 우리 조직 사회와 리더들이 이제는 여성과 함께 일하는 법을 보다 적극적으로 배워야 한다는 것이다.

내가 직장생활을 시작한 1990년대 중반만 해도 직장에서 여성 인력의 비중은 굉장히 낮았다. 낮은 정도가 아니라 존재감이 거의 없었다. 그런데 근래 들어 상황은 완전히 뒤바뀐 듯하다. 기업에 신입 사원 특강을 하러 가보면 여성의 비중이 결코 남성에게 밀리지 않는다. 일각에서는 남성의 역차별 현상을 주장하기도 할 정도다.

하지만 단순히 여성 인력의 비중이 늘어났다고 해서 여성 인력을 제대로 활용하고 있다고는 할 수 없다. 영국 주간지 〈이코노미스트〉에서는 2013년부터 매년 '유리천장지수Glass-Ceiling Index'를 조사하여 발표한다. '유리천장'이란, 직장 사회에서 여성의 승진과 공평한 처우를 막는 장벽을 뜻한다. 유리천장지수는 여성의 고학력·고위직 비율, 노동 참여 비율, 여성과 남성의 임금 격차 등을 토대로 100점 만점으로 평가하는데, 우리나라는 20점이 조금 넘는 수준으로, 2021년까지 9년 연속 꼴찌를 기록했다. 이는 각종 이유로 인해 여성이 출세하기 힘든 나라라는 의미이기도 하다. 조금씩 증가세에 있기는 하지만, 2021년 현재 우리나라 500대 기업의 여성 임원 비율은 5퍼센트에 못 미치고 있다. 이는 아직까지 우리나라가 과거 산업 사회의 남성 중심 인력 운영 구조에서 벗어나지 못하고 있다는 의미로도 해석된다.

경영학자인 톰 피터스Tom Peters는 2000년대 초반부터 미래 사회의 주요 키워드로 단연 '여성'을 꼽았다. 그가 여성을 강조한 이유는, 일단 소비의 주체가 여성이기 때문이다. 이는 전 세계적으로 공통적으로 나타나는 현상이며, 어제오늘 일이 아니라고 한다. 구체적으로 가전제품, 가구, 자동차, 집, 외식 등 가정에서 주요한 소비의 의사결정은 누가 하는가를 보면 알 수 있다. 따져보니 나

도 예외가 아니다. 내가 하는 소비라고는 기껏해야 교통비와 밥
값 조금에 불과하고, 우리 집 소비구조가 어떻게 되는지 아는 것
이 별로 없다. 가끔 고가의 물건을 구입해야 할 때는 반드시 아내
의 재가를 받아야만 한다. 이렇듯 소비의 주체가 여성이다 보니
여성이 개발한 상품과 서비스가 경쟁력을 가지게 되는 것이다.
여성의 취향은 아무래도 같은 여성이 잘 알기 때문이다.

우리나라에서도 평범한 가정주부가 생활 속에서 얻은 아이
디어로 제품을 개발하여 대박을 터뜨리는 경우를 심심찮게 볼 수
있다. 그런 관점에서 보면, 여성의 사회적 지위가 어느 정도 되어
야 하는지 쉽게 알 수 있다. 여성이 소비의 주체이고, 소비에서 차
지하는 비율을 보수적으로 잡아도 50퍼센트가 넘기 때문에, 기업
이든 공공기관이든 모든 조직에서 주요 자리에 여성 비율이 최소
50퍼센트는 되어야 한다는 결론이 나온다.

특히 우리나라는 여성 인력이 더욱 중요해질 수밖에 없는 나
라이기도 하다. 우리나라는 세계에서 가장 빠른 속도로 인구 고
령화가 심화되고 있어 갈수록 노동력이 부족해질 것으로 예상되
기 때문이다. 그 해결책으로 여성 인력의 활용이 가장 현실적인
대안이 될 것이다.

여성의 강점은
어떤 것이 있을까?

여성 인력과 함께 일을 잘하려면 여성의 강점에 대한 이해가 필요하다. 물론 사람을 남성과 여성만으로, 획일적으로 나눠서 각기 어떤 강점이 있다고 주장하기는 힘들다. 성별과 무관하게 사람은 각자의 고유한 강점을 가지고 있기 때문이다. 하지만 크게 남성과 여성을 놓고 보면, 확연하게 눈에 띄는 여성의 강점이 있다.

첫째, 여성은 남성에 비해 공감능력이 뛰어나다. 공감능력은 '사람의 상태를 파악할 수 있는 능력'을 뜻한다. 이를 비즈니스 상황에 대입해보면, '고객의 니즈를 가장 잘 찾아낼 수 있는 능력'이라고 볼 수 있다. 세상이 그리 복잡하지 않았던 시절에는 이성의 기능만으로 고객의 니즈를 파악할 수 있었다. 고객을 대상으로 설문조사만 해봐도 됐다. 하지만 이제는 고객 스스로도 자신의 니즈를 잘 알지 못하는 세상이 됐다. 고객은 자기가 원하는 것이 눈에 보이기 전까지는 스스로 뭘 원하는지 알지 못한다는 말도 있다. 따라서 이제는 고객 스스로도 알지 못하는, 숨겨진 니즈를 발견하는 능력이 필요하다. 더욱이 소비의 주체가 여성임을 감안하면, 아무래도 남성보다는 여성이 같은 여성의 니즈를 잘 이해하고 있을 것이다. 또한, 공감능력은 소통과 인력 육성과도 매우 직접적인 연관성을 가진 리더십 역량이다. 여성이 남성보다 대체로 소통을 잘하고 후배들을 보다 잘 육성하는 이유다.

둘째, 여성은 남성보다 공부를 잘한다. 이는 각종 데이터가 증명한다. 최근 학교에서 공부 잘하는 아이들의 비율이 남성보다 여성이 훨씬 높게 나타나고 있다. 심지어 이러한 이유로 남학생들이 남녀공학 고등학교에 입학하는 것을 기피하는 일까지 발생하고 있다고 한다. 여학생들과 성적 경쟁을 하면 내신에서 불리할 수 있기 때문이다. 공무원을 선발하는 각종 국가고시에서 여성 합격자의 비율이 남성을 넘어선 지 오래다. 우리나라뿐만 아니라 중국에서도 대학 입시에서 수석을 차지한 여성의 비율이 70퍼센트를 넘는다고 한다. 이런 현상을 어떻게 설명할 수 있을까? 여성이 갑자기 똑똑해지기라도 한 것일까? 아니다. 과거와 달리 비로소 여성이 남성과 동등한 조건에서 교육받을 수 있는 환경이 마련된 것뿐이다. 같은 조건이면 여성이 공부를 더 잘한다. 이러한 현상은 학생들에게만 국한되지 않는다. 성인을 대상으로 강연을 할 때마다 느끼는 것은 여성이 남성보다 수용력이 훨씬 뛰어나다는 것이다. 극단적인 비유이긴 하지만, 여성은 스펀지와 같다면 남성은 콘크리트 벽과 같은 느낌이다.

셋째, 여성도 남성 못지않은 투철한 직업관을 가지고 있다. 조직생활을 하다 보면, 여성은 남성보다 직업관이나 책임의식이 약하다는 말을 종종 듣게 된다. 결혼이나 육아 문제 등으로 회사생활이 후순위로 밀린다는 것이다. 그러나 이는 분명 잘못된 믿음이다. 한 가지 일을 하는 사람과 두세 가지 일을 동시에 하는 사람을 어떻게 동일선상에서 비교할 수 있단 말인가? 주변에서 결혼을 하고 아이를 키우면서 직장에 다니는 워킹맘을 흔히 볼 수 있다. 이들의 삶을 가까이에서 들여다보면, 말 그대로 치열한 전쟁터를 방불케 한다. 보통의 인내심과 의지력으로는 직장과 가정을 동시에 꾸려내지 못한다.

'2020년 서울시 성인지 통계'에 따르면, 맞벌이 부부의 가사노동시간을 비교해봤더니 여성이 남성보다 무려 세 배 이상 많은 것으로 나타났다. 혹시 워킹대디라는 말을 들어본 적이 있는가? 가사노동 시간이 이렇게 절대적으로 차이가 나는 상황이니 워킹맘은 있어도 워킹대디라는 말은 없는 것이다. 요즘 '육아대디'라는 말이 신조어로 등장하긴 했지만, 아직 멀었다. 엇비슷한 수준의 성과를 내는 워킹맘과 남성이 있다면 나는 여성의 손을 들어줄 것이다.

여성 인력과 함께 일하고
소통하는 법을 배워라!

우리나라 역사상 요즘처럼 많은 여성이 사회에 진출한 때는 없었으며, 추세로 보아 앞으로 조직 사회에서 여성 인력의 비율은 계속해서 올라갈 것으로 보인다. 그렇기에 앞으로는 여성 인력의 활용도에 따라 조직의 성패가 결정된다 해도 결코 틀린 말이 아니다.

여성 인력과 함께 일할 때 리더가 하기 쉬운 가장 큰 실수는 여성을 남성과 다르게 대하는 것이다. 일과 소통 측면에서 모두 그렇다. 일 측면에서는 여성 인력과 남성 인력이 해야 할 일을 구분하는 실수를 한다. 이는 남성과 여성 모두의 불만을 야기할 수 있다. 여성은 일다운 일을 달라고 할 것이고, 남성은 역차별을 주장할 것이다. 소통 측면에서는 여성 인력과 대화할 때 해야 할 말을 하지 못하고 하지 말아야 할 말을 하기도 한다. 상대에 대한 이해와 배려가 부족해서 나타나는 현상이다.

여성 인력과 효과적으로 일하는 방법은 간단하다. 여성과 남성 인력을 구분하지 않고 똑같이 대하는 것이다. 조직에서 여성과 남성이 하는 일이 따로 정해져 있어서는 안 된다. 성별이 아닌 각자의 역량을 따져서 일을 배정하면 된다. 이를 위해 리더는 무엇보다 직원 개개인이 보유한 역량과 수준을 면밀하게 알고 있어야 한다. 여성 인력과 소통할 때도 마찬가지다. 남성 인력과 소통할 때와 똑같은 방식으로 하면 된다. 만약 그랬을 때 어떤 문제가 발생한다면, 이는 상대가 여성이라서가 아니라 당신의 소통 능력에 문제가 있다고 보면 된다.

여성은 대체로 남성보다 소통 능력이 탁월하다. 앞에서 언급한 공감능력은 소통에 필요한 역량 가운데 가장 난이도가 높은 역량이다. 노력한다고 쉽게 얻을 수 있는 역량이 아니다. 그러니 대체로 공감능력이 높은 여성이 남성보다 소통을 더 잘할 수밖에 없다. 소통 능력이 떨어지는 사람은 특히 여성과 소통할 때 그 수준이 눈에 띄게 드러난다. 여성과 소통하는 것이 유독 어렵다면, 이는 남성과 소통할 때는 유야무야 넘어갔던 소통 역량이 적나라하게 드러나 버린 것이라 봐도 좋다.

우리 사회에서 여성의 비중이 점점 커지는 상황은 거스를 수 없는 시대적 흐름이다. 이러한 상황에서 여성과 함께 일하는 것을 어려워하거나 불편해하는 리더는 그 자체로 리더십 역량이 결여되어 있다고 봐야 한다. 당신이 여성이든 남성이든, 이제 당신은 여성 인력과 함께 일하고 소통하는 데 익숙해지고 나아가 능해져야 한다.

19

진실 **착각**

"뭐니뭐니 해도
말 잘 듣는 직원이 최고다"

착각 **진실**

"일이 잘되든 말든
당신에게 YES라고 말하는 게
가장 쉬운 길이다"

듣기 싫은 말을 하는 직원을
곁에 두고 일하라!

회사형
인간이란?

'회사형 인간'이라는 말이 있다. 회사에 자신의 모든 것을 거는 유형이자 회사 없이는 자신의 인생을 생각하기 어려운 사람을 뜻한다. 회사형 인간에게는 다음과 같은 세 가지 특징이 있다.

첫째, 회사에서 필요 이상으로 많은 시간을 보낸다. 회사생활을 자신의 삶 자체라 생각한다. 굳이 일이 없어도 회사에 남아 있거나 회사 사람들과 시간을 보낸다. 오지랖이 넓어 회사 곳곳에서 일어나는 다양한 일에 관심이 많고, 이런저런 일에 대해 말 섞기를 좋아한다. 물론 일도 열심히 하는 편이다. 그래서 겉보기에는 회사형 인간만큼 조직에 깊은 애정을 가지고 있는 사람도 없다.

둘째, 회사 내 인맥을 중요하게 생각한다. 회사형 인간은 회사에서 중요한 위치에 있는 사람들로부터 좋은 평판을 얻기 위해 애쓴다. 탄탄한 인맥을 구축하고, 유지하고, 발전시키기 위해 늘 바쁘다.

셋째, 윗사람을 떠받든다. 인맥을 중요하게 생각하는 사람답게 '윗사람'을 승부처로 여긴다. 그래서 윗사람의 지시에 NO라고 말하는 법이 없다. 누구보다도 충성스럽고 빠르게, 때로는 과도하게 반응한다. 일 처리 수준은 지시받은 사항과 거의 같다고 보면 된다. 한 치의 오차 없이 지시받은 대로 일을 수행한다. 스스로 새로운 아이디어를 떠올리기보다는 늘 윗사람의 머릿속에서 무엇이 들어 있을까만 생각한다. 그래서 윗사람 본인보다도 더 그의 의중을 잘 알아채는 신기한 일도 생긴다. 늘 윗사람 곁에 있는 걸 좋아하고, 윗사람이 참여하는 모임이나 행사에는 절대로 빠지는 법이 없다.

회사형 인간은 단시간에 리더인 당신의 마음을 사로잡을 수 있다. 누구보다도 당신의 가려운 부분을 잘 긁어주고, 지시사항을 척척 수행할 테니 말이다. 또한, 회사형 인간은 당신의 정보원이 되기도 한다. 평소 다져놓은 탄탄한 인맥을 통해 이것저것 주워들은 정보가 많아 당신의 귀를 솔깃하게 한다. 조직에 대한 충성도도 이만한 사람이 없기에, 리더는 늘 곁에 있으려 하는 회사형 인간을 결코 멀리할 수 없다.

당신에게 줄 서는 회사형 인간을
멀리하라!

겉보기에 회사형 인간은 아무런 문제가 없다. 회사와 상사에게 충성하기로는 이만한 사람이 없으니 말이다. 하지만 회사형 인간이 많을수록 조직의 경쟁력은 떨어진다. 조직에서 회사형 인간이 득세할수록 유능한 직원이 존재감을 드러내지 못하기 때문이다.

평소 직원 개개인에 대한 고른 이해가 부족한 자기중심적 리더일수록 회사형 인간을 중용하는 경향이 강하다. 자기중심적이다 보니 자신에게 잘 맞춰주는 회사형 인간이 더 좋아 보이는 것이다. 자기중심적 리더는 성과나 역량 같은 객관적 지표가 아니라, 얼마나 자신의 말을 잘 듣고 자신과 가깝게 지내는지와 같은 주관적 지표로 직원들을 평가한다. 그렇기에 회사형 인간은 가진 역량에 비해 더 빨리 인정받고 승진하게 된다.

그렇다면 회사형 인간의 치명적인 결점은 무엇일까?

먼저, 회사형 인간은 의욕은 있지만 생각은 없다. 회사형 인간의 일은 철저히 윗사람으로부터 비롯된다. 그의 유일한 고민은 '윗사람 생각 알아맞히기'다. 그렇다 보니 자신만의 창의적인 아이디어를 갖기가 어렵다. 일은 매우 열심히 하지만, 윗사람과 다른 생각을 하지 못하는 것이 한계다.

둘째, 자신보다 뛰어난 직원을 적으로 간주한다. 회사형 인간이 두려워하는 존재가 바로 뛰어난 역량으로 인정받을 가능성이 높은 직원이다. 눈엣가시처럼 싫어하고 경계한다. 특히, 그런 직원이 자신과 직접적인 경쟁 위치에 있으면 더욱 참지 못한다. 어떻게든 상대를 끌어내리고 스스로를 높이려 애쓴다. 회사형 인간이 때때로 험담이나 권모술수에 능해지는 이유가 여기에 있다. 게다가 자신의 자리를 위협할 소지가 있는 역량 있는 직원은 아예 조직에 들이려 하지 않는다. 경력 사원을 뽑더라도 자신만 못하거나 자신의 아래로 둘 수 있는 사람을 선택한다. 이런 이유로 회사형 인간이 조직의 중심 세력이 되면 조직은 이들의 수준을 넘어서는 역량을 확보하지 못한다.

셋째, 보여주기 식의 형식적인 일들이 늘어난다. 회사형 인간은 윗사람의 말 한 마디, 표정 하나에 과도하게 반응한다. 그 결과로 윗사람의 말 하나하나가 걸러지지 않고 무시할 수 없는 규모의 일로 커지는 경우가 많다. 조직의 성과 때문이 아니라 윗사람의 비위를 맞추기 위한 일들이 늘어나는 것이다. 내가 회사생활을 하던 시절에 가장 해석하기 어려웠던 말을 하나 꼽는다면, 바로 '검토'였다. 검토는 사전적 의미로 '어떤 사실이나 내용을 분석하여 따짐'을 뜻한다. 일상생활에서 뭔가를 검토한다고 하면 대체로 그 일을 하지 않는 쪽에 가까운 의미로 해석된다. 그런데 회사에서는 좀 다르다. 특히 윗사람이 사용하는 '검토'라는 말은 무조건 그 일을 하라는 식으로, 다소 과대 해석되는 경향이 있다. 바로 회사형 인간에 의해서 말이다. 그저 검토하라고만 했을 뿐인데, 미친 듯이 그 일을 해대는 사람이 있다면 나는 솔직히 그가 좀 무서울 것이다.

넷째, 회사형 인간은 회사형 인간을 복제한다. 회사형 인간이 승진하여 리더가 될 경우, 그는 자신의 직원도 회사형 인간이 되기를 강요한다. 자신이 이전에 회사와 윗사람에게 해왔던 방식과 똑같이 직원들로부터 돌려받기를 원한다. 자신의 의견에 반박하고 자기주장이 강한 직원을 곁에 두지 않는다. 회사형 인간 밑에는 회사형 인간만이 살아남을 수 있다.

회사형 인간은 충성스러워 보이지만, 장기적으로는 조직을 병들게 하고 경쟁력을 떨어뜨린다. 조직이 직원을 끝까지 책임져주고 직원은 조직을 위해 끝까지 충성하는 관계는 이미 오래전에 대단원의 막을 내렸다. 조직과 개인은 냉정하게 말해 '계약 관계'다. 직원은 조직의 성과에 기여하고, 조직은 기여에 따른 대가를 지불하는 형태로, 서로의 필요에 의해 만나는 관계일 뿐이다. 필요 이상으로 서로 기대고 의지하면 종국에는 서로에게 짐이 될 수밖에 없다.

회사형 인간이 회사에 충성한다는 것은 허구다. 회사가 어려워지면 가장 먼저 살길을 알아보는 사람이 바로 회사형 인간이다. 또한, 충성을 맹세한 윗사람의 앞날이 더 이상 별 볼 일 없어

보이거나 더 나은 '라인'이 눈에 띄면 금세 갈아탄다. 리더는 회사형 인간의 폐해를 직시하고 회사형 인간으로부터 자유로워져야 한다.

당신의 생각에 NO라고 말하는 직원을 가까이 두고 일하라

한 신용카드 회사의 직원으로부터 이런 이야기를 들었다.

전체 회원 고객에게 다음 날 발송해야 할 리플렛에서 작은 문구 오류가 발견됐다. 최종 점검 단계에서 본부장이 이를 발견하고 크게 역정을 냈다. 그리고는 홧김에 해당 문구에 스티커를 붙여 오류를 정정한 후 발송하라고 지시했다. 그러나 본부장은 막상 그렇게 말하기는 했어도 마음이 편치 않았다. 다음 날까지 발송해야 하는 리플렛은 무려 천만 장 이상으로, 전 직원이 밤을 새워 일해도 불가능했기 때문이다. 설사 어떻게 해낸다고 쳐도 전 직원이 밤을 새운 상태로는 다음 날 일을 정상적으로 하지 못할 게 뻔했다. 한편으로 생각해보니, 리플렛의 문구 오류는 그냥 넘어가도 좋을 사소한 것이었다. 그렇다고 지시를 스스로 철회할 수도 없었다. 이미 화를 내기도 했고, 철회하자니 왠지 체면이 상하는 모양새였기 때문이다.

본부장은 슬슬 걱정이 됐다. 행여 자신의 지시대로 직원들이 일해 버리면 어떻게 하나 걱정이 된 것이다. 혹시라도 직원들 중 누군가가 충성한답시고 "네, 말씀대로 하겠습니다!"라고 해버리면 돌이킬 수 없는 상황이 될 것이다.

이런 마음을 알았을까? 직원 한 명이 면담을 요청했다. 평소 입바른 소리를 하기로 유명한 직원이었다. 다행히도 그 직원은 지시를 철회해달라고 요청했다. 본부장의 의중이 직원들에게 충분히 전달됐으니 재발 방지를 약속받고 이번에는 그냥 넘어가는 것이 어떻겠느냐는 제안이었다. 본부장은 못 이기는 척하며 그 의견을 받아들였다. 그러고 나서 크게 한숨을 돌렸다. 리더에게 본인 스스로도 확신이 없는 의견을 누군가가 맹목적으로 따르는 상황만큼 겁나는 일도 없다.

"좋은 약은 입에는 쓰지만 몸에는 이롭고, 충언은 귀에는 거슬리나 행동에는 이롭다."

공자의 말이다. 윗사람의 의견에 NO라고 말하는 사람은 가시밭길을 자처하는 사람이라고 보면 된다. 당신의 생각에 동조하는 것만큼 편한 길도 없다. 굳이 대립하지 않아도 되고, 복잡하게 생각할 필요도 없기 때문이다. 리더가 한 말에 반대하는 것은 보통의 용기와 소신 없이는 할 수 없는 일이다. 그런 용기와 소신을 가진 사람이라면 뭘 맡겨도 잘해낼 수 있는 직원이다. 이런 직원을 늘 가까이 두고 그의 의견을 구하라.

최고가 되어
떠나라?

몇 년 전, 한 회사에 강의를 하러 갔다. 지금은 이름만 들어도 알 만한 유명한 회사로 성장한 곳인데, 사무실 곳곳에 당시의 상식으로는 도저히 이해가 되지 않는 문구가 붙어 있었다.

"평생직장 따위는 없다. 최고가 되어 떠나라!"

문구를 지울 수도, 뗄 수도 없게 아예 하얀 벽에다가 까만색 페인트로 프린트를 해놓았다.

직원들이 떠날까 봐 벌벌 떠는 회사가 대부분이다. 그런데 이 회사는 직원들에게 대놓고 떠나라고 말하고 있는 것이다. 더구나 최고가 되어 떠나라는 말은 무슨 말인가? 최고의 직원이 떠난다는 것은 기업의 손실이자 경쟁력 저하로 이어지지 않는가? 회사마다 핵심인재 이탈을 방지하기 위해 갖은 노력을 다하는 상황이건만, 이건 무슨 배짱이란 말인가? 더욱이 당시에는 그리 큰 회사도 아니었는데 말이다.

그러나 이제 나는 이 문장만큼 우리나라 조직 사회에서 사람에 대한 인식의 변화를 잘 설명하는 말도 없다고 생각한다. 과거에는 조직을 떠나는 직원을 별로 좋게 보지 않았다. 심지어 배신자로 낙인찍기도 했다. 하지만 이제 세상이 바뀌었다. 회사와 직원의 관계에 대해 좀 더 솔직해질 필요가 있다. 평생직장이란 없음을 이제 모두가 알지 않는가? 평생직장은 회사도 보장할 수 없고, 직원도 기대하지 않는 옛날이야기일 뿐이다. 회사와 직원은 서로 필요에 의해 만나는 관계다. 서로에 대한 필요와 조건이 맞으면 함께 일하는 것이고, 그렇지 않으면 함께 일할 수 없는 것이다. 회사는 직원의 발전을 위해, 직원은 회사의 발전을 위해 서로 기여하면서 함께 성장할 수 있는, 건강하고 쿨한 관계여야 한다.

또한, 최고의 인재를 키워낼 수 있는 역량과 자신감을 가진 조직은 결코 인력 유출 문제로 고민하지 않는다. 그만큼 채용 시장에서 브랜드가 높아져 자연히 유능한 또는 잠재력 높은 인력들이 찾아와 새롭게 채워지기 때문이다. 조직은 오로지 일로 승부하고 일로 인정받는 프로페셔널이 중심이 되는 사회여야 한다. 이제는 프로페셔널이 많은 조직, 프로페셔널이 자신의 기량을 잘 발휘하는 환경을 가진 조직이 경쟁력이 높다고 보면 된다. 그러니 당신에게 맹목적으로 충성하는 직원보다는 소신 있게 자신의 뜻을 펼쳐나가는 직원에게 더 관심을 갖기를 권한다. 만약 헷갈린다면, 당신의 직원 가운데 누가 인력시장에서 경쟁력이 있는지 살펴보자. 당신의 관점이 아니라 인재를 찾는 데 혈안이 되어 있는 헤드헌터 관점에서 말이다. 어떤 직원이 헤드헌터의 표적이 되는지, 그리고 시장에서 좀 더 높은 가치를 인정받을지 판단해보라. 헤드헌터는 회사형 인간에게는 관심이 없다. 이제 당신에게 줄서는 직원보다는 시장에서 경쟁력 있는 직원에게 좀 더 관심을 갖고 중용해보자.

20

진실 **착각**

"인사평가는
리더의 고유 권한이다"

~~착각~~ **진실**

"자의적인 인사평가는 조직과
사람의 운명을 바꾸는 범죄행위다"

리더는 평가권자가 아니라
평가대행자일 뿐이다!

당신은
인사평가권자가 아니다

해마다 연말이면 대부분의 조직에서 인사평가가 이뤄진다. 한 해 농사를 마무리하는 행사와도 같다. 직원들은 저마다 어떤 평가를 받을까 촉각을 곤두세운다. 평가 결과에 따라 보상의 크기와 자신의 운명이 달라지기 때문이다. 특히, 승진이 걸린 직원들은 더욱 민감할 수밖에 없다.

경영활동 가운데 인사평가만큼 중요한 것이 있을까? 경영에서 사람의 중요성은 두말할 필요가 없고, 사람에 있어서는 인사평가만큼 중요한 일이 없다. 특히, 요즘 세대는 인정받고자 하는 욕구가 유독 강하지 않은가? 회사생활을 포기하거나 마음을 비운 상태가 아니라면 대다수 직원들은 회사와 상사로부터 인정받고 싶어 한다. 따라서 한 조직의 수준은 인사평가의 수준을 넘어서지 못하며, 인사평가가 조직의 현재와 미래를 결정한다 해도 틀린 말이 아니다.

하지만 오랫동안 우리 조직 사회에서의 인사평가란 그저 윗사람이 주는 대로 받는 수준이었다. 평가 결과가 납득이 안 되고 불만이 있어도 함부로 이의를 제기할 수 있는 분위기도 아니었다. 하지만 이제 세상이 많이 바뀌었다. 인사평가가 공정하지 않다면 아마도 사내 게시판이나 블라인드에서 난리가 날 것이다. 요즘 우리 사회를 지배하는 중요한 가치 중 하나가 '공정'이라는 사실을 잊어서는 안 된다.

인사평가에 있어 리더들이 쉽게 하는 착각이 있다. 바로, 자신이 '인사평가권자'라는 착각이다. 그리고 인사평가 권한을 전가의 보도처럼 휘두른다.

"겨울에 눈 내릴 때를 생각해!"

내가 한창 회사 다니던 시절, 팀장으로부터 자주 들었던 말이다. 본인에게는 농담일 수 있지만, 팀원 누구도 그것을 농담으로 여기는 사람은 없었다. 아니, 솔직히 말해 똑바로 일하라는 협박으로 받아들였다.

이처럼 인사평가 권한으로 힘을 과시하는 리더가 적지 않다. 이는 권한 남용이라 할 수 있는, 매우 위험한 행동이다. 리더는 인사평가권자가 아니기 때문이다. 무슨 말인가 싶을 것이다. 예를 하나 들어보자. 야구 경기에서 심판을 평가권자라고 말할 수 있을까? 당연히 아니다. 심판은 이미 존재하는 평가 기준에 따라 운영하는 평가대행자일 뿐이다. 볼이 스트라이크존을 통과했는지 그렇지 않았는지를 확인해주는 사람에 불과하다. 그렇다면 평가는 누가 하는가? 바로 '스트라이크존'이다. 스트라이크인지 볼인지는 선수와 심판이 공유하고 있는 스트라이크존이 결정하는 것이다. 심판은 스트라이크존의 대변인에 가깝다. 만약 심판이 스트라이크존을 무시한 채 자기 임의대로 판정을 한다면 어떻게 될까? 당연히 야구 경기를 망치는 주범으로 낙인찍히고 중징계를 받게 될 것이다. 좀 더 이해를 돕기 위해, 야구에서 스트라이크존이 존재하지 않는다고 생각해보자. 어떤 일이 발생할까? 아마도 투수가 던진 공 하나하나에 수습할 수 없는 갈등과 혼란이 발생할 것이다.

조직의 인사평가도 마찬가지다. 인사평가는 야구의 스트라이크존처럼 모두가 공유하는 객관적인 인사평가 기준이 해야 한다. 리더는 직원 모두가 똑같이 알고 있는 객관적인 평가 기준을 있는 그대로 적용하는 대리인에 불과하다.

평가를 '사람'이 하게 되면 주관적인 생각이나 자의적인 판단이 들어갈 가능성이 높다. 객관성이 결여될 수 있다는 말이다. 리더가 제아무리 공정하게 평가했다 해도 직원들이 평가 기준에 대해 아는 바가 없다면 그것은 결코 공정한 평가라고 할 수 없다.

《비즈니스 탈무드》(김명철 역/예문/2004.01)에는 다음과 같은 내용이 나온다.

"탈무드는 조작된 저울을 사용하는 행위를 간통보다도 더 중한 죄라고 기록하고 있다. 심지어는 표준 계량 그릇보다 작거나 큰 것을 집에 두어서도 안 된다고 했다. 심지어 그것을 침실용 변기로 사용한다고 해도 소지해서는 안 된다고 했다. 이는 죄를 저지르고 변명을 할 여지조차 남겨두지 않는 것이다. 측정의 기준을 속이는 행위는 공동체에 대한 중대한 범죄이기 때문이다. 그래서 탈무드는 건조한 음식과 물기가 있는 음식을 어떻게 측정해야 하는지까지도 상세하게 묘사하고 있으며 계량컵과 저울은 항상 깨끗이 사용해야 한다고 강조하고 있다. 심지어 고객을 속이지 않기 위하여 액체에 있는 거품을 어떻게 처리해야 하는지에 대해서도 기술하고 있다."

조작된 저울을 사용하는 행위가 간통보다 중한 죄라는 말처럼, 객관성이 결여된 평가는 사람과 조직의 운명을 바꾸는 중대 범죄행위라 할 수 있다.

평가 과정은
유리알처럼 맑아야 한다

2004년 미국 메이저리그 정규 시즌 종료 후, 한바탕 소동이 있었다. 당시 애너하임 에인절스의 블라디미르 게레로가 아메리칸리그의 MVP로 선정됐는데, 공정성 시비가 발생한 것이다. 많은 사람이 당연히 시즌 내내 스포트라이트를 받았던 시애틀 매리너스의 스즈키 이치로가 MVP가 될 것으로 예상했다. 그도 그럴 것이, 이치로는 타율 1위(0.372), 최다 안타 1위(262개) 등 놀라운 기록을 남겼기 때문이다. 특히 안타는 100년이 넘는 메이저리그 역사상 단일 시즌 최다 기록이었다. 그런데 막상 뚜껑을 열고 보니 이치로는 MVP 투표 순위에서 고작 7위에 불과했다. 일본 언론에서는 이 결과를 두고 인종차별이라며 맹렬히 비난했다.

그런데 한 스포츠 기자의 칼럼이 이러한 논란을 완전히 불식시켰다. 그는 역대 MVP 데이터를 소개하면서 어떤 유형의 선수가 MVP를 받아왔는지 상세하게 설명했다. 역사적으로 아메리칸리그 MVP는 팀 성적에 가장 큰 기여를 한 사람이 받았다는 것이다. 이치로는 개인 성적은 좋았을지 모르나 팀 성적에 직접적인 영향을 미치는 타점과 득점에서는 다소 부족했다. 반면에 게레로는 타점과 득점 면에서 다른 선수들을 월등히 능가했다. 그 기자는 사람들에게 메이저리그의 MVP 선정에 있어 객관적인 평가 기준을 다시금 상기시켜준 것이다.

공정한 인사평가를 하기 위해서는 이와 같은 객관적인 평가 기준이 필수다. 또한 이 기준은 투명하게 공개되어야 한다. 객관적인 평가 기준이 없거나 투명하게 공개되지 않을 때, 직원들은 혼란에 빠질 수밖에 없다. 어떻게 해야 인정받을 수 있을지 알지 못하기 때문이다. 그렇게 되면 조직에 전혀 도움이 되지 않는 엉뚱한 일에 불필요한 에너지와 자원을 낭비하기 쉽다. 대표적인 예로 직원들이 사람에게 줄을 서는 '사내 정치'를 하거나, 윗사람 눈에 들기 위해 아부하는 성향이 강해진다. 정치와 아부야 말로 평가 기준이 모호할 때 동서고금을 막론하고 가장 확실히 효과가 있는 평가 기준이었기 때문이다.

김 팀장이 연초에 직원들을 모아놓고 말했다.

"제가 여러분을 평가할 때 가장 중요하게 생각하는 것은 얼마나 저와 논쟁을 자주 하느냐는 것입니다. 저는 그간의 조직생활을 통해 윗사람과 논쟁하는 사람이 가장 소신 있게 일하는 사람이라는 것을 알게 됐습니다. 잘 기억하세요. 저는 저와 가장 많이 논쟁한 직원을 높게 평가할 것이며, 그렇지 않은 사람은 좋은 평가를 받지 못할 것입니다."

이후에 어떤 일이 일어났을까? 팀원들이 팀장과 대화할 때 자신의 목소리를 내기 시작했다. 팀장에게 업무보고를 할 때면 '싸우러 간다'고 하는 팀원도 있었다.

이 사례에서 객관적인 평가 기준이 적용됐다고 볼 수 있을까? 물론 직원들의 사전 동의나 합의 없이 일방적으로 평가 기준을 정해 통보했다는 점에서는 문제가 있다. 그러나 그 점을 빼면 매우 객관적인 평가라고 할 수 있다. 사전에 평가 기준이 정해졌고, 직원들에게 투명하게 공개됐기 때문이다. 아무튼 김 팀장은 팀원들의 태도에 변화를 줄 수 있었고, 객관적인 평가라는 명분도 얻었다.

정리하면, 객관적인 평가 기준은 평가와 관련된 이해관계자 모두가 사전에 공유하는 평가 기준을 말한다. 리더의 머릿속에만 담긴, 즉 리더만 알고 있는 평가 기준은 불공정한 평가의 시작이다. 아무리 합리적인 평가 기준이라 해도 사전에 공유되지 않으면 객관성을 확보했다고 볼 수 없는 것이다. 반대로, 다소 문제가 있는 평가 기준이라 할지라도 사전에 공유된 것이라면 일단 객관성은 확보했다고 볼 수 있다.

인사평가는
연말 이벤트가 아니다

인사평가는 왜 하는 것인가? 리더에게 해마다 엄청난 심리적인 부담감을 주고, 직원 모두를 불편한 긴장 상태로 몰아넣는데 말이다. 단순히 일 잘하는 사람과 못하는 사람을 구분하기 위해서도, 일 잘하는 사람에게 더 높은 보상을 주기 위해서도 아닐 것이다. 하물며 일 못하는 사람에게 극심한 좌절감을 안겨주거나 내보내기 위해서는 더더욱 아니다.

인사평가는 조직과 직원 모두가 함께 성공하기 위해 하는 것이다. 인사평가는 모든 직원의 열정과 동기를 유발하는 에너지 공급원으로 작용해야 한다. 구체적으로 말하자면, 직원들을 자기만족이나 자포자기 상태에 빠지게 하는 것이 아니라, 좀 더 긍정적이고 발전적인 방향으로 움직이게 하는 것이다. 다소 이상적인 이야기로 들릴 수 있겠지만, 이 같은 인사평가의 목적을 아는 것과 알지 못하는 것은 그 과정과 결과에서 큰 차이를 만든다.

인사평가는 연말에 하는 것이라고 착각하는 리더도 많다. 특히 신임 리더일수록 이러한 경향이 강하다. 선배 리더로부터 제대로 된 인사 평가와 피드백을 받아본 경험이 별로 없기 때문이다. 연말에 몰아서 하는 인사평가는 '평가를 위한 평가'라고밖에 볼 수 없다. 특히, 평가의 목적이라 할 수 있는 직원의 성장과 발전에 어떠한 도움도 되지 않는다. 오히려 기대에 못 미치는 평가 결과를 손에 든 직원들은 사기가 떨어지고 의욕이 꺾이게 될 것이다. 나아가 회사에 대한 불만으로 이어질 수 있다. 회사의 주류이면서 평가의 주요 대상자인 MZ세대는 공정과 투명성을 매우 중요하게 생각한다고 이미 말한 바 있다. 만약 자신의 회사가 공정하지도, 투명하지도 않은 모습이라면 유능한 직원일수록 회사에 남아 있으려 하지 않을 것이다.

인사평가는 연말 이벤트가 아니라 연초에 시작해 연말까지 이어지는 연중 활동이다. 다시 말해, 인사평가는 평소에 하는 것이다. 모두가 수긍하는 객관적 평가를 하고 싶다면 우선 명확한 평가 기준부터 세워야 한다. 그리고 이를 직원들과 공유하고 합의하는 과정을 거쳐야 한다. 객관적인 평가 기준을 세우고 난 이후에는 직원 개개인과 주기적으로 만나 피드백의 시간을 가져야 한다. 즉, 평가 기준에 따라 무엇을 잘했고 무엇에 대한 개선이 필요한지 이야기를 나누는 것이다. 직원 스스로 자신의 현재 위치를 객관적으로 인식하게 하는 과정이다. 이러한 과정을 거쳐 직원은 자신이 잘한 점은 강화하고 아쉬웠던 점은 교정하여 좀 더 나은 모습이 되고자 노력할 것이다.

연말에는 최종 평가 결과를 피드백하면서 평가의 전 과정이 완성된다. 순위를 정해 직원을 줄 세우는 평가 시스템을 가진 조직이라면 모두를 만족시키는 인사 평가는 절대로 불가능하다. 높

은 고과를 받은 사람이 있다면 낮은 고과를 받는 사람도 생길 수밖에 없기 때문이다. 그럴수록 리더는 직원들의 평가 결과에 대한 예측가능성을 높이기 위해 노력해야 한다. 즉, 자신이 어떤 평가 결과를 받을지 직원 스스로 예측할 수 있는 확률을 높이라는 의미다. 이를 위해서는 주기적인 중간 피드백이 필수다. 평가 결과에 대한 예측가능성이 높아질수록 불만족을 줄일 수 있다.

인사평가와 관련하여 우리는 저울의 발달 역사를 배울 필요가 있다. 한 치의 오차도 없도록, 이전까지 잴 수 없었던 미세한 초정밀 영역에 도전하며 발전해온 저울은 인사평가의 지향점이다.

정리하자면, 리더인 당신이 해야 할 일은 모두가 수긍할 수 있는 저울과 같은 평가 기준을 만들고, 이를 공정하게 운용하는 것이다. 딩신은 인사평가권자가 아니라 인사평가 대리인이라는 사실을 잊지 말아야 한다.

21

진실 **착각**

"'선수' 두 명만 있으면 성과를 만들 수 있다"

착각 **진실**

"편애하는 리더보다는 차라리 모두에게 독한 리더가 낫다"

소외되는 직원 없이 조직의 전력을 십분 활용하라!

편애하는 리더
vs. 모두에게 독한 리더

두 명의 리더가 있다. A팀장은 특정 직원 몇 명을 유난히 아끼며 곁에 두고 일한다. 반면 B팀장은 직원 모두에게 욕먹는, '냉혈한'이라는 별명을 가진 사람이다. 조직 차원에서는 둘 중 어떤 리더가 나을까? 둘 중 한 명을 선택한다면, A팀장인가 아니면 B팀장인가?

물론 둘 다 문제가 있다. 그러나 둘 중 한 명을 택해야 한다면, 나는 B팀장을 택할 것이다. 괴롭기는 하겠지만, 조직 차원에서는 B팀장이 훨씬 나은 리더일 수 있다. A팀장처럼 특정 직원들만을 아끼며 곁에 두고 일한다는 것은, 달리 말하면 특정 직원을 편애한다는 말이 된다. 특정 직원을 편애하면서 대다수의 직원을 소외시키는 모습이다. 사람 관리 측면에서 가장 안 좋은 모습은 아마도 편애가 아닐까? 특정 직원을 편애하면 나머지 직원들은 자포자기 상태가 되기 쉽다. 애써봐야 인정받을 가능성이 낮기 때문이다.

팀장에 대한 신뢰가 바닥 수준인 팀을 대상으로 팀워크 강화 워크숍을 진행한 적이 있다. 팀장은 팀원 모두에게 거의 빌런 수준이었다. 팀 효과성 진단 결과, 이 팀에서 매우 특이한 현상이 눈에 띄었다. 팀워크 수준이 다른 팀에 비해 월등히 높게 나타난 것이다. 팀장을 '공공의 적'으로 두고 팀원들이 똘똘 뭉친 결과로밖에 해석이 안 됐다. 문득 중국 춘추전국시대, 서로 철천지원수 같았던 오나라와 월나라 사람도 한배를 탔다가 풍랑이라는 위기를 맞으면 서로 힘을 합친다는 오월동주吳越同舟가 떠오른다.

오월동주는 조직에서도 자주 발견되는 현상이다. 외부 환경이 어려울수록 내부 결속력이 강화된다. 직원들의 삶에서 공통적인 외부 환경은 바로 리더다. 까다롭고 힘든 리더를 만나게 되면 직원들은 자연스레 동병상련을 느끼게 된다. 그 결과로 서로 소통도 잘되고, 조직 시너지의 원천이 되는 상호의존성이 높아진다. 일명 '독한 리더'에 대한 오월동주 현상이다. 그러니 '공정한 평가'라는 조건만 충족된다면 차라리 독한 모습이 특정 직원을 편애하는 모습보다 백번 낫다 할 것이다.

누가 봐도 직원을 편애하는데 리더 자신만 알지 못하는 경우가 많다. 직원들의 눈에 보이는 리더의 편애 행동은 그리 큰 것도,

윤리적으로 문제되는 행동도 아니기 때문이다. 그저 특정 직원과 밥 한 끼 더 먹고, 말 한마디 더 건네고, 표정 한번 더 밝게 하고, 자주 찾고, 어디 갈 때 한번 더 동행하고, 일할 때 한번 더 들여다보는 등, 이런 것들이 편애 행동이다.

리더인 당신은 어항 속의 물고기와 같다. 일거수일투족이 직원들의 눈에 의해 360도에서 투명하게 관찰된다. 당신에게는 대수롭지 않은 행동이라도 인정받고자 하는 욕구가 강한 직원들의 민감한 눈에는 매우 구체적인 편애의 증거로 받아들여진다. 오얏나무 밑에서는 갓끈을 고쳐 쓰지 말라지 않는가. 아무리 사소한 말과 행동이라도 직원들로부터 오해받을 소지가 있다면 아예 하지 말아야 한다.

특정인에게 일이 몰리는
'일의 쏠림 현상'을 경계하라

특정 직원을 편애하다 보면 발생하는 다양한 부작용이 있다.

첫째, 소외된 직원들이 가만히 있지 않을 것이다. 요즘 직원들은 과거의 힘없는 직원들과 다르다. 과거에는 조직에서 또는 리더로부터 소외된 직원들의 영향력이 크지 않았다. 하소연할 데도 없었고, 하소연을 해봐야 들어주는 사람도 없었다. 그러나 지금은 다르다. 이들에게는 SNS라는 강력한 무기가 있다. 만약 당신이 어떤 직원을 소외시킨다면 부메랑처럼 그 피해는 고스란히 당신에게 돌아올 것이다. SNS를 타고 순식간에 소문나 평판이 나빠질 수 있다. 이런 말은 참 슬프지만, 당신 스스로의 안위를 위해서라도 직원을 소외시키는 일을 해서는 안 될 것이다. 지금 이 순간, 리더인 당신에게 소외된 직원은 없는지 생각해보기 바란다.

둘째, 일 잘하는 직원의 불만도 함께 높아질 수밖에 없다. '일의 쏠림 현상'이 발생할 것이기 때문이다. 일의 쏠림 현상은 특정인에게 일이 몰리는 현상을 말한다. 단기적으로는 문제가 없다. 하지만 하루 이틀 일하고 말 게 아니니, 일의 쏠림 현상은 결국 번아웃으로 이어질 수밖에 없다. 과거에는 일이 자신에게 과도하게 몰려도 불평 없이 견뎌낸 직원도 적지 않았다. 심지어 그런 상황을 즐기는 직원들도 꽤 있었다. 그러나 이제는 자신의 삶을 희생해가며 회사 일에 올인하는 직원은 없다고 봐야 한다.

셋째, 직원들 간의 갈등이 커지고 팀워크가 붕괴된다. 특히 인정받는 직원과 그렇지 못한 직원 간의 갈등이 커지기 마련이다. 시기와 질투 같은 수준 낮은 감정이 조직을 지배한다. 끼리끼리 모여 은밀하게 이뤄지는 뒷담화도 많아진다. 결과적으로 팀워크를 기대하기 어려운 오합지졸 조직이 되고 만다.

리더는 조직의 전력을 십분 활용할 수 있어야 한다. 조직의 가장 중요한 자원은 결국 사람 아닌가? 전체 직원이 함께, 유기적으로 움직이는 짜임새 있는 조직을 만들어야 한다. 다시 말해, 모든 직원이 저마다 조직에 기여할 수 있는 방법을 연구해야 한다. 다음과 같은 방식을 활용해볼 것을 권한다.

첫째, 각 직원을 원온원으로 만나 앞으로 어떻게 기여하고 싶은지를 물어라. 그리고 가급적 각 직원이 기여하고 싶은 분야로 업무를 배정하라. 스스로 선택한 업무일수록 보다 책임감 있게 일할 가능성이 높다. 각 직원의 강점을 잘 이해하고 있다면, 그에게 역으로 적합한 일을 제안하는 것도 좋다. "내가 보기에 홍길동 씨는 이런 강점이 있어서 누구보다도 이 일의 적임자라고 생각해요. 이 일을 통해 이참에 홍길동 씨가 어떤 사람인지 보여줄 수 있으면 좋겠습니다"라는 식으로 말이다.

둘째, 미덥지 못한 직원에게도 중요한 일을 과감하게 맡겨라. 일을 잘해서 중요한 일을 맡을 수도 있지만, 중요한 일을 맡다 보니 일을 잘하게 되는 경우도 있다. 처음부터 잘하는 사람이 어디 있는가? 보유 역량을 넘어서는 일을 맡을 때 실력은 극적으로 향상되는 법이다. 미덥지 못한 직원에도 여러 유형이 있을 것이다. 경험이 부족할 수도 있고, 역량이 부족할 수도 있으며, 의욕이 떨어져 있을 수도 있다. 리더인 당신과 코드가 안 맞아 사사건건 부딪히는 직원일지도 모른다. 그러나 이것저것 다 따지다 보면 어떤 일도 못 맡긴다. 걱정은 되겠지만, 일단 과감하게 맡겨보자. 정 우려가 된다면 백업 장치를 충분히 마련하면 된다. 역량이 부족한 직원이라면 관련 교육을 받을 수 있는 기회를 제공하거나 외부 전문가의 도움을 받도록 하자. 리더인 당신이 곁에 두고 함께 일의 체크리스트도 만들고 하나하나 챙겨가며 일하는 것도 좋다.

셋째, 초기의 시행착오는 리더인 당신이 감당해야 할 몫임을 명심하라. 특정 직원에게 의존하지 않고 직원들을 폭넓게 활용하면 그만큼 다양한 시행착오를 경험할 수밖에 없다. 단기적인 성과 부진도 감내해야 한다. 이는 어쩔 수 없다. 피해를 최소화하는 쪽으로 방향을 잡는 편이 마음 편한 길일지도 모른다. 대신 시간은 당신 편이다. 초기의 어려움만 극복하면 시간이 흐를수록 결국 더 큰 성과가 날 테니 말이다. 특정 직원을 혹사시켜 내는 성과는 절대 지속가능하지 않다. 스포츠에서 늘 우승하는 팀은 스쿼드Squad가 탄탄하다. 모든 선수가 팀의 성과에 기여하는 인력운영 체제를 가지고 있다는 뜻이다. 특정 선수에 대한 의존도가 높은 팀은 절대로 긴 시즌을 버텨낼 수 없다. 초기에는 어려움이 있더라도 결국 전체 직원들이 함께 기여하는 조직이 뒷심을 발휘한다. 장기적으로 지속가능한 성과를 창출할 수 있는 것이다. 직원들의 성장도 함께 동반하면서 말이다.

22

진실 **착각**

"또라이 직원만 없으면
해볼 만할 텐데"

착각 진실

"어딜 가나 또라이는 있다.
당신의 리더십 성패는
또라이 직원에 의해 결정된다"

기대하지도 탓하지도 말고,
1퍼센트의 변화를 도와라!

또라이는
어디에나 있다

리더를 대상으로 고민거리를 조사해보면 한 결같이 나오는 말 중의 하나가 'C플레이어'다. C플레이어란, 쉽게 말해 조직에서 업무 능력이 떨어지거나 문제를 일으키는 직원을 뜻하는데, 생각만 해도 골치가 아파서 그냥 전력 외로 포기하고 산 다는 리더도 있었다. 연말에는 정 안 되겠다 싶어 다른 부서로 보내려 해도 이미 사내에 소문이 쫙 퍼져 받아주는 곳도 없다. 전생의 업보도 아니고, 도움은커녕 늘 마음의 짐만 되는 C플레이어다.

C플레이어에 대한 리더의 고민은 어제오늘 이야기가 아니다. 안타깝지만, 앞으로 C플레이어에 대한 고민은 더욱 커져만 갈 것이다. 무엇보다 조직을 채우는 직원들의 개성과 개인주의적 성향이 점점 강해지고 있기 때문이다. 과거처럼 고분고분 말 잘 듣

는 세대가 아니다. 또한, 회사 차원에서 직원의 수를 점점 타이트하게 가져가는 추세이기에 C플레이어의 존재감은 더욱 도드라질 수밖에 없다.

"기본적인 에티켓은 지켜줘야 하는 거 아냐?"

"말귀를 못 알아들어."

"그 친구는 가만히 있는 게 도와주는 거야. 늘 사고만 쳐."

"자기 멋대로 일해? 그러려면 사업을 할 것이지, 회사는 뭐 하러 다녀?"

"상식적인 것까지 일일이 가르쳐줘야 한다니까!"

C플레이어에 대해 리더가 주로 하는 말이다. 그런데 가만 듣다 보면 의아한 점이 있다. 바로, C플레이어에 대한 정의가 명확하지 않다는 점이다. C플레이어라고는 하는데 자세히 들어보면 언급하는 유형이 서로 다르다. 어이없게도 어떤 리더는 자기 말을 잘 따르는 사람은 A플레이어, 말을 듣지 않는 사람은 C플레이어로 규정하기도 한다.

리더들이 소위 C플레이어라 평하는 직원들 유형을 정리해보면 다음의 표와 같다. 현재 함께 일하는 직원들이 각각 어떤 유형인지를 대입해보고, 비고 란에 해당 직원의 이니셜을 기록해보자.

이렇게 다섯 가지 유형으로 정의해놓고 보면, 각 유형별로 다

C플레이어의 유형

유형	내용	비고
노력하는 저성과자	• 열심히 일은 하지만 성과가 낮은 직원(종종 사고를 친다)	
의욕이 낮은 저성과자	• 일을 대충 하는 등 일에 대한 의욕이 낮은 직원 (해야 할 일을 하지 않는다)	
이기적인 전문가	• 역량은 뛰어나지만 자기가 하고 싶은 일만 하려는 직원 • 동료들과 잘 어울리지 않고 협업을 꺼리는 직원 • 자기 성과만 챙기는 직원	
또라이 (트러블 메이커)	• 동료들과 트러블을 일으키는 등 팀워크를 저하시키는 직원 • 기본적인 룰을 지키지 않는 등 상식 밖의 행동을 하는 직원 • 대안 없이 불평불만만 늘어놓는 직원	
비윤리적 직원	• 금전 문제, 성 윤리 등 도적적인 문제를 일으키는 직원	

른 대응 방법이 필요하다는 것을 금세 알 수 있다. 먼저, 다섯 가지 가운데 가장 위험한 유형은 바로 맨 아래칸의 '비윤리적인 직원'이다. 조직에서 윤리 이슈를 일으키는 직원은 필연적으로 조직을 파멸로 끌고 간다. 따라서 이런 유형은 역량이나 업적과는 상관없이 당장 인사 조치를 취해야 한다. 조직에 미치는 폐해가 명백하니 주저할 이유가 없다. 이러한 유형의 직원을 방치한다면 가장 큰 피해자는 리더 자신이 된다. 다른 문제들과 달리 윤리적 문제는 연대 책임이 적용되는 경향이 있다. 조직 또한 내부의 윤

리의식이 무너지고 외부로부터는 불매운동과 같은 공격을 받거나 대외 이미지가 실추되는 위험에 빠지기도 한다.

비윤리적인 직원을 제외한 나머지 네 가지 유형의 C플레이어는 리더 하기 나름이다. 리더의 대응에 따라 문제 유형일 수도 있고, 전혀 문제가 안 되는 유형일 수도 있는 것이다.

첫 번째 유형인 '노력하는 저성과자'는 명백히 전문성이 결여된 직원이다. 일할 때 실수가 많은 직원을 떠올리면 된다. 의욕에 비해 실력이 못 따라가는 모습이다. 이런 유형의 직원에게는 직무 전문성을 강화하는 기회를 제공해주면 된다. 가령, 업무 매뉴얼을 제공해주거나 직무 관련 교육 프로그램에 참여토록 하는 등 학습 활동을 지원해주는 것이다. 실수를 줄일 수 있는 직접적인 지원 방법도 고민해볼 필요가 있다. 전문성이 높은 선배 직원을 멘토로 붙여주는 것도 좋다. 또한, 놓치거나 잘못 이행하는 일이 없도록, 업무 지시를 할 때 좀 더 꼼꼼히 알려주고 주기적으로 점검하는 것도 한 가지 방법이다.

두 번째 유형은 '의욕이 낮은 저성과자'로, 무엇보다 의욕이 떨어진 원인이 무엇인지를 아는 것이 중요하다. 맡은 일이 적성에 맞지 않아서일 수도 있고, 조직에서 성장 비전을 찾지 못해서일 수도 있다. 함께 일하는 누군가가 힘들어서 또는 윗사람과의 소통에 어려움을 느껴서일지도 모른다. 어쩌면 가정 문제 같은 개인사가 원인일 수도 있다. 십인십색이라고, 사람 속은 알 수 없으니 대처하기 쉽지 않은 유형이다. 소통을 통해 의욕 저하의 원인을 알고 이를 해소하기 위해 도와주는 정성이 필요하다.

　세 번째, '이기적인 전문가' 유형에 대해서는 먼저 전문가의 속성을 잘 이해해야 한다. 전문가는 대개 자신의 전문성을 인정해주는 환경에서 역량을 가장 잘 발휘한다. 중국 춘추시대에 거문고를 잘 타기로 유명했던 백아와 그의 친구 종자기의 이야기인 지음知音을 떠올려보자. 종자기는 백아의 거문고 소리를 누구보다도 잘 이해하는 친구였다. 종자기가 죽자 백아는 거문고를 부수고 줄을 끊었다. 그리고 다시는 거문고를 타지 않았다. 전문가를 직원으로 둔 리더가 종자기와 같다면 환상적인 궁합이 될 것이다. 그러나 직원의 전문성을 무시한다면 함께 일할 수 없다. 전문성이 높은 직원은 대체로 자존심이 강하다. 그렇기에 간섭은 쥐약과도 같다. 그의 전문성을 존중해주어야 한다. 달성하고자 하는 목표를 공유한 후에는 과감한 권한위임을 통해 전문성을 발휘할 충분한 기회를 주는 것이다. 또한, 이 유형은 자신의 성과를 우선시하는 경향이 강하다. 협업 역량이 떨어져서일 수도 있고, 전문성이 뛰어나기에 협업의 필요성을 못 느끼기 때문일 수도 있다. 따라서 그에게는 협업의 중요성을 늘 강조해야 한다. 필요하다면 성과 평가에 협업 지표를 넣어 동료와 함께 일하는 태도를 촉진하는 것도 좋다.

트러블 메이커를
당신의 편으로 만들어라!

이제 마지막으로 또라이 유형, 다른 말로 '트러블 메이커'가 남았다. 사실 이 유형이 어쩌면 가장 까다로울 수 있다. 리더들이 말하는 C플레이어 가운데 가장 많은 비중을 차지하는 유형이기도 하다. 다른 유형과는 달리 말이 통하지 않을 가능성이 높기 때문이다. 트러블 메이커는 이기적인 행동으로 동료들과 불화를 일으키거나 크고 작은 구설수로 조직의 분위기를 저해하고 협업 수준을 떨어뜨린다. 태업 수준으로 일에는 도통 관심이 없거나 무성의한 모습의 직원일 수도 있다. 이러한 트러블 메이커에 대한 대응 방안은 무엇일까? 가뜩이나 이런저런 일로 정신이 없는 리더 입장에서 보면 트러블 메이커는 귀찮은 존재일 수밖에 없다. 조직의 성과에 도움이 되는 직원도 아니기에 시간과 공을 들일 가치를 느끼지 못한다. 그래서 조직 내 선임 직원을 정해 트러블 메이커를 맡겨버리는 경우도 있다. "네가 만나서 얘기 좀 해봐!"라는 식으로 말이다. 하지만 이런 접근은 그리 바람직하지 않다. 트러블 메이커는 자신의 문제 행동에 문제의식을 갖고 있지 않을 뿐더러 남의 말을 잘 듣는 유형도 아니기 때문이다. 자칫 긁어 부스럼으로 더 큰 반발과 갈등을 일으킬 수도 있다. 더욱 안 좋은 접근은 외부의 힘을 이용하는 것이다. 가령 HR

부서에 도움을 요청하는 형태로 말이다. 이 상태에까지 이른다면 아마도 해당 직원과의 관계 회복은 사실상 끝났다고 봐도 무방하다. 해당 직원이 '문제아'라는 사실을 전사에 소문내는 것과 다름없기 때문이다. 사내에서 나쁘게 퍼진 소문은 결코 주워 담을 수 없다.

"우리 팀에 팀 분위기를 저해하는 또라이 직원이 있는데, 이 친구를 어떻게 하면 좋을까요?"

리더로부터 이런 질문을 종종 받곤 하는데, 나의 대답은 항상 똑같다. 리더인 당신이 직접 책임지고 밀착 관리를 해야 한다는 것이다. 그래도 해당 직원에게는 누구보다도 리더가 가장 큰 영향력을 행사할 수 있기 때문이다.

트러블 메이커를 관리할 때, 1단계 목표는 그를 우선 당신 편으로 만드는 것이어야 한다. 최악의 상황은 서로 등지는 관계가 되는 것이다. 두고두고 힘들 수밖에 없다. 그를 당신의 편으로 만들기 위해서는 무엇보다 그와 많은 시간을 보내야 한다. 속 깊은 대화를 나누면서 신뢰를 쌓아가는 것이 좋다. 그의 행동을 하루 아침에, 단 한 번의 지적이나 대화로 바꾸기란 불가능하니 애초에 그건 염두에 두지 말길 바란다. 말이 통하는 사람이었다면 이미 트러블 메이커가 아니었을 테니 말이다. 그를 당신 편으로 만들어야 하는 이유는 일단 소통이 가능한 관계를 만들기 위해서다. 트러블 메이커와 속 깊은 대화를 하다 보면 그 역시 보듬어주어야 할, 상처가 많은 사람임을 알 수 있게 된다.

트러블 메이커와 마음을 나눌 수 있는 관계가 됐다면, 이제 그의 문제 행동에 대해 이야기하는 단계로 넘어가자. 사실 이 부분은 앞서 '착각 넷: 칭찬은 고래도 춤추게 한다'에서 '약이 되는 쓴소리의 세 가지 특징'을 통해 자세히 설명한 바 있다. 같은 맥락에서 활용할 수 있는 기법을 하나 더 소개하겠다. 바로 'ICE 기법'이다. ICE 기법은 세 단계로 구성되어 있다. 먼저 'I'는 I-Statement('나' 메시지)로, 주어를 '나'로 시작하여 나의 불편한 마음을 표현하자는 의미다. 우리는 대개 속상한 일이 발생할 때 You-Statement('너' 메시지)를 사용하는 것에 익숙해져 있다. 'You'로 시작하는 말은 "당신은 이게 문제야!"라는 식으로 상대를 공격하는 표현이 되기 쉽다. 하지만 이보다는 I, 즉 '나'를 주어로 삼는 편이 효과적이다.

"내가 요새 김 대리와 관련하여 고민이 하나 있네."

이렇게 'I-Statement'로 대화를 시작하여 'C'인 'Contrast Behaviors(행동비교)' 단계로 이어간다. 상대의 문제 행동과 그 영향을 자세하게 설명해주고, 대비되는 바람직한 행동을 제시하는 단계다. 예를 들면 다음과 같다.

"지난번 회의 시간에 말일세, 내가 보기엔 김 대리가 한 말에 최 과장이 많이 속상했을 듯하네. 좀 공격적이라는 느낌이 들었어. 곁에서 보는 내가 그런 느낌이었으니 최 과장도 아마 많이 놀랐을 거야."

마지막으로 'E'는 'Explanation(해명, 설명)'으로, 구체적인 해결 방안을 논의하는 단계다.

"회의 시간에 김 대리 생각을 이야기할 때 상대가 언짢은 마음을 갖지 않도록 좀 더 부드러운 표현을 사용해주면 좋겠네. 오히려 그런 방법이 김 대리의 생각을 보다 설득력 있게 전달하는 방법일 거야."

이처럼 직접 교정 행동들을 설명해주는 방법도 있지만, 더 좋은 방법은 질문을 통해 당사자가 스스로의 생각을 정리하여 직접 말로 하게 하는 것이다. 예를 들면 다음과 같다.

"김 대리가 자기주장이 강한 건 좋은데, 상대에게 공격적인 느낌을 주는 것 같아. 이 문제를 어떻게 해결하면 좋을까?"

강요가 아닌 본인 스스로 답을 찾는 방식의 접근이 변화에 가장 효과적이다.

이와 같은 대화 방식 이외에도 트러블 메이커에 대응하는 여러 방법이 있다. 다른 직원들과 교류 없이 혼자서 할 수 있는 독립적인 일이나 프로젝트를 부여하는 것도 좋은 방법일 것이다. 또한, 룰에 의해 조직을 관리하는 방법도 있다. 트러블 메이커도 어쩔 수 없는, 조직 구성원이라면 반드시 준수해야 하는 그라운드 룰을 정하는 것이다. 명확한 그라운드 룰을 사전에 정해 공유한다면, 트러블 메이커도 스스로의 문제 행동을 합리화할 빌미를 찾을 수 없게 된다.

트러블 메이커는 리더가 안고 가야 할 숙명과도 같은 존재다. 그저 골치 아프게 생각하기보다는 다른 직원들보다 좀 더 당신의 도움이 필요한 직원이라고 받아들이자. 혹시 그가 개과천선하기를 바라는 마음이 있다면 그 마음부터 버리는 것이 좋다. 욕심은 절대 금물이다. 사람이 어디 그리 쉽게 바뀌는가? 소박하게 1퍼센트의 변화 목표를 세워보자. 그의 삶의 각도를 1도만 틀어 올려 줘도 당신은 리더의 역할을 멋지게 수행한 셈이다. 지금 당장은 1도에 불과하겠지만, 시간이 지나면서 자연스레 그 각도는 점점 더 커지게 될 것이다.

당신의 C플레이어는 어떤 유형인가?

다섯 가지 유형의 C플레이어와 각 유형별 대응 방법을 살펴보았다. 현재 당신을 힘들게 하거나 불편함을 느끼게 하는 C플레이어는 어떤 유형인가? 각 유형을 정확히 정의하면 리더로서 당신이 무엇을 해야 할지 보다 잘 알게 될 것이다.

어떤 경우에도 C플레이어를 간과하거나 무시하는 일은 없어야 한다. 왜냐하면 C플레이어에 의해 당신의 리더십 성패가 결정되기 때문이다. 요즘 많은 회사에서 리더십 360도 평가를 채택하고 있다. 리더도 함께 일하는 직원들에게 평가되는 것이다. 주로 회사의 HR부서가 주관하고 시행하는 것이라 리더들은 평가 결과에 매우 민감한 모습을 보이는 경향이 있다. 그런데 평가 결과의 세부 데이터를 분석해보면 공통적인 특징이 있다. 바로, 평가 결과가 안 좋은 리더는 대체로 소수 직원의 낮은 평가 때문에 리더십 점수가 크게 떨어진다는 것이다. 여기에서 소수의 직원이 바로 리더와 긍정적 관계를 형성하지 못하는 C플레이어인 경우가 많다. 결과적으로 리더는 C플레이어에 의해 리더십 평가에 결정적인 영향을 받는다고 해도 과언이 아니다.

참고로 C플레이어는 조직 사회에서 근래 들어 많이 사용하는 용어이긴 하지만, 솔직히 나는 이 표현을 별로 좋아하지 않는다. 만약 누군가가 자신을 C플레이어라고 규정하고 있다고 생각해보라! 끔찍하지 않겠는가? 마치 주홍글씨와 같이 지워지지 않는, 평생의 상처가 될 것이다. 이런 표현을 안 쓰고 살 수 있다면 더 좋지 않을까?

귤화위지橘化爲枳라는 말이 있다. 똑같은 종자인데 처한 환경에 따라 귤이 될 수도 있고 탱자가 될 수도 있다는 말이다. 사람에게 환경은 무엇일까? 여러 가지가 있겠지만, 가장 대표적인 것은 바로 만나는 사람이다. 누구를 만나느냐에 따라 사람의 운명이 달라질 수 있다. 바꿔 말하면, 어떤 리더를 만나느냐에 따라 C플레이어가 될 수도, A플레이어가 될 수도 있는 것이다. 나는 누구보다도 이를 몸으로 체험한 사람이다. 지난 20년간의 직장생활을 되돌아보면 나는 캐릭터가 분명한 사람이었다. 한 분야의 전문가를 목표로 했던 나는 직장생활 내내 하나의 직무에 매달렸고, 직무를 수행하는 자세와 태도도 직장생활 내내 별 차이가 없었다. 하지만 묘하게도 나를 만나는 리더들의 나에 대한 평가는 저마다 달랐다. 어떤 해에는 '이보다 좋을 수 없다'였지만, 어떤 해에는 '이보다 나쁠 수 없다'였다. 쉽게 말해, 어떤 리더와 일하느냐에 따라 천재가 되기도, 바보가 되기도 했다. 내가 20년 동안 받아왔던 인사고과를 연도별 그래프로 그려보면 널뛰기 그 자체다. 나는 늘 한결같은 모습이었지만, 나와 함께한 리더들은 저마다 나를 다르게 받아들이고 평가했던 것이다.

사람을 자신만의 잣대로 평가하는 것만큼 위험한 일이 있을까? 개인적인 성향이나 선호와 맞지 않으면 모두 문제투성이 트러블 메이커가 되고 말 것이다. 불완전한 주관적 잣대로 평가할 게 아니라, 직원 개개인의 고유의 특성을 존중하고 있는 그대로 받아들여야 한다. 만약 조직생활과 업무 수행에 적응하지 못하거나 어긋남이 있다면 어떻게 도와줄 수 있을지를 고민하고 실천해야 한다.

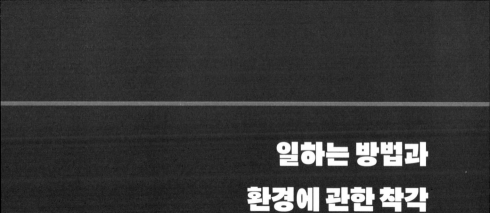

일하는 방법과

환경에 관한 착각

23

진실 **착각**

"대박을 터뜨릴 수 있는
일을 해야 한다"

착각 **진실**

"대박 쫓다가
쪽박 찬다"

핵심에 집중하고,
퀵윈(Quick-Win)으로
자신감을 챙겨라!

장사가 잘되는 식당의
두 가지 특징

장사가 잘되는 식당에서 눈에 띄게 나타나는 공통점 두 가지가 있다.

첫째, 메뉴가 몇 가지 안 된다. 한두 가지 핵심 메뉴에 집중하되 다른 곳에서는 쉽게 모방할 수 없는 맛으로 승부한다. 그렇기에 맛집을 찾는 고객은 일단 마음부터 편하다. 메뉴 선택에 있어 결정 장애에 시달리지 않아도 된다. 나는 이를 맛집이 고객에게 주는 가장 큰 혜택이라 믿는다. 머리가 복잡한 세상에서 고민하지 않게 해주는 것만큼 도움 되는 일도 없다. 이는 일에 있어서도 마찬가지다. 너무 많은 종류의 일은 정신분열을 일으킨다. 맛집에서는 종업원과 고객 간의 소통도 말 한마디면 끝난다. "이거 두 개 주세요!"라는 식으로 말이다. 헷갈릴 게 없으니 소통의 오류가

거의 없다. 반면, 장사가 안 되는 식당은 대개 메뉴가 잡다하게 많다. 메뉴가 너무 많다 보니 고객 입장에서는 메뉴판을 한참 들여다봐야 한다. 메뉴를 선택해 놓고도 잘 선택했는지 확신이 없다. 마찬가지로, 해야 할 일의 종류나 가짓수가 많은 조직에서는 소통이 복잡해지고 소통 오류가 자주 발생한다.

둘째, 잘되는 식당은 항상 손님들로 북적거린다. 번호표를 받고 대기해야 하는 곳도 있다. 음식 값은 물론 기다리는 수고까지 덤으로 지불해야 한다. 주객이 전도된 느낌이다. 찾아오는 손님이 많으면 확장을 할 만도 한데 좁으면 좁은 대로, 붐비면 붐비는 대로 운영한다. 북적거리는 분위기를 유지하려는 이유가 있다. 그 속에 들어가면 남다른 활력이 느껴지기 때문이다. 그리고 이런 활력은 고객을 유인하는 또 다른 동인으로 작용한다.

핵심에 집중하고
군더더기를 없애라!

조직을 경영할 때 앞서 설명한 맛집의 두 가지 특징을 참고할 필요가 있다. 하나는 핵심에 집중하는 것이고, 다른 하나는 항상 북적거리는 활력을 유지하는 것이다.

먼저, 핵심에 집중한다는 것은 조직의 역량과 에너지를 한군데로 모은다는 말이다. 바꿔 말하면 핵심에서 벗어난 일을 찾아

줄이거나 없앤다는 말이기도 하다. 핵심에 집중하는 조직은 직원들이 일할 때 결정 장애가 줄어들어 스트레스가 적고, 소통 오류가 발생할 가능성도 낮다. 무릇, 일이란 한번 생기기는 쉬워도 일단 생기고 나면 잘 없어지지 않는 속성이 있다. 일은 사람이 만들지만, 일단 만들어진 일은 사람을 길들이기 때문이다. 살펴보면 왜 하는지도 모르고 하는 일이 꽤 많다. 가까운 예로, 우리는 하루 세 끼를 먹는다. 왜 세 끼를 먹어야 하는지 모른 채, 어렸을 때부터 그렇게 먹어왔으니까 세 끼를 먹는 것이다. 다이어트에 관심이 많은 나는 요즘 두 끼만 먹어도 충분하다고 생각한다. 세 끼를 다 먹고 체중을 줄이기란 쉽지 않다. 왜 하는지 모르는 쓸데없는 일만 줄여도 생산성을 획기적으로 끌어올릴 수 있다.

2014년 초반, 페이스북에 무려 160억 달러에 인수된 회사가 있다. 모바일 메신저로 유명한 왓츠앱WhatsApp이다. 페이스북 메신저의 전신이다. 당시 우리나라 돈으로 무려 17조 원에 달하는 어마어마한 인수 대금이 화제가 됐다. 그런데 더욱 놀라운 것은 이 회사가 인수될 당시의 직원이 고작 32명에 불과했다는 것이다. 왓츠앱의 창업자인 잰 쿰Jan Koum과 브라이언 액튼Brian Acton은 창업 당시부터 'No Adds, No Games, No Gimmicks'라는 세 가지 원칙을 세우고 지킨 것으로 유명하다. 광고도, 게임도, 다른 어떠한 불필요한 장치도 없다는 말이다. 이는 그들이 만든 메신저가 지향하는 핵심이다.

이 회사는 스스로를 복잡하게 만드는 일은 절대로 하지 않았다. 심지어 사무실 문패조차 없었다고 하니 할 말이 없을 정도다. 창업자가 스스로 세운 원칙을 준수하는 일 외에는 다른 어떤 것도 하지 않았다고 보면 된다. 그 결과, 그들은 사용자의 메시징 경험에만 충실한, 차별화된 상품을 만들 수 있었던 것이다.

핵심에 집중하려면 이미 실패한 일에 대해서도 과감히 실패 선언을 할 수 있어야 한다. 추진하는 모든 일이 성공할 수는 없다. 아니, 성공보다 실패하는 일이 더 많은 게 자연법칙이다. 그런데 묘하게도 조직에서는 실패하는 일이 별로 없다. 실제 성공하는 일이 많아서가 아니다. 명백히 실패했음에도 불구하고 실패 선언을 하지 않아서다. 그 가장 큰 이유는 실패한 일과 연관된 누군가 때문이다. 특히 그가 직위가 높은 사람이라면 누구도 실패를 실패라고 말하지 않는다. 아니, 오히려 성공한 일로 둔갑하는 경우도 있다. 그가 조직을 완전히 떠나기 전까지는 말이다.

실패한 일에 대해 좀 더 솔직해져야 한다. 실패 선언을 하지 않으면 이 실패한 일은 죽지 않고 그대로 남아 '좀비'가 된다. 조직의 자원을 계속 흡입하며 새로운 시도에 대한 동력을 약화시킨다. 장사가 잘되는 식당은 안 팔리는 메뉴는 메뉴판에서 과감히 삭제한다. 그리고 잘 팔리는 음식에만 역량을 집중한다. 이처럼, 실패한 좀비 업무에 대해서는 미련 없이 작별을 고해야 한다.

업무량 증가의
법칙

리더 치고 의욕 없는 사람 없을 것이다. 특히 새롭게 조직을 맡을 경우 의욕이 하늘을 찌른다. 리더가 의욕이 높다는 것은 매우 좋은 모습임에 틀림없다. 하지만 그럴 때 흔히 하는 실수가 있다. 바로 '일거리 늘리기'다. 뭔가 보여줘야 한다는 마음에 일의 숫자와 종류를 늘린다. 그런 스스로의 모습에 뿌듯할지 모르나, 직원들은 이를 사고 치고 다닌다고 평가한다. 직원은 전원만 공급해주면 일할 수 있는 로봇 같은 존재가 아니다. 일거리가 늘어나면 자연스레 조직 내부의 스트레스가 높아진다. 각각의 일에 투입하는 시간과 자원이 줄어들어 성과 또한 떨어질 수밖에 없다. 자칫 그간 잘해오던 일마저 문제가 발생할 소지도 커진다.

높은 성과를 원한다면 '일거리 늘리기'보다 '일거리 줄이기'를 먼저 생각해야 한다. 조직은 본래 '업무량 증가의 법칙'이 작동하는 곳이다. 업무량 증가의 법칙이란, 불필요한 일들을 의도적으로 제거하지 않으면 자연히 일거리가 증가하게 되는 경향성을 뜻한다. 시간이 지날수록 살림살이가 늘어나 집이 점점 좁아지는 것처럼, 일단 한번 만들어진 일은 관성화되어 좀비처럼 생명력을 이어간다.

업무량 증가의 법칙은 조직에서 나타나는 보편적인 현상이자 조직의 생산성을 떨어뜨리는 주범이다. 이를 극복하기 위한 의도적인 노력이 필요하다.

일의 종류와 가짓수를 줄여서 직원들이 핵심에 집중할 수 있게 하는 방법을 하나 소개하겠다. 김위찬과 르네 마보안의 공저인 《블루오션 전략》(김현정, 이수경 역/교보문고/2015.11)에 소개된 'ERRC 분석'이다.

ERRC는 제거Eliminate, 감소Reduce, 증가Raise, 창조Create 네 단어의 머리글자를 모은 것으로, '조직의 자원은 한정되어 있으며, 이것저것 다 잘할 수는 없다'는 것을 대전제로 한다. ERRC 분석은 쉽게 말해 마이너스(-)와 플러스(+) 구조다. 즉, 불필요하거나 시대에 뒤떨어진 것은 제거하거나 줄이고, 이 과정에서 생긴 빈 공간에 다른 것을 늘리거나 새로운 것을 채우는 구조다. ERRC 분석이 특히 마음에 드는 점은 마이너스(-)가 플러스(+)보다 앞서 위치해 있다는 점이다. 그래서 변화와 혁신을 생각할 때 일의 관성화 경향을 극복하게 해줌은 물론이고, 일거리 늘리기 강박으로부터 벗어날 수 있게 해준다.

요즘 우리 사회와 기술 발전에서 확연히 드러나는 것 중 하나는 사람의 노동력을 점차 줄여가는 방향이라는 점이다. 동네 곳곳에 이런저런 무인점포가 속속 들어서고 있고, 식당에만 가봐도 이제는 키오스크가 대세가 되고 있다. 인공지능에 기반한

RPA Robotic Process Automation 관련 소프트웨어가 속속 개발되고 있고, 이를 조직에 적용하는 기업들이 늘고 있다. 지금까지 인간이 해 왔던 단순반복적인 업무는 조만간 인공지능이나 로봇의 몫이 될 것이다. 시기의 문제일 뿐이다. 이제 인간에게 남은 일이 무엇이 있을까 하는 걱정마저 드는 현실이다.

이런 관점에서 보면, 조직 경쟁력은 어쩌면 줄이거나 제거 해야 할 일을 얼마나 빠르게 찾아 조치하느냐에 달려 있다고 봐 도 될 것이다. 줄거나 없어지는 일이 생기면 반대급부로 새롭 게 집중해야 하는 일이 보다 선명해진다. 최소한 분기에 한 번씩 은 캔미팅 등을 통해 직원들과 함께 부서 내 존재하는 일에 대해 ERRC 분석을 해보기를 권한다. 토의를 통해 부서 내의 E(제거할 일), R(줄여야 할 일), R(늘려야 할 일), C(새롭게 해야 할 일)를 찾아 빈칸을 채워보자.

우리 팀의 ERRC

구분	내용
Eliminate(제거해야 할 일은 무엇인가?)	
Reduce(줄여야 할 일은 무엇인가?)	
Raise(늘려야 할 일은 무엇인가?)	
Create(새롭게 추가해야 할 일은 무엇인가?)	

ERRC 분석은 각각의 업무에도 응용하여 사용할 수 있다. 업무의 제목을 적고, 해당 업무에서 E(제거할 것), R(줄여야 할 것), R(늘려야 할 것), C(새롭게 해야 할 것)를 생각해보는 것이다. 이를 통해 보다 효율적이고 효과적인 관점으로 업무에 접근할 수 있다. 참고로 나는 강의 준비를 할 때 마지막 단계에서 강의의 전체 콘텐츠를 두고 ERRC 분석을 한다. 강의 콘텐츠 하나하나가 만들 때 꽤나 공들인 것들이기에 뭔가를 새롭게 더하기는 쉬워도 기존에 있던 것을 줄이거나 제거하기란 항상 어렵다. 하지만 군더더기를 없애고 보다 깔끔한 강의 내용으로 구성하는 데 이보다 좋은 방법은 없다. ERRC 분석은 우리의 일과 삶의 전 영역에서 비효율을 제거하고 그 빈 공간을 새로운 아이디어로 채울 수 있도록 도와준다.

늘 활기 넘치는 조직 분위기를 조성하라!

핵심에 집중한다는 것과 더불어 장사가 잘되는 식당의 또 다른 특징은 늘 활기 넘치는 분위기를 유지한다는 것이다. 나는 어떤 조직이든 한두 시간 관찰해보면 그 조직의 전반적인 상태를 파악할 수 있다. 뭐 대단하고 특별한 기술이 있는 것은 아니다. 그저 그곳에서 일하는 사람들이 보이는 몇 가지 행

동만 체크해보면 된다. 예를 들어, 조용하고 말이 없는 조직은 대개 소통에 문제가 있다. 자기 생각을 자유롭게 표현하는 데 어려움이 있는 조직일 가능성이 높다. 직원의 생일 파티를 관찰해보면 팀워크 수준을 파악할 수 있다. 팀워크가 좋은 조직은 박수 소리가 좋다. 직원들이 리더를 대하는 태도를 보면 상하 간의 거리감을 체크할 수 있다. 회의 시간을 관찰해보면 의사결정 능력과 실행력 수준을 파악할 수 있다. 이와 같은 능력은 조직생활을 어느 정도 해본 사람이라면 자연스레 갖게 되는 것이다. 그런데 묘하게도 리더가 되면 달라지는 모양이다. 정작 자신이 이끄는 조직의 분위기를 제대로 알지 못한다. 그 안에 오래 있다 보니 둔감해진 건지 아니면 관심이 없는 건지 알 수가 없다.

리더는 객관적인 시각으로 조직의 분위기를 살피고, 활기 넘치는 조직 분위기를 조성하기 위해 노력해야 한다. 조직의 성과는 경영 환경에 따라 좋을 때도 있고 나쁠 때도 있지만, 일단 한번 떨어진 조직의 활기는 쉽게 올라오지 않기 때문이다. 활기 넘치는 조직을 만들고 유지하기 위해 어떤 노력을 해야 할까? 먼저 상하 간, 수평 간의 소통이 자유로워야 한다. 시장이 활기 넘쳐 보이는 이유는 사람들의 목소리로 가득한 공간이기 때문이다. 조직도 그렇다. 절간 같은 분위기는 곤란하다. 차라리 좀 산만하더라도 시장 같은 시끌벅적한 분위기가 훨씬 낫다. 헛소리라도 자신의 생각을 표현해주는 직원이 있다면 감사해야 한다. 소통이 자유로운 조직이라면 조직 분위기에서만큼은 걱정을 내려놓아도 된다. 추가로 조직의 활기에 대해서는 '착각 둘: 조직 분위기를 UP시키는 데 회식만 한 것이 없다'를 참고하기 바란다.

다음으로는, 뭐라도 좋으니 눈에 보이는 성과가 있어야 한다. 조직의 분위기를 올리는 최고의 방법은 뭐니뭐니 해도 성과다. 성과가 좋으면 조직의 활기는 자연스레 따라오는 경우가 많다.

오랫동안 분위기가 매우 침체된 팀이 있었다. 나는 이 팀을 어떻게 도와줘야 하나 고민했지만, 끝내 답을 찾지 못했다. 팀 문화 개선 차원의 접근으로는 답이 나오지 않았다. 무엇보다 팀원들이 패배감에 젖어 있었기 때문이다. 늘 바닥 수준의 성과로 팀 문화를 따지는 것 자체가 사치라고 대놓고 말하는 직원도 있었다. 조직의 존재 이유는 성과 창출이다. 성과가 낮은 조직은 지속이 불가능하기 때문이다. 오랫동안 성과가 좋지 않아 침체에 빠진 조직이 있다면, 가장 먼저 취해야 할 조치가 바로 '퀵윈Quick Win 전략'이다. 스포츠에서 연패에 빠진 팀이 침체에서 벗어나는 방법은 다른 게 없다. 최대한 빨리 1승을 거두는 것이다. 빠른 성취로 '할 수 있다'는 자신감부터 고취시켜야 한다.

퀵윈 전략이 성공하려면 세 가지 조건을 충족시켜야 한다.

첫째, 퀵윈 아이템을 찾아야 한다. 퀵윈 아이템은 길어야 3개월 내에 성과로 이어지는 작은 프로젝트를 뜻한다. 고객 니즈와 관련된 아이템을 찾는 것이 좋다. 조직의 성과는 결국 고객 니즈

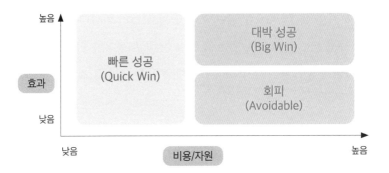

퀵윈(Quick Win) 전략

높음

효과

낮음

빠른 성공
(Quick Win)

대박 성공
(Big Win)

회피
(Avoidable)

낮음 　　　비용/자원　　　 높음

와 연관된 것이기 때문이다. "우리의 고객은 우리에게 무엇을 원할까?"와 같은 질문을 던지고 직원들과 브레인스토밍하여 퀵윈 아이템을 찾아보자. 그렇게 나온 여러 아이템 중 단기간 내에 성취할 수 있는 아이템을 선택하면 된다.

둘째, 적은 자원의 투입이다. 가용한 자원을 대폭 투입하여 한 번에 큰 성과를 거둘 수 있다면 좋겠지만, 이는 도박과도 같다. 리스크가 크고, 만에 하나 실패할 경우 만만찮은 후폭풍을 감당해야 한다. 반면 적은 자원을 투입하는 퀵윈 전략은 실패하더라도 책임이 크지 않아 부담이 없다. 또한, 적은 자원이기에 이해관계자를 설득하기 쉬워 좌고우면하지 않고 곧바로 실행에 옮길 수 있다. 퀵윈 전략이 특히 좋은 이유는 환경 변화에 유연하게 대응할 수 있다는 것이다. 자원이 많이 투입되는 일은 대체로 중간에 변화를 주는 데 어려움이 많다. 변화를 줄 때마다 기존에 투입된 자원이 고스란히 손실로 잡히고, 책임져야 할 상황이 발생하기 때문이다. 하지만 퀵윈 전략은 투입된 자원이 크지 않기에 유연하게 방향을 선회하여 일을 추진할 수 있다. 그만큼 성공확률이 높아지는 것이다.

셋째, 기대성과가 그리 높지 않아도 된다. 작은 성과라도 괜찮고, 때로는 가능성만 보여줘도 된다. 직원들이 참여하고 주도하여 뭔가 작은 변화라도 일어났다면 그것으로 족하다. 퀵윈은 침체된 조직 분위기를 추스르고 할 수 있다는 자신감을 회복하는 것이 목적이기 때문이다. 퀵윈을 만든 이후에는 직원들과 머리를 맞대고 좀 더 큰 변화와 성과에 도전하면 된다.

24

진실 **착각**

"심사숙고하여 의사결정해야 한다"

착각 **진실**

"직원들의 눈에는 심사숙고가 아니라 결정장애다"

'계획 5퍼센트, 실행 95퍼센트'의 애자일(Agile) 조직을 만들어라!

노동생산성이
떨어지는 이유

문득, 내가 지난 20여 년의 직장생활 동안 가장 많이 한 일이 무엇인지 궁금해졌다. 분석 끝에 나온 결론은 어이없게도 사무실에 죽치고 앉아서 보고서와 씨름한 일이었다. 회사에서 가장 많이 한 일이 보고서 작성이라니, 황당하기 그지없다. 비단 이는 나만의 이야기는 아닐 것이다. 오죽하면 '페이퍼 엔지니어'라는 말이 존재할까?

조직에서 어떤 일을 시작하려면 보고서가 필요하다. 윗사람의 품의를 받아야 하기 때문이다. 문제는 이 과정이 쉽지 않다는 것이다. 한 번에 통과되는 일은 거의 없다. 아마도 대부분의 리더는 품의서를 한 번에 OK한다는 것을 직무유기라고 생각하는 모양이다. 자신의 생각을 더하지 않으면 안 된다는 강박 같은 것이 있다. 보고받다 말고 이런저런 생각을 늘어놓는다. 가령, 열 페이지가 넘는 보고서인데 첫 페이지에서 뒤로 넘어갈 줄을 모른다. 윗사람의 말이 많다는 것은 대체로 불길한 징조다. 보고서에 수정할 내용이 많다는 의미이기 때문이다. 보고서는 처음 작성할 때보다 수정할 때가 훨씬 더 어렵다. 마치 심한 지진이 일어나 철골이 뒤틀려버린 건물과도 같다. 어렵사리 보고서 수정을 마치면 또 다른 문제가 생긴다. 보고 타이밍을 다시 잡아야 하는데, 바로바로 순서가 오지 않는다. 윗사람이 자리를 비우기도 하고, 다른 동료의 보고서도 줄줄이 대기하고 있다. 일명 '보고 병목현상'이다. 기다림 끝에 보고 기회를 다시 잡았는데 뭔가 찜찜하다. 그 사이에 윗사람의 생각이 바뀐 것이다. 재보고 타이밍이 길어질수록 이런 일이 자주 발생한다. 윗사람이 이전에 자기가 했던 말을 잊어버린 결과다. "전에 하신 말씀과 다른데요?"라고 대놓고 말할 수도 없으니, 끙끙 앓으며 보고서를 다시 수정하는 수밖에 없다.

이런 과정을 반복하면서 보고서의 버전이 계속 올라간다. v1, v2, v3……. 버전이 늘어날수록 버전별로 모아 보고서를 관리하는 새로운 문서 폴더가 필요해진다. 문서 하나가 폴더로 바뀌는 신기한 현상이 펼쳐진다. 게다가 버전이 차곡차곡 쌓일수록 일은 뒤죽박죽 꼬여만 간다. 김빠진 맥주처럼 긴박감도 사라지고 일이 밍밍해진다. 진짜 황당하고 허무한 것은, 최종 의사결정이 돌고 돌아 첫 번째 버전으로 결정될 때다.

그래도 결재라도 받았으니 어딘가? 그렇게 생각했다면 오산이다. 끝날 때까지 끝난 게 아니다. 그저 1차 보고가 끝났을 뿐이다. 팀장님 보고가 끝났으니 이제는 상무님 보고를 준비해야 한다. 이 역시도 한 번에 통과는 그저 희망사항일 뿐이다. 이 과정에서 또 미치고 환장하는 일은 팀장님 생각과 상무님 생각이 다를 때가 많다는 것이다. 정말로 곤란해진다. 상무님 생각을 따르자니 팀장님이 서운해 하실 거고, 팀장님 생각을 따르자니 상무님이 괘씸하게 생각할 것 아닌가! 두 분의 생각을 동시에 만족할 수 있는 묘안을 찾아야 한다. 이 과정에서 일의 성패를 결정하는 고객의 니즈는 완전히 아웃이다.

진을 빼는 보고 과정은 직원들의 의욕을 완전히 꺾어버린다. 보고 과정이 너무도 지난해서 그저 결재 하나 받았을 뿐인데 마치 일이 다 끝난 것 같은 착각에 빠진다. 본격적인 일은 아직 시작도 안 했는데 말이다.

보고서 작성에 드는 시간과 노력을 따져보면 모르긴 해도 우리나라가 전 세계에서 최고 수준일 것이다. 언젠가 "회사에서 인정받으려면 렘브란트가 되어야 한다"는 말을 들은 적이 있다. 보기 좋은 떡이 먹기에도 좋다고, 렘브란트처럼 빛과 그림자를 활용하여 예쁘고 화려한 보고서를 만들 수 있어야 윗사람 눈에 쉽게 들 수 있다는 것이다. 하지만 "보고서 잘 쓰는 사람이 세상을 바꾼다"는 말은 들어본 적이 없다. 빠르게 변하는 세상에서 요구되는 것은 고감도의 촉과 날쌘 순발력뿐이다. 보고에 지나친 시간과 공을 들이는 조직은 전망이 없다. OECD 국가 가운데 노동생산성이 가장 떨어지는 나라가 우리나라라고 하는데, 아마도 보고서 때문이 아닐까 싶다.

계획 5퍼센트,
실행 95퍼센트

보고서 작성이 많은 곳은 탁상공론 조직일 수밖에 없다. 고객과 만날 시간이 절대적으로 부족해지기 때문이다. 세계적인 경영 구루인 톰 피터스Tom Peters는 혁명이 일어나는 요즘 같은 세상에서 일이 성공하려면 '계획 5퍼센트, 실행 95퍼센트' 구조여야 한다고 한다. 이유는 하나다. 계획을 세워봐야 경영 환경 변화 속도가 너무 빨라 계획대로 진행되는 일이 없기 때문이다. 그렇기에 계획에 투입하는 시간을 최소화하고 실행 시간을 최대한 확보해야 한다. 그는 또한 '준비Ready-조준Aim-발사Fire'의 전통적 일처리 패러다임에서 벗어나 '준비Ready-발사Fire-조준Aim'의 새로운 일처리 패러다임을 가져야 한다고 강조한다. 이것저것 해보면서 옳은 길을 찾아가는 접근이 더욱 적합한 방식이라는 것이다.

"누구나 그럴듯한 계획이 있다. 한 대 처맞기 전까지는⋯⋯.

Everyone has a plan, until they get punched in the mouth."

세계적인 복서 마이크 타이슨이 한 말이다. 계획대로 되는 세상이 아니다. 페이퍼 전략은 페이퍼 상에서만 통하는 전략이다.

잘 만든 치밀한 계획이란 요즘 세상에 어울리지 않는 말이다. 절대 그런 것을 직원들에게 강요해서는 안 된다. 계획은 세상의 변화가 심하지 않고 눈에 뭔가 확실히 보이는 상황에서나 필요한 것이다. 잘 생각해보라! 지금까지 해온 일들 가운데 계획대로 일이 착착 진행된 경우가 과연 몇이나 있었는지를……. 오늘날의 경영 환경은 슈퍼컴퓨터도 예상하지 못하는 변덕스러운 날씨와 같다.

그렇다고 계획 없이 일을 추진하라는 말은 아니다. 계획은 필요하지만, 계획에 지나친 시간과 공을 투입해서는 안 된다는 것이다. 계획하는 시간이 길수록 실행력이 떨어지고, 실행력이 떨어지면 타이밍을 놓쳐 결과는 당연히 안 좋을 수밖에 없다. 게다가 직원들의 직무 만족도와 삶의 질도 함께 떨어지게 된다.

'계획 5퍼센트, 실행 95퍼센트'가 가능해지려면, 리더는 과감히 기존의 관행을 바꿔야 한다. 자리에 앉아 직원들이 작성해온 보고서를 보며 잔소리나 늘어놓는 구시대적인 관행 말이다. 논의할 것은 보고서 작성 이전에 이미 끝나 있어야 한다. 어떤 보고서가 작성됐다는 것은 이미 합의가 끝났음을 의미하는 것이어야 한다. 또한, 모든 보고는 ver.1으로 끝내야 한다.

요즘은 보고서를 의도적으로 줄이려는 회사가 점점 늘어나고 있다. 심지어는 아예 보고서 자체를 추방해버린 회사도 있다. 회사에서 보고서 자체를 없애버렸다는 CEO에게 그 이유를 물은 적이 있다. 그의 답변은 이랬다.

"우리는 어차피 함께 토론해서 의사결정을 합니다. 그런데 그걸 굳이 문서로 만들 이유가 있나요?"

나는 그의 이야기를 통해 보고서에 대한 명확한 입장을 정리할 수 있었다. 보고서는 불신의 표상이다. 계약서처럼 말이다. 계약서는 문제가 생길지 모르니 쌍방의 합의사항을 문서라는 증거로 남기자는 것 아닌가? 같은 논리로, 윗사람이 아랫사람을 믿지 못하니 계약서처럼 문서를 요구하는 것이다. 당신은 어떤가? 직원을 믿는가? 믿는다면 더 이상 보고서를 요구하지 말라.

실행 중심의 업무 패러다임,
애자일(Agile)

근래 들어 기업 현장에서 애자일Agile이라는 경영 용어가 유행하고 있다. 애자일 도입을 선언하는 기업이 우후죽순으로 늘고 있고, 저마다 다양한 애자일 기법들을 배워 일터에 적용하느라 애쓴다. 그러나 노파심에서 말하는데, 애자일을 경영 기법으로 받아들인다면 곤란한 문제가 많이 발생할 것이다.

무엇보다 회사마다 사업 특성과 업무 수행 환경이 다르기 때문이다. 다른 회사에서 성공한 기법이 우리 회사에 잘 맞으리라는 보장은 없다. 도입 과정에서의 엄청난 시행착오와 이로 인한 직원들의 스트레스로 오히려 애자일에 대한 반감만 커져버릴 가능성이 높다. 그렇게 되면 "이건 우리에게 맞는 방식이 아냐!"라면서, 여타 다른 경영 기법이 그랬듯이 한때의 유행으로 사라져버릴 것이다.

애자일이 성공하려면 이를 경영 기법이 아닌 경영 철학으로 받아들여야 한다. 단순히 일을 빠르게 하자는 스피디Speedy가 아니다. 일을 빠르게만 수행하려고 한다면 부실과 하자만 잔뜩 떠안게 될 것이다.

애자일은 '신속하게 그리고 똑똑하게Speedy & Smart'라고 해석하는 것이 맞다. 신속한 것도 좋지만 애자일에서 진짜 중요한 것은 '똑똑하게' 일하는 것이다. 애자일하게 일하기를 원한다면 다음의 세 가지만 기억하면 된다.

첫째, 고객의 참여다. 사실 애자일은 고객의 참여가 전부라고 해도 과언이 아니다. 과거에는 고객의 참여가 상품/서비스 개발 초기에 이뤄졌다면, 이제는 처음부터 끝까지, 개발 전 과정에서 이뤄져야 한다는 것이다. 왜냐하면 세상의 변화가 너무 빨라져 초기에 조사한 고객 니즈가 상품/서비스 최종 완성을 앞둔 시점에는 이미 시대에 뒤떨어진 것이 되기 십상이기 때문이다.

둘째, 신속한 프로토타입Prototype 개발과 빠른 실패다. 신속한 프로토타입을 개발해야 하는 이유는 무엇보다 고객의 피드백을 빠르게 받을 수 있기 때문이다. 프로토타입, 즉 시제품을 보여주면 고객은 보다 효과적으로 자신이 원하는 것과 원하지 않는 것을 판단할 수 있다. 애자일은 상품/서비스의 개발 과정에서 발생할 수 있는 모든 실패를 미리 경험하자는 의미이기도 하다. 다만, 여기서의 실패는 개발 과정에서 경험하는 작은 실패이자 동시에 성공의 길을 찾는 실패다. 그렇기에 충분히 그리고 기꺼이 감내할 만한 것이다.

셋째, 회고Retrospective다. 회고는 고객 피드백을 바탕으로 해왔던 일을 돌아보고, 보다 나은 상품/서비스 개발을 위한 아이디어를 찾는 과정이다.

이처럼 애자일은 고객의 참여, 신속한 프로토타입 개발과 빠른 실패 그리고 회고의 사이클을 반복Iteration하는 과정으로 이뤄진다. 그리고 이러한 과정을 거치면 고객으로부터 사랑받는 상품/서비스가 탄생할 가능성이 높아질 것이다.

애자일이 경영 현장에서 뜨는 이유는 다른 게 없다. 그간의 '심사숙고'로 대변되는 계획 중심이 아닌 '현장 고객과의 소통'에 초점을 맞춘 실행 중심의 업무 패러다임이기 때문이다.

25

진실 **착각**

"리더는 좀 엄격해야 한다"

착각 진실

"'엄근진'한 당신에게 직원들은 거짓말을 한다"

직원들이 마음 편히 다가올 수 있는 표정과 분위기를 가져라!

일할 맛 안 나는
한 주가 시작된다

　월요일 아침, 평소에도 편치 않은 당신의 표정이 오늘따라 더욱 굳어 있다. 뭔가 불편한 심기가 얼굴에 그대로 드러난다. 이내 곧 조직은 어둠의 그림자가 짙게 드리우고, 우울하면서도 숨 막히는 분위기에 휩싸인다. 마치《해리 포터》에 등장하는, 눈이 마주치면 즉사하는 바실리스크를 대하듯, 직원들은 멀찌감치 떨어져 조심스레 당신의 동정을 살핀다. 그리고 당신이 모르는 그들만의 비밀 공간에서 대책 회의를 한다.

　이윽고 당신은 회의를 소집한다. 조금 전까지만 해도 수다쟁이였던 직원들은 본색을 숨기고 입을 꼭 다문다. 회의에 참석한 이들의 목표는 딱 하나다. 당신과 눈을 마주치지 않는 것! 모두가 고개를 숙이고 당신의 눈치를 살핀다. 뭐가 못마땅한지 당신의 뭔 일 있어?

오늘 분위기 심상치 않은데?

큰일 났다! 이따 상무님께 보고할 거 있는데

오늘 같은 날은 일단 거르는 게 상책일 듯

왜 또 저러냐?

어제오늘 일도 아니잖아. 그냥 그러려니 해야지

주말에 집에 무슨 일이 있었나?

ㅋㅋㅋㅋㅋㅋ

한 마디 한 마디에는 모두 가시가 돋쳐 있다. 그럴수록 직원들은 오히려 반응이 없다. 업무 수첩에 뭔가를 열심히 받아 적는 척하지만, 뭔가 들여다보면 동그라미, 네모…… 그리고 그 안을 까맣게 칠하는 색칠 공부……. 이렇게 또다시 일할 맛도 나지 않는 새로운 한 주가 시작된다.

어떠한가? 혹시 낯익은 장면은 아닌가? 우리 조직은 안 그렇다고? 그렇다면 다행이다.

직원들을 '엑스(X) 이론' 관점에서 대하는 리더가 있다. 엑스 이론이란, 직원들은 의욕도 없고 일하기를 싫어하는 존재이므로 목표 달성을 위해서는 압박을 가해야 한다는 것이다. 이런 입장은 특정 상황에 한해 일정 부분 맞기도 하다. 여기서 '특정 상황'이란, 머리를 쓸 필요가 없는 단순반복적인 업무를 말한다.

인간의 내적 욕구를 심도 있게 다룬 다니엘 핑크Daniel Pink의 저서 《드라이브》(김주환 역/청림출판/2011.10)에는 업무의 두 종류가 소개되어 있다. 하나는 '연산적 업무'이고 다른 하나는 '발견적 업무'이다. 연산적 업무는 쉽게 말해 답이 정해져 있는 업무다. 반대로 발견적 업무는 정해진 답이 없는 인간의 사고와 창의력이 요구되는 업무를 뜻한다. 맥킨지컨설팅에 따르면, 20세기에는 연산적 업무가 많았으나 이후로는 발견적 업무의 비중이 압도적으로 늘어나고 있다. 하긴, 요즘 세상에 머리 쓰지 않고 할 수 있는 일이 몇이나 있겠는가?

대체로 압박은 직원들의 업무 생산성을 저해하는 악영향을 미친다. 우리의 뇌는 스트레스나 긴장 또는 압박 상황에서는 제대로 작동하지 않는다. 윗사람에게 보고하다가 한 소리 듣고 머릿속이 백지장처럼 하얘지면서 멍해지기만 했던 경험이 있을 것이다. 그런데 묘하게도 보고를 마치고 나오면 퍼뜩 아이디어가 떠오른다. "아! 이걸 왜 아까 생각하지 못했을까?" 하며 한탄한다. 긴장과 스트레스 상황에서 뇌가 멈춰 있다가 상황이 해제되면서 정상적으로 작동하게 되는 것이다.

두뇌는 이완되어 있을 때 최적으로 작동한다. 그러니 당신이 직원들을 어떤 식으로 대해야 할지는 굳이 언급하지 않아도 자명해진다. 싫은 소리를 해서 직원들을 억지로라도 움직이게 한다는 것은 사람에 대한 이해 부족에서 비롯되는 전형적인 착각이다.

직원들은 윗사람이 듣고 싶은 말만 하려는 경향이 있다

어느 연말이었다. 김 팀장은 몹시 속이 상한 듯 인상을 쓰며 줄 담배를 피우고 있다. 평소 특유의 카리스마로 매사 당당했던 김 팀장이었기에 뭔가 좋지 않은 일이 생겼음을 직감적으로 알 수 있었다.

"무슨 안 좋은 일이라도 있습니까?"

"이제까지 팀을 잘 경영해왔다고 생각했는데 지금 와서 보니 전혀 그렇지 않았습니다."

"팀장님답지 않게 왜 그러십니까?"

"얼마 전에 대형 사고가 터졌어요. 그런데 그 시초는 연초에 일어났던 아주 작은 사고였거든요. 내버려둔 게 화근이었죠."

"아니, 왜 그런 일을 내버려두셨죠?"

"몰랐던 거죠. 사고가 발생한 초기에 알았다면 별일도 아니었는데······."

"어떻게 그걸 팀장님이 모를 수가 있었죠?"

"담당 팀원이 자기 선에서 해결하려다 수습할 수 없는 지경에 이르게 됐어요."

"그 팀원은 왜 팀장님께 그걸 알리지 않았을까요?"

잠시 침묵이 흘렀다.

"저에게 혼날까봐 두려웠던 모양입니다."

직원들을 압박해 몰아세울 때 일어날 수 있는 최악의 상황은 무엇일까? 아마도 직원들의 거짓말일 것이다. 당신이 알아야 할 사실을 알리지 않거나, 문제가 있어도 제대로 보고하지 않는다. 그리고는 문제없다는 말만 입버릇처럼 반복한다.

업무 현장에서는 끊임없이 크고 작은 문제가 발생한다. 이는 자연적인 현상이다. 효과적인 조직은 문제가 발생할 때 발 빠르게 대응한다. 하지만 그렇지 못한 조직은 문제를 방치한다. 알고도 내버려두는 것이다. 직원이 무능하거나 책임감이 없어서가 아니다. 바로 리더로부터 한 소리 들을까봐 걱정돼서 그런 것이다. 특히 리더가 시쳇말로 '카리스마 쩌는' 사람이라면 더더욱 그렇다. 문제가 두려운 것이 아니라 리더로부터 한 소리 듣는 상황이 더 두려운 것이다.

직원들이 윗사람에게 가장 많이 하는 거짓말이 무엇인지 조사해본 적이 있다. 이때 가장 많이 나왔던 답변은 다음과 같았다.

"문제없습니다. 잘 돌아가고 있습니다."

만약 당신의 직원들이 당신에게 이 같은 말을 반복하고 있다면 대형 사고가 임박했다고 보면 된다. 문제가 없는 조직은 없다. 분명히 문제가 있는데 리더만 알고 있지 못할 뿐이다. 직원들은 '사실'이 아니라 '윗사람이 듣고 싶은 말'만 하려는 경향이 있다.

새로운 일을 추진할 때 일의 성공 확률은 불과 10퍼센트를 넘지 않는다고 한다. 잘되는 일은 별로 없고 늘 문제투성이일 수밖에 없다는 의미다. 이런 관점에서 세상에는 두 가지 유형의 조직이 존재한다. 문제가 발생했을 때 곧바로 파악하고 제때에 해결하는 기민한 조직 그리고 뒤늦게 파악하여 문제에 뒤통수 맞는 조직이다.

　　　　　　　CHAPTER 4

당신의 표정은
곧 조직의 표정이다

사람은 자신에게 영향력이 높은 사람의 표정을 닮는다. 아이가 성장하는 모습을 보면 쉽게 알 수 있다. 아이는 철저히 부모의 얼굴을 보면서 자신의 표정을 결정한다. 부모의 웃는 모습을 보면 따라 웃게 되고, 찡그린 표정을 보면 따라서 찡그린다. 그래서 부모의 표정이 밝으면 아이는 밝게 성장하고, 부모의 표정이 어두우면 아이는 어둡게 성장한다. 죽을 때까지 한 번도 직접 볼 수 없는 얼굴이 바로 자기 얼굴이기에, 우리는 더더욱 주변 사람의 표정에 영향을 받는지도 모른다. 내 주변 사람들의 표정이 내 표정이 되고, 내 표정이 주변 사람들의 표정이 되는 것이다.

이런 관점에서 리더인 당신은 자신의 표정에 깊은 관심을 가져야 한다. 당신의 표정이 곧 직원들의 표정이 되기 때문이다. 예를 들어, 당신이 인상을 쓰면 직원들도 인상 쓰게 될 가능성이 높다. 반대로 당신이 미소를 지으면 직원들 역시 자연스럽게 미소를 짓게 될 것이다. 일전에 어느 팀장이 별수를 다 써도 침체된 팀 분위기가 좀처럼 좋아지지 않는다고 푸념을 했다. 나는 그 팀장과 가까웠던 터라 무엇이 문제인지 매우 잘 알고 있었다. 잠시 고민을 하다가 조언을 해주었다.

"진정으로 팀 분위기를 바꿔보고 싶으세요? 그렇다면 팀장님의 표정부터 바꿔보시는 건 어떨까요?"

그 팀장은 늘 화난 듯한 표정이었고, 직원들은 팀장의 이런 분위기에 늘 주눅 들어 있는 상태였다.

다시 말하지만, 리더인 당신의 표정이 조직의 표정을 결정한다. 조직의 분위기를 자신감 넘치는 분위기로 바꾸어보고 싶다면 먼저 당신의 표정을 자신감 넘치는 표정으로 바꾸어야 한다.

몇 년 전부터 우리 사회에 유행하는 단어 중 '엄근진'이라는 말이 있다. 엄격, 근엄, 진지 세 단어를 줄여서 만든 신조어인데, 아마도 엄근진에 가장 많이 해당되는 사람은 조직의 리더가 아닐까 싶다. 대체로 조직에서 리더의 표정이 엄근진하기 때문이다. 엄근진이 문제가 되는 것은 엄근진하고 있으면 젊은 세대들이 잘 다가오지 않는다는 점이다. SNS 소통에 익숙한 젊은 세대는 대면 소통에 익숙지 않은 경우가 많은데, 특히 리더가 엄근진하다면 소통 자체가 불가능하다고 보면 된다. 엄근진을 버리고 직원들이 편하게 다가와 말을 건넬 수 있는 표정을 만들어라.

26

진실 **착각**

"내가 직접 챙겨야
업무 성과가 올라간다"

착각 **진실**

"마이크로 매니지먼트는
직원을 병든 병아리로 만든다"

간섭하지 말고 가슴 뛰는
프로젝트를 하게 하라!

직원이 리더에게
가장 듣고 싶은 말은?

한 회사의 주니어 직원들과 함께한 워크숍 자리에서 '리더에게 가장 듣고 싶은 말'이 무엇인지 물어보았다. 당연히 '칭찬'이나 '격려' 등과 같은 답이 나올 것이라고 예상했으나, 전혀 생각지도 못한 대답이 나왔다. 그리고 그 대답은 다른 참가자들의 열광적인 지지를 받았다. 그것은 '나 오늘 교육 간다'였다.

조직의 성패를 책임지는 당신은 모든 일을 손안에 쥐고 직접 챙기고 싶은 마음이 클 것이다. 그리고 이것이야 말로 리더의 책무를 다하는 길이라 믿을지도 모른다. 실로 숭고한 마음이다. 그러나 이로 인해 발생하는 부작용도 함께 알아야 한다. 리더의 지나친 책임의식은 종종 직원들의 사고와 행동의 폭을 제한할 수도 있다는 점이다.

3개월간의 장기 파견 교육에 참석 중인 어느 팀장을 만났다. 팀장이 팀을 3개월이나 비운다는 것이 이해가 되지 않았다. 그것도 교육을 받기 위해서 말이다. 걱정스러운 마음에 이렇게 팀을 오래 비워도 문제가 없느냐고 물었는데, 그는 잠시의 망설임도 없이 다음과 같이 말했다.

"전혀 문제없습니다. 첫 주에는 정말 정신없었어요. 교육 중에 팀원들한테서 어찌나 전화가 오던지……. 일은 일대로 신경 쓰이고, 교육에는 집중하지도 못하겠고, 죽도 밥도 안 되겠다 싶었지요. 그래서 앞으로는 전화하지 말라고, 물어보지 말고 알아서 하라고 했어요. 이번 기회에 소신 있게 일해보라고 말이죠. 그랬더니 세 가지가 좋아졌습니다. 먼저, 팀 분위기가 밝아졌습니다. 제가 없으니까 팀원들이 사무실에서 좀 더 편하게 행동한답니다. 저 있을 때는 회의 시간이면 주눅 들어서 아무 말도 하지 않던 친구들도 과감히 의견을 말한다고 하네요. 둘째, 일에 대한 팀원들의 책임감이 높아졌습니다. 지금까지는 대부분 제가 관여해 의사결정을 했는데, 이제 팀원들이 직접 의사결정을 해야 하니 자연스럽게 일에 대한 책임감이 높아진 겁니다. 일이 잘못되면 자신들이 책임져야 하는 상황이니까요. 팀장에 대한 의존도가 낮아지면서 실력도 느는 듯합니다. 마지막으로, 제 후임을 키우는 좋은 기회가 되고 있습니다. 제가 없으니 저를 대신해서 팀장 직무를 대행하는 파트장이 있는데, 리더십 실전 경험을 아주 제대로 하고 있어요. 아마 성과도 더 좋지 않을까 싶습니다."

나는 그의 말을 듣고 이제는 걱정 없이 교육에 참여해도 되겠다고 했다. 그러자 그는 농담 섞어 이렇게 말했다.

"사실 걱정되는 게 하나 있습니다. 이러다가 제 자리가 없어질 것 같아요."

마이크로 매니지먼트는
직원을 병든 병아리로 만든다

직원 세 명이 모여 회의를 하고 있다. 그중 두 사람은 서로 자신이 낸 아이디어가 옳다고 주장하며 치열하게 논쟁하고 있었다. 결국 결론을 내리지 못한 둘은 옆에서 묵묵히 지켜보던 나머지 한 명에게 의견을 물었다. 그러자 잠시 생각에 잠겼던 그는 부질없다는 표정으로 이렇게 말했다.

"쓸데없는 고민 그만하자. 어차피 팀장님이 다 결정할 텐데……"

'빨간펜 선생님' 같은 리더를 종종 볼 수 있다. 틀린 문제를

일일이 찾아 고쳐주는 선생님처럼 좁쌀만 한 일에도 그냥 넘어가는 법이 없는 리더다. 이러한 리더십 스타일을 '마이크로 매니지먼트Micro Management'라고 한다. 직원의 업무 하나하나에 실무자처럼, 때로는 실무자보다 더 꼼꼼히 살피고 자신의 생각을 더한다. 그렇게 할 수밖에 없는 나름의 이유가 있을 것이다. 여기서는 그 이유에 대해 따지고 싶지는 않다. 그러나 반드시 짚고 넘어가야 할 것이 있다. 리더의 마이크로 매니지먼트는 직원의 리더에 대한 의존도를 높임은 물론이고, 장기적으로는 직원을 무능력하고 무기력한 상태로 만들어버린다는 점이다.

"우리 팀장과 일하면 제가 병아리가 되는 것 같아요. 그것도 병든 병아리요."

마이크로 매니지먼트 리더와 일하는 직원들이 자주하는 말이다.

직원 입장에서는 처음에는 문제를 콕 집어내는 리더의 모습에 감탄하기도 한다. 자신도 모르는 점을 짚어주니 말이다. 그러나 이런 상황이 반복되면 직원은 점점 자신의 생각에 확신을 갖지 못하게 되고, 자신감을 잃어버리고 만다. 그리고 어느 순간부터는 일할 때 고민을 많이 하지 않는다. 어차피 자신의 의견이 반영되지 않을 테고, 윗사람이 정해줄 게 뻔한데 굳이 쓸데없는 고생을 할 필요가 없다는 것이다. 그러니 자연스럽게 일에 대한 책임감도 줄어든다. 오로지 리더의 생각대로 하는 일이기에 자신이 아닌 리더의 일이라고 보는 것이다.

내가 회사에서 동료 직원들을 대상으로 강의를 하던 시절의 이야기다. 당시 나는 강의에 한창 재미를 붙인 상태였다. 그러던 어느 날, 팀장으로부터 강의 피드백을 받게 됐다. 그는 내 강의에서 고쳐야 할 점들을 A4 용지로 한가득 적어주었다. 그걸 받고서 마음이 편치 않았던 것으로 보아 칭찬은 거의 없었던 것으로 기억한다. 그 이후, 나는 오랫동안 슬럼프에서 벗어나지 못했다. 특히 강의를 팀장이 지켜보기라도 하면 식은땀이 흘렀다. 피드백이 약이 아니라 독이 되고 만 것이다. 경영의 아버지라 불리는 피터 드러커는 리더가 하는 소위 매니지먼트 활동의 90퍼센트 이상은 직원들에게 도움이 되기는커녕 오히려 일을 더 어렵게 만든다고 했다. 한 프로야구 코치가 말하기를, 자신은 절대로 프로선수에게 먼저 다가가 코칭을 하지 않는다고 했다. 그렇게 해봐야 자존심 강한 프로 선수가 받아들일 리도 없고, 자신의 피드백이 선수에게 도움이 된다는 보장도 없기 때문이다. 평소 그가 하는 일은 선수를 늘 따라 다니며 유심히 지켜보는 일이라고 한다. 피드백은 선수가 찾아와 물어볼 경우에만 제공한다는 것이다.

뭔가 하고 싶은 말이 있을 때는 일단 답답함과 싸워야 한다. 가장 이상적인 그림은 직원 스스로가 일의 문제점을 깨닫고 자기 입으로 이야기하는 것이다. 이때 필요한 것이 질문이다. 적절한 질문을 통해 직원 스스로 답을 찾을 수 있도록 도와줘야 한다. 같은 의견이라면 당신보다는 직원의 입을 통해 나올 때가 훨씬 가치가 높다. 혹시 어떤 질문을 해야 할지 잘 모르겠다면 다음 질문을 활용해보기 바란다.

"혹시 요즘 가장 안 풀리는 문제가 있다면 무엇인지 이야기해줄 수 있나요?"

만약 직원이 문제를 정확히 파악하지 못한다면 좀 더 구체적으로 질문해보자.

"제가 보기에는 이런 문제가 있어 보이는데, 어떻게 생각해요?"

이런 과정을 통해 직원 스스로 문제를 잘 이해하고 있다는 판단이 서면 다음의 질문으로 직원의 아이디어를 구하자.

"그 문제를 어떤 방식으로 해결하면 좋을까요?"

이렇듯 질문을 통해 직원 스스로 문제를 인식하고 답을 찾아낼 수 있도록 하는 것이 당신의 역할이다.

관심과
간섭의 차이

혹시 어린 시절 이런 경험이 없는지 한번 생각해보자. 하루 종일 밖에서 놀다가 너무 놀았다 싶다. 이제 그만 놀고 시험공부를 해야겠다고 마음먹으며 집에 들어선다. 그런데 그 순간, 엄마가 야단을 친다. "너 하루 종일 뭐 하다 지금 오는 거야? 시험이 코앞인데 정신이 있는 거니 없는 거니?" 아이의 입장에서 보면 이 상황에서 어떤 생각이 들까?

일하다 보면 간혹 머릿속에 멋진 아이디어가 떠오를 때가 있다. 스스로도 너무 마음에 들어 뭔가 멋진 작품을 만들고 싶은 의욕이 솟구친다. 그런데 의외의 복병을 만나게 된다. 바로 윗사람이다. 그냥 내버려두면 잘할 텐데 자꾸만 콩 놔라 팥 놔라 식으로 간섭하고 챙긴다. 상황이 이렇다면 어떤 마음이 들까? 괜한 짓을 했다는 생각이 들 것이다. 다시 무르고 싶은 마음도 생길지 모른다. 그리고 다시는 이 같은 짓을 하지 않겠다고 결심할 것이다.

어떤 일에 대한 몰입은 대개 내면의 자발적인 동기에서 비롯된다. 줄여서 '내적 동기'라고 한다. 어떤 일에 의욕적으로 덤비는 직원을 본 적이 있는가? 리더로서 그런 직원을 만나는 것은 큰 행운이다. 결코 흔하게 생기는 일이 아니다. 이런 상황에서 유의할 것은 의욕에 초 치는 일을 해서는 안 된다는 점이다. 그것은 바로 당신의 간섭이다. 리더의 간섭과 직원의 의욕은 반비례 관계에 있다고 보면 된다. 특히 역량이 뛰어난 직원일수록 더더욱 그렇다.

그런데 여기서 놓쳐서는 안 되는 유의점이 하나 있다. 그것은 간섭을 관심으로 착각하는 일이다. 이 세상에 자신의 행동을 간섭이라고 생각하는 리더가 있을까? 간섭이 아니라 관심이라고 여길 것이다. 리더의 입장에서는 관심이지만 직원의 입장에서는 간섭이 되는 딜레마 상황이다. 이럴 경우 리더가 관심을 보이면 보일수록 직원은 괴로워질 수밖에 없다. 우선 관심과 간섭의 차이를 명확히 이해해야 한다. 관심인지 또는 간섭인지 알려면 의사결정의 권한이 누구에게 있느냐를 따져보면 된다. 직원이 확실한 의사결정의 권한을 가지고 있다면 일에 관여하는 리더의 행동은 관심이 된다. 하지만 직원의 일에 리더가 어떤 형태로든 의사결정의 영향력을 행사하려고 한다면 이는 간섭이 되는 것이다. 당신은 평소 직원에게 의사결정의 권한을 주고 있는가?

노자는 훌륭한 임금이란 아랫사람이 큰일을 할 수 있도록 동기를 부여하는 사람이라고 했다. 그리고 임무를 완성했을 때 아랫사람이 '마침내 우리가 이 일을 해냈어!'라고 자랑스럽게 말할 수 있도록 하는 사람이라고 했다. 간섭이 아닌 관심을 보일 때 이

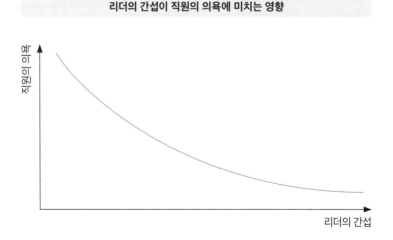

리더의 간섭이 직원의 의욕에 미치는 영향

세로축: 직원의 의욕

가로축: 리더의 간섭

같은 모습이 가능할 것이다.

일이 아닌
프로젝트를 맡겨라!

"완전 X밟았구만!"

어떤 일을 맡게 됐을 때 직원들이 자주 하는 말이다. 시작부터 X라고 생각하는 일이 잘될 리가 없다. 일에 대한 기대감이 완전 바닥 수준이기 때문이다. 리더는 직원이 어떤 일에 착수할 때면 무엇보다 일에 대한 기대감을 높여야 한다. 그리고 일에 대한 기대감은 대개 리더가 직원에게 업무 소통을 하는 순간에 결정된다.

의외로 많은 리더가 자신의 실무자 시절을 기억하지 못하는 듯하다. 예전 선배들이 그랬듯이 업무 소통을 너무 무성의하게 하곤 한다. "언제까지 해 오세요"라는 식으로 일을 툭 내던지는 것이다. 그리고는 더 이상 이야기하고 싶어 하지도 않는다. '이 정도 일은 말하지 않아도 알아서 해야 하는 거 아냐?'라는 분위기를 풍기면서 말이다. 직원 입장에서는 궁금한 점이 있어도 물어볼 수도 없고, 뭘 어떻게 할지 모르는 막연한 상태로 업무를 떠맡게 된다. X밟았다는 말이 절로 나올 수밖에 없다.

일에 대한 기대감을 높이려면 업무 소통 상황에서 좀 더 성의 있는 모습을 보여야 할 것이다. 이를 위해 일과 관련해 직원과 다음의 세 가지에 대해서는 반드시 소통해야 한다.

첫째, 일의 목적과 목표다. 일의 목적은 일을 반드시 해야 하는 이유를 말한다. 좀 더 구체적으로 말해, 누가 고객이고, 고객이 무엇을 필요로 하는지에 대한 이야기다. 일의 목표는 고객 입장에서 그 일이 잘 끝났을 때 기대하는 구체적인 이미지를 말한다. 여기서 '이미지'라고 한 이유는 머릿속에 그림으로 그려질 정도로 구체적이어야 하기 때문이다. 목적과 목표는 일의 시작이다. 비유하자면 운전할 때 내비게이션에 목적지를 입력하는 것과 같다. 회사에서 중요한 일은 모두 '프로젝트'라는 이름으로 시행된다. 같은 일이라도 프로젝트라고 하면 뭔가 있어 보인다. 기왕 하는 일이라면 프로젝트라는 타이틀을 달 수 있는 일이 더 좋을 것이다. 일의 목적과 목표가 명확한 일은 프로젝트라는 이름을 붙여도 전혀 손색이 없다.

둘째, 일과 담당 직원 간의 연관성이다. 직원 입장에서는 제아무리 중요한 일이라도 자신과 연관이 없는 것이라는 판단이 들면 거부감부터 갖게 된다. "이 일을 왜 제가 해야 되죠? 제 일이 아닌 것 같은데요?"라는 식으로 선을 긋기도 한다. 특히 요즘 주니어 세대들은 '선'을 중요하게 생각한다. 자신이 해야 할 일의 선을 긋고 그것을 벗어나는 일은 자기 일이 아니라고 본다. 리더 입장에서는 곤혹스럽고 한편으로는 괘씸할 수도 있다. 회사 일에 네 일과 내 일이 어디 있단 말인가? 하지만 직원의 입장도 무시할 수 없다. 그러니 일을 부여할 때는 왜 그 사람이 해야 하는지 논리를 가지고 있어야 한다.

"김 과장이 요즘 바쁜 거 알지? 그래서 그러는데, 최 대리가 맡아주면 좋겠어."

이런 것이 최악의 논리다. 과거 선배 리더들은 이런 말을 자주 사용했다. 최 대리 입장에서는 의욕은커녕 기분만 잡치는 업무 지시가 아닐 수 없다. 그렇다면 다음과 같은 논리는 어떨까?

"내가 최 대리를 오랫동안 봐왔는데, 최 대리는 아이디어가 참 많은 사람이야. 이 일은 특히 아이디어가 많이 필요한 일이라서, 우리 팀에서는 누구보다도 최 대리가 가장 잘 해낼 수 있는 일이라고 생각해. 그러니 최 대리가 맡아주면 좋겠네. 혹시 일하다가 어려운 점이 있으면 내가 도와줄 테니까."

일의 실행 주체는 직원이다. 직원이 열심히 일하면 일이 잘될 것이고, 대충 하면 잘 안 될 것이다. 따라서 업무를 부여할 때면 항상 그 일을 수행하는 직원의 마음과 입장을 헤아려야 한다.

셋째, 일에서 얻을 수 있는 혜택이다. 좀 더 자세히 말하자면, 일을 맡은 직원이 그 일을 통해 무엇을 배울 수 있을지에 대한 이야기다. 직원의 네 가지 욕구 중 '성장의 욕구'가 있음을 이미 앞에서 언급한 바 있다. 과거에는 회사에서 임원이나 사장이 되겠다는 포부를 가진 직원이 많았다면, 요즘에는 전문가가 되겠다는 직원의 비율이 압도적으로 높게 나타난다. 경력에서 전문가로 성장하는 것이 가장 안전한 길임을 잘 알고 있기 때문이다. 이제 직원들은 자신의 경력과 성장에 도움이 되지 않는 일에는 더 이상 관심을 두지 않는다. 반면 아무리 고단한 일이라도 그 일을 통해 배우는 게 많고 경력에도 도움이 된다는 확신이 서면 기꺼이 뛰어든다.

모든 일에는 그 일을 잘 해내는 데 필요한 역량이 있다. 일을 맡길 때 일 자체에 대해서만 이야기하는 것은 너무 좁은 시각이다. 그 일과 관련된 역량의 개발 기회까지 함께 제공하는 것이어야 한다. 담당 직원과 성공적인 업무 수행을 위해 필요한 역량을 함께 짚어보고, 해당 역량을 어떤 식으로 개발할 수 있을지 상의해보자. 일을 맡는 직원 입장에서도 일에 대해 보다 적극적인 마음이 생길 것이다.

27

진실 **착각**

> "회사 일은
> 사무실에서 하는 것이다"

~~착각~~ **진실**

> "사무실에서 하는 일을
> 다른 말로 탁상공론이라고 한다"

**디지털 혁명 시대에 걸맞은
'WFA 리더십'을 발휘하라!**

"다들 일 안 하고
어디 간 거야?"

회사 실무자 시절, 지방 출장을 가야 할 일이
생겼다. 통화만으로는 고객의 정확한 니즈를 파악하기 어려워 고
객을 직접 만나 의견을 들어보고 싶었다. 팀장님께 출장을 다녀
오겠다고 보고했다. 그러자 꼭 출장을 가야 하는 일이냐고 물었
다. 사실 출장이란 게 반드시 가야 하는 이유가 있는 것은 아니다.
가면 더 좋은 거고 안 간다고 해서 당장 큰 문제가 생기는 것은
아니니까. 그래서 머뭇거리고 있었더니 팀장님은 이렇게 말했다.

"웬만하면 어디 가지 말고 사무실에 있어. 이따 본부장님이
오실지도 모르거든."

당시 나의 팀장에게는 고객보다 본부장이 더 중요했던 모양
이다. 확실하게 고객을 만나게 될 출장보다 올지 안 올지도 모르

는 본부장을 기약 없이 기다리며 사무실을 지키는 것이 훨씬 더 중요했던 것이다.

사무실이 텅 비어 있으면 왠지 불안해하는 리더가 많다. 심지어 직원이 어디 가서 딴짓하는 건 아닌지 의심하기도 한다. 그런 리더가 많아서인지 직원들 역시 사무실을 비우는 것을 터부시하는 경향이 있다. 자리를 지키지 않으면 왠지 일 안 하는 사람으로 찍힐 것만 같은 걱정이 앞선다.

사무실은 용어 그대로 '일하는 공간'이라는 인식이 뿌리 깊게 자리 잡고 있다. 그래서 일은 사무실에서만 해야 하는 것으로 생각하기 쉽다. 하지만 좀 따져 보자. 사무실이 과연 일을 잘할 수 있는 공간인지 말이다. 이를 알아보기 위해서는 먼저 사무실에서 주로 어떤 활동이 이뤄지는지를 따져 볼 필요가 있다.

★★★ 사무실에서 주로 이뤄지는 일 ★★★

- 전화를 걸거나 받는다.
- 보고서를 작성한다.
- 아이디어를 생산한다.
- 회의를 한다.
- 찾아오는 방문객을 만난다.

사무실에서 주로 이뤄지는 일은 대체로 앞의 표에 정리된 다섯 가지다.

그런데 이 다섯 가지 일들이 꼭 사무실에서만 해야 하는 것들일까? 사무실이 아닌 다른 곳에서는 절대로 할 수 없는 일들일까? 하나씩 살펴보자.

첫째, 우리는 사무실에서 전화를 걸거나 받는다. 고객, 거래처, 유관 부서 등과 전화로 소통한다. 그런데 요즘이 어떤 세상인가? 모바일 세상이 아닌가? 몸이 어디에 있든 전혀 상관없는 세상이다. 군이 사무실에 앉아서 통화해야 할 이유가 없다.

둘째, 우리는 사무실에서 보고서를 작성한다. 사무실 풍경을 떠올리면 가장 먼저 떠오르는 이미지일 것이다. 그러나 이 모습이 과연 정상적인 모습인지 생각해볼 필요가 있다. 보고서의 비효율성에 대해서는 이미 앞에서 지적한 바 있다. 보고서가 많다는 것은 고객과의 소통이 부족하다는 것이고, 동시에 실행력이 약하다는 것이다.

셋째, 우리는 사무실에서 아이디어를 생산한다. 하지만 정말 그럴까? 이는 완전한 착각이다. 많은 사람들에게 아이디어가 언제, 어떤 상황에서 떠오르는지를 물었다. 그들은 대답은 다음과 같았다.

화장실에서, 자려고 누웠을 때, 대화할 때, 멍때리고 있을 때,

샤워할 때, 산책할 때, 책 읽을 때, 기타 등등

이 답변들을 통해 한 가지 공통점을 발견할 수 있다. 아이디어는 사무실이 아니라 사무실 밖에서 나온다는 것이다. 같은 질문에서, 나는 단 한 번도 "사무실에서 아이디어가 떠오른다"는 답변을 들어본 적이 없다. 아이디어는 심신이 편안하고 이완된 상태에서 나온다. 하지만 사무실은 어떤가? 눈치 봐야 할 사람도 많고, 안테나를 높이 세우고 있어야 하는 곳이다. 세계적인 가정용품 제조업체인 P&G는 2000년까지 정체된 매출성장률로 어려움을 겪고 있었다. 당시 새롭게 취임한 래플리 회장은 위기의 원인을 고객의 목소리를 듣지 않기 때문이라고 분석했다. 그간의 상품은 거의 연구소에서 개발됐는데, 대부분 고객이 아닌 연구진의 머릿속에서 나온 것들이었다. 래플리 회장은 이러한 관행을 깨기 위해 연구진들이 현장에 직접 나가 고객을 관찰하도록 했다. 그렇게 고객의 불편을 찾아내 상품 개발에 반영하게 한 것이다. 그러자 P&G의 신제품 성공 확률은 기존의 35퍼센트에서 무려 75퍼센트까지 올라가게 됐다. 그 결과, P&G는 이후 해마다 8퍼센트라는 경이적인 매출성장률을 올리고 있다. 아이디어는 사무실이 아니라 고객이 있는 현장에서 나온다는 증거다.

넷째, 우리는 사무실에서 회의를 한다. 경영 활동에서 회의는 매우 중요하다. 그런데 이제는 회의를 꼭 사무실에서 해야 할 이유가 없다. 재택근무가 활성화되고 ICT 기술이 발전하면서 온라인 비대면 회의가 대세로 자리 잡고 있다. 서로 다른 곳에 있어도 얼마든지 마치 한 공간에 모인 듯이 회의를 할 수 있는 세상이다. 사실 '비대면'이라는 이름 자체가 적절하지 않다. 오히려 비대면 방식이 더욱 대면 방식에 가깝다. 얼굴을 직접 보면서 회의할 수 있지 않은가? 또한, 젊은 직원들은 비대면 회의 방식을 훨씬 더 선호하는 경향이 있다. 권위나 격식 같은 것들이 전혀 느껴지지 않기 때문이다. 온라인 세상에서는 모두가 평등하다. 회사에서 행사를 하나 하려고 하면 오프라인에서는 이것저것 챙겨야 할 게 많다. 특히 윗분들이 참석하는 자리는 더더욱 그렇다. 하지만 이제는 링크 하나만 걸어 보내주면 끝이다. 리더를 특별하게 보이게 만드는 일 따위는 할 수도 없고, 할 필요도 없다.

온라인 회의가 아니라도 딱딱하고 삭막한 사무실을 떠나 카페에서 회의하는 모습을 요즘은 쉽게 볼 수 있다. 회의 장소로 카페를 선호하는 이유는 별다른 게 없다. 그만큼 소통의 효과가 높기 때문이다.

다섯째, 우리는 방문객을 만나는 장소로 사무실을 활용한다. 나는 고객과의 미팅이 있을 때 아무리 바빠도 고객이 있는 곳으로 찾아간다. 고객이 있는 현장에서 회의를 하면 고객의 니즈를 보다 잘 파악할 수 있기 때문이다. 대체로 일을 똑 부러지게 잘하는 직원은 발품을 마다하지 않는다. 만나야 할 사람이 있으면 찾아오게 하지 않고 찾아가는 정성을 보인다. "언제 시간되세요? 회사로 들어오세요"라고 말하는 사람은 대체로 일을 못하는 사람이다. 누군가를 찾아오게 한다는 것은 일을 편하게 한다는 의미이자 갑의 입장에서 일한다는 의미이기도 하다. 갑의 입장에서 편하게 일하는 방식에 익숙해지면 스스로의 발전에도 결코 좋지 않다.

'**WFA 리더십**'을
발휘하라!

사무실에서 꼭 해야 한다고 믿어왔던 대부분의 일들을 이제는 사무실 밖에서도 너끈히 할 수 있는 세상이 됐다. 한마디로 사무실에 대한 패러다임이 바뀐 것이다. 정해진 공간이 아니라 직원이 있는 곳이 곧 사무실이라 할 수 있다. 집에 머물러 있어도 일을 하고 있다면 집이 곧 사무실이 된다. 고객이 있는 현장은 말할 것도 없다.

요즘 'WFA_{Work From Anywhere}'를 선언하는 기업들이 속속 생겨나고 있다. WFA는 한마디로 '디지털 노마드 환경 속에서의 새로운 업무 수행 패러다임'으로, 우리말로는 '어디서든 일한다'로 정의할 수 있다. 좀 더 구체적으로 말하자면, 직원 스스로 업무 시간을 정하고, 재택이나 거점 오피스에서 일하며, 필요할 때면 언제든지 접속하여 소통하고 협업을 한다. 같은 시간대에 같은 공간에서 모여 일하던 기존의 사무실 중심 업무 수행과는 정반대의 방식이라 하겠다.

WFA를 선도적으로 도입한 회사의 팀장으로부터 들은 이야기다. WFA를 도입한 후, 무엇보다 직원 개개인의 역량과 열정에 대한 이해도가 높아졌다고 한다. 각 직원의 업무 수행 과정 전반을 들여다볼 수 있으니 누가 일을 잘하고 못하는지를 선명하게 알 수 있게 됐다는 것이다. 그 결과로 인사평가가 이전보다 훨씬 더 쉬워졌다고 한다. 사무실에 함께 모여 일할 때는 다들 뭔가를 붙들고 있기 때문에 모두 열심히 일하는 것처럼 보인다. 공정하게 평가한다고는 하지만, 일의 결과와 상관없이 리더의 눈에 자주 띄거나 리더와 자주 만나는 사람이 인사평가를 잘 받을 가능성이 높다. 하지만 WFA 환경에서는 이런 문제가 없다. 누군가의 성과에 묻어가기도 어렵고, 없는 성과를 포장하기도 어렵다. 일을 하면 한 대로, 안 하면 안 한 대로 적나라하게 드러날 수밖에 없는 구조다. 한마디로 조직에서 진짜 전문가가 누구인지, 누가 조직에 가장 기여하는 사람인지를 WFA가 알려주는 것이다. 또한, WFA로 인해서 주니어 직원들의 회사 및 직무 만족도가 급격하게 올라갔다고 한다. 디지털 네이티브 세대인 주니어 직원들에게 WFA는 이미 익숙한 삶의 방식인 것이다. 더욱이 조직 전체의 성과 측면에서도 전혀 문제가 없다고 한다.

국내의 한 IT기업에서는 '집, 회사가 아닌 다른 지역에서 한 달 일해보기'라는 파격적인 WFA 프로그램을 도입했다. 원격 근무를 하는 대부분의 직원들이 여행지를 포함하여 어디서든 장기간 체류하며 업무를 볼 수 있도록 하는 프로그램이다. 예를 들면, '제주에서 한 달 살기'를 하면서 일을 할 수 있는 것이다. 이때 발생하는 숙박비의 상당 부분은 회사가 지원한다.

상상 속에서나 가능했던 일이 현실이 되어가고 있다. 예상컨대, 앞으로 기업 현장에서는 이와 같은 파격적인 WFA 프로그램이 지속적으로 생겨날 것이다.

WFA가 가능해진 이유는 무엇보다 개인이 독립적으로 할 수 있는 일들이 많아졌기 때문이다. ICT 기술의 발전으로 예전에는 여럿이 했던 일이 이제는 혼자 힘으로도 너끈히 가능해진 것이다. 흐름은 거역할 수 없다. WFA는 무서운 속도로 전문가 중심의 조직 사회를 구현할 것이다. 동시에 유능한 젊은 인재를 유치하는 핵심 조건으로 자리 잡을 것이 분명하다. WFA를 멀리할수록 조직 경쟁력이 약화될 수밖에 없을 것이다.

리더인 당신은 이제 직원들이 사무실을 비우면 불안해할 것이 아니라 사무실에 남아 PC나 들여다보고 있는 상황을 더 걱정해야 한다. 이는 직원들이 일을 안 하거나 요즘 세상과 동떨어진 방식으로 일하고 있다는 방증이기 때문이다. 사무실에 머무는 직원이 있다면 사무실 밖으로 내쫓아라. 그리고 당신 또한 사무실

밖으로 나가야 한다. 직원들은 리더가 머무는 곳에 머무르려는 경향이 있기 때문이다.

이제 리더는 직원들이 보다 효과적으로 WFA를 할 수 있도록 조직 특성에 맞는 WFA 모델을 만들어야 한다. 다시 말해, WFA의 질을 높일 방법을 지속적으로 연구해야 한다. WFA를 도입한다고 해서 다 잘되는 것은 아닐 테니까 말이다. 이를 좀 거창하게 'WFA 리더십'이라 명명하고자 한다. WFA 리더십은 크게 두 가지를 챙기는 리더십이다. 하나는 직원 개개인이 보다 완벽하게 자기완결적으로 업무를 수행할 수 있도록 지원하는 것이며, 다른 하나는 독립적으로 일하는 환경 속에서도 필요할 때 서로 힘을 모으는 협업의 업무 환경을 조성하는 것이다.

이와 같은 관점에서 WFA 리더십은 다음의 다섯 가지 구성요소로 정리할 수 있다.

첫째, 일의 엔드 이미지End Image를 명확히 공유해야 한다. 앞서 말했듯이 일의 엔드 이미지는 일의 목적과 목표를 명확히 하는 것이다. 이를 통해 직원 스스로가 일의 최종 아웃풋을 머릿속에 명확한 그림으로 그려놓고 일에 착수하도록 도울 수 있다. 또한, 일의 엔드 이미지가 명확할수록 성공적으로 시행될 가능성이 높다.

둘째, 직원에게 권한을 과감하게 위임해야 한다. 이는 리더 없이도 직원 스스로가 주도적으로 일을 수행할 수 있도록 하기 위함이다. 직원 스스로 처리할 수 있는 일과 의사결정의 범위를 명확히 하여 자기 책임하에 일을 수행할 수 있도록 해야 한다.

셋째, 언제 어디서든 상하좌우의 소통이 가능한 소통 환경과 문화를 조성해야 한다. 디지털 소통은 대체로 대면 소통보다 더 어려운 점이 있다. 소통은 크게 언어적 요소와 비언어적 요소로 나뉜다. 비언어적 요소는 메시지가 아닌 표정, 제스처, 목소리 톤과 억양 등을 통해 전달되는 요소로, 주로 감정이나 분위기를 다룬다. 그런데 디지털 소통에서는 비언어적 요소의 전달이 원활하지 않아 자칫 반쪽짜리 소통이 되기 쉽다. 대표적인 예로, 대면 소통에서의 침묵은 분위기를 환기하는 신호일 수 있지만, 디지털 소통에서는 네트워크 오류를 걱정하고 의심하게 하는 불안감 야기 신호로 받아들여진다. 디지털 소통은 내 생각을 상대에게 정확히 전달하기도 어렵고 상대의 생각을 정확히 이해하기도 어려운 상황인 것이다. 따라서 소통 활성화에 각별한 관심을 가져야 한다. 직원들이 서로 궁금한 것을 언제든지 물어보고 답할 수 있는 자유롭고 편한 소통 분위기를 조성해야 한다.

넷째, 리모트 워크 상황에서의 협업 환경 및 문화를 조성해야 한다. WFA의 가장 큰 맹점은 결국 협업이다. 독립적으로 일하는 환경이 강화될수록 협업 수준은 떨어질 수밖에 없기 때문이다. 따라서 리더는 조직의 방향을 공유하고, 공동 이슈를 함께 논의해 해결하는 협업 환경을 구축해야 한다. 동시에 직원들이 서로의 일에 관심을 가지고 돕는 '배려의 문화'를 조성해야 한다.

다섯째, 조직의 디지털 기기와 도구에 대한 숙련도를 높여야 한다. 디지털 환경에서 업무 수행과 소통을 돕는 기기와 도구가 나날이 발전하고 있다. 이를 적극적으로 받아들이고 직원들과 함께 익혀서 자유롭게 활용할 수 있는 수준이 되어야 한다. 무엇보다 리더 스스로 디지털 기기나 도구에 익숙해져야 한다. 리더가 이를 꺼리거나 사용상 어려움을 느낀다면 조직은 어쩔 수 없이 구시대적인 방식으로 일할 수밖에 없을 것이다.

★★★ WFA 리더십의 구성 요소 ★★★

- 일에서 기대하는 명확한 엔드 이미지를 공유한다.
- 직원에게 과감히 권한을 위임한다.
- 언제, 어디서든 상시 소통이 가능한 소통 문화를 만든다.
- 리모트 워크 상황에서의 협업 환경 및 문화를 조성한다.
- 조직의 디지털 기기와 도구의 숙련도를 높인다.

부하직원이
말하지 않는
31가지 진
실

28

진실 **착각**

"직원을 멀티플레이어로
육성해야 한다"

착각 **진실**

"어설프게 아는 선무당이
사람 잡는다"

잘하는 한 가지를 키울 수 있는
성장경험을 제공하라!

야구 선수를 축구 선수로
만들려 하지 말라

리더들이 격하게 사랑하는 용어 중 멀티태스킹Multi-Tasking 또는 멀티플레이어Multi-Player라는 용어가 있다. 말 그대로 여러 가지 일이나 역할을 동시에 수행하는 상황과 사람을 뜻한다. 경영 환경이 점점 복잡해지고 다양한 이슈가 시도 때도 없이 발생하는 상황에서 멀티플레이어가 각광받는 것은 어찌 보면 매우 당연한 현상일지도 모른다. 특히 고양이 손이라도 빌리고 싶을 정도로 늘 일손이 아쉬운 리더일수록 멀티플레이어라는 용어가 더욱 반가울 것이다. 한 사람이 다양한 역할을 수행해주면 조직의 생산성이 크게 향상될 테니 말이다.

그런데 과연 멀티태스킹이나 멀티플레이어가 경영 성과 향상이나 직원들의 전문성 개발 측면에서 좋은 것인지 한번 생각해볼 일이다.

내가 즐겨 보는 TV프로그램 중 '생활의 달인'이라는 장수 프로그램이 있다. 신기에 가까운 내공의 고수들이 주인공으로 등장해 불가능해 보이는 일을 아무렇지도 않게 척척 해내는 모습을 보면 절로 입이 떡 벌어진다. 그런데 이런 달인들을 보면 모두 한 분야에 정통한 사람들이라는 공통점이 있다. 최소 10년 이상을 같은 분야에서 같은 일을 무한 반복하는 과정에서 경지에 오르게 된 것이다.

스포츠에서도 마찬가지다. 운동 신경이 뛰어난 선수들은 어린 시절에는 여러 가지 운동에 동시에 능하다. 특히 야구에서는 고교 시절 투수로 맹활약하면서 동시에 4번 타자를 맡아 홈런을 펑펑 터트리는 만능플레이어를 흔히 찾아볼 수 있다. 메이저리거인 류현진 투수 역시 고교 시절에는 4번 타자 역할도 함께 수행했다. 그러나 이 선수들이 대학에 진학하거나 프로 세계에 입문하면 타자든 투수든 진로를 선택한다. 또한, 타자를 선택했다면 수비 위치까지 정해야 한다. 내야수가 외야를 맡기 어렵고, 같은 내야수라도 1루수, 2루수, 3루수, 유격수가 제각기 다르기 때문이다. 최근에는 메이저리그에서도 투수와 타자를 겸업하는 선수가 등장해 화제가 되기도 했지만, 이는 특이한 경우이다. 100년이 넘는 메이저리그에서도 사실상 처음 있는 일이기에 그만큼 화제가 되고 있는 것이다. 최고만이 살아남는 프로의 세계에서는 여러 가지 일을 동시에 잘하는 것은 불가능에 가깝다.

조직에서도 마찬가지다. 글로벌 경쟁 환경은 바야흐로 탁월함이 지배하는 세상이다. 탁월함은 몰입의 결과물이고, 몰입의 가장 큰 적의 하나가 바로 멀티태스킹이다. 멀티태스킹은 몰입이 아닌 산만함을 야기하는 업무 수행 방식이기 때문이다. 한때 제너럴리스트Generalist라는 말이 유행한 적이 있다. 이는 멀티플레이어의 다른 표현이기도 하다. 제너럴리스트는 일단 용어 자체는 제법 그럴 듯하다. 하지만 냉정하게 말하면 할 줄 아는 건 많은데 잘하는 건 하나도 없다는 의미이기도 하다. 선무당이 사람 잡는다는 말처럼, 대개 어설픈 지식은 아예 모르는 것보다 더 나쁜 결과를 초래한다. 학창시절 시험 때를 생각해보자. 아예 모르는 문제는 찍어서 맞힐 확률이라도 있지만, 어설프게 알면 오히려 틀린 답을 택할 가능성이 높아진다.

세상은 탁월함과 정교함을 추구한다. 그렇기에 모든 분야가 점점 세분화되어 갈 수밖에 없다. 따라서 앞으로의 조직은 점점 더 여러 분야가 아닌 한 분야에 정통한 전문가를 요구하게 될 것이다. 당연히 리더 역시 탁월한 전공 분야가 있어야 한다. 그렇지 않으면 전문가로 구성된 조직을 현명하게 이끌 수 없다. 특히 높은 전문성을 요구하는 조직일수록 리더의 전문성이 높지 않다면 직원들이 리더를 인정하지 않을 것이다. 전문성 측면에서만 보자면, 한 분야에 탁월한 스페셜리스트이면서 동시에 여러 분야에

관심이 많은 제너럴리스트 성향이야말로 가장 이상적인 리더일지도 모른다.

직원을 육성할 때도 마찬가지다. 원칙 없이 이런저런 일을 경험하게 하는 것은 결코 바람직한 방식이 아니다. 제대로 육성하고자 한다면 무엇보다 직원의 적성에 맞는 한두 분야에 집중할 수 있도록 해야 한다. 과거에 내가 몸담았던 회사의 HR 조직은 장래 회사를 이끌 리더를 미리 육성해야 한다고 생각하는 곳이었다. 이를 위해 각 분야에서 뛰어난 주니어 직원들을 선발하여 다양한 분야의 업무를 경험할 수 있는 기회를 제공했다. 예를 들어, 마케팅 분야에서 성과가 좋았던 직원을 신규 사업이나 스태프 조직 등과 같은 분야에서 2~3년씩 순환 근무를 할 수 있도록 한 것이다. 결과는 어땠을까? 선발된 직원들은 미래 리더로 성장하기는커녕 회사에서도 더 이상 두각을 나타내지 못하고 존재감이 사라져버렸다. 제아무리 자기 분야에서 탁월하다 해도 처음 해보는 일까지 잘할 수 있겠는가? 특히 적성에 맞지 않는 일이라면 더욱 그럴 것이다. 더구나 새롭게 옮겨간 분야에는 이미 그 분야의 터줏대감이 자리 잡고 있어 그들보다 나은 모습을 보일 수 없었다. 회사 입장에서는 기회 제공이라 생각했겠지만, 직원 입장에서는 경력이 망가지는 황당한 조치였던 셈이다. 곤충 전문가에게 호랑이 사육을 맡겨서야 되겠는가? 취미라면 모를까, 프로의 세계에서 야구 선수는 축구 선수가 될 수 없다.

나 역시 내 경력을 돌아볼 때 가장 잘한 선택은 한 분야에서 오랫동안 일한 것이라 생각한다. 본래 가진 능력이 썩 훌륭하지 않아 이런저런 직무에 관심을 갖기보다는 한 가지 직무를 오래 해야 경쟁력을 가질 수 있다고 믿었기 때문이다. 결과적으로 이러한 경력 접근은 매우 유효했다. 그런데 흥미로운 사실은 한 분야에 대한 깊이가 깊어질수록 자연스레 다른 분야에 대한 관심도 커지게 된다는 점이다. 한 우물을 깊게 파고들어 가보면 지하 깊은 곳에서 다른 우물과 연결되는 물줄기를 만나게 되는 원리일 것이다.

직원에 대한
최고의 복리후생은 전문성 개발이다

직원을 전문가로 육성하기 위해 리더는 어떤 노력을 해야 할까? 먼저 직원 개개인이 어떤 분야의 전문가로 성장하기를 원하는지 알아야 한다. 만약 분야를 정한 직원이 있다면 이는 매우 감사해야 할 일이다. 경험적으로 봤을 때, 50퍼센트 이상의 직원은 지향하는 전문 분야가 없다. 이럴 경우 조직에서 연차가 올라가면 올라갈수록 미래가 불안해진다.

어떤 분야의 전문가가 되고자 하는 목표를 가진 직원은 일단 그렇게 성장할 가능성이 높다. 그냥 내버려둬도 전문성을 강화하기 위해 노력할 것이다. 목표가 분명하면 대개 스스로 그 길을 찾아가기 마련이다. 리더는 딴지를 걸지만 않으면 된다. 이미 언급했듯이 지향하는 전문성과 상관없는 엉뚱한 일을 맡기는 행위는 최악이다. 가급적 그 전문성 강화에 도움이 되는 일을 맡겨야 한다.

그렇다면 자신의 전문분야를 아직 정하지 못한 직원들을 위해서는 무엇을 하면 좋을까? 이들과는 원온원 미팅 등을 통해 장래의 커리어에 대해 수시로 이야기해봐야 한다. 다음과 같은 질문으로 대화를 시작하면 좋을 것이다.

> "○○ 씨는 앞으로 어떤 분야의 전문가가 되고 싶습니까?"
> "○○ 씨는 어떤 일을 할 때 성취감이나 보람을 느끼나요?"
> "○○ 씨는 일할 때 보면 이런 강점이 있습니다. 그런 강점을 계속 키울 수 있는 전문 분야는 어떤 것이 있을까요?"
> "○○ 씨가 보기에는 어떤 일을 하는 사람이 가장 멋져 보이나요?"

물론 답이 쉽게 나오지는 않을 것이다. 하지만 이런 질문은 직원 스스로 자신의 커리어에 대해 깊이 생각할 수 있는 기회를 준다. 직원이 전문 분야를 찾지 못하면 해당 직원은 물론 조직에도 좋을 것이 없다. 앞에서 언급한 것처럼 내세울 만한 전문성이 없으니 직원은 조직생활이 점점 불안해질 수밖에 없고, 전문성 없는 직원들로 채워진 조직은 경쟁력을 갖기 어렵기 때문이다.

다음으로는 각 직원이 각자 수행하는 업무에서 도전 과제를 수립할 수 있도록 동기부여를 해야 한다. 공부할 때는 어려운 문제를 자꾸 풀어봐야 실력이 향상되듯이, 일에서도 어려운 일을 계속 해봐야 전문성이 강화된다. 여기서 '도전 과제'란 현재 보유한 역량으로는 버거운 수준의 일을 말한다. 기존에 안 해봤던 일을 맡기거나, 같은 일이라면 기존과는 다른 방식 또는 더 나은 수준으로 수행하도록 하는 것이다.

하던 일에 익숙해지는 것이야말로 전문성 개발에 있어서는 최악이다. 늘 같은 일을 같은 방법으로 시행한다면 일에 익숙해질 수는 있지만, 전문성을 키우지는 못한다. 도전 과제를 수행할 때 직원 스스로가 자신 없는 모습을 보일 수 있다. 이를 위해 리더인 당신이 어떤 식으로 그를 도울 것인지에 대해 함께 논의하면 좋을 것이다.

전문성 개발을 위해 주기적으로 직원들이 한자리에 모여 각자의 노하우를 공유하는 시간을 갖는 것도 좋다. 가령 '꿀팁 공유 미팅'과 같은 이름으로 매월 한 번씩 직원들이 모두 모여, 각자 한 달간 일하면서 터득한 노하우를 서로 소개하는 시간을 갖는 것이다. 부담 없는 수준으로 각자 10분 이내로 발표하면 된다. 1년을 꾸준히 하면 한두 시간짜리 개인별 업무 노하우가 정리되는 셈이다. 발표하는 직원은 물론 듣는 직원들도 함께 배울 수 있는 기회를 갖게 된다. 이 같은 활동은 부가적으로 동료들 간의 전문성 개발에 대한 피어프레셔(Peer Pressure, 또래압력: 동료 집단으로부터 받는 사회적 압력)로 작용하여 조직 내 전문성 개발 활동을 촉진할 수 있다.

바야흐로 '덕후'라는 말이 사회적 유행어가 될 정도로 전문가가 대접받는 전문가 전성시대다. 이러한 추세는 앞으로도 점점 강해질 수밖에 없다. 이런 시대에 직원을 위한 최고의 복리후생은 전문성 개발임을 명심하자. 직원들이 당신과 일하면서 제대로 배웠다는 성장경험을 만끽하게 해주어야 한다.

29

진실 **착각**

"팀워크는
직원들의 마인드 문제다"

착각 **진실**

"팀워크의
가장 큰 적은 모호함이다"

모호한 상황을 찾아
명확한 상태로 바꿔주어라!

팀워크는
저절로 만들어지지 않는다

2002년 아테네 올림픽 여자 400미터 계주에서 미국 대표팀은 세계 최강의 전력을 보유하고 있었다. 선수 면면의 기량에서 다른 팀과는 비교가 안 될 정도로 탁월했다. 당연히 강력한 우승 후보로 손꼽혔다. 그러나 막상 시작해보니 미국 대표팀은 우승은커녕 결승점에 들어오지도 못했다. 경기 중간에 어이없게 실격당하고 만 것이다. 그리고 예상치 못한 자메이카 대표팀이 시상대 맨 위에 올랐다.

미국 대표팀의 실격 사유는 2번 주자와 3번 주자 간의 바통 터치 미숙과 규정 미준수였다. 바통터치가 규정된 구간을 벗어난 장소에서 이루어진 것이다. 당시 TV로 이 경기를 중계하던 어느 사회자는 "미국 대표팀의 바통터치는 기본적인 자세부터 문제

가 있었고, 팀워크의 기본을 갖추지 못했다"고 혹평했다. 반면 우승을 차지한 자메이카 대표팀은 물 흐르듯 주자와 주자 간에 환상적인 바통터치가 이루어졌다. 이런 점이 선수 개개인의 부족한 기량을 충분히 보완해주고도 남았다. 팀워크 문제로 실격당한 후 고개를 숙이고 돌아서는 미국 선수들의 뒷모습은 쓸쓸하기 그지없었다.

이제 혼자서 탁월한 성과를 만들어내기란 거의 불가능한 시대가 됐다. 제아무리 역량이 탁월한 직원들을 보유한 조직이라 할지라도 팀워크가 뒷받침되지 않는다면 오합지졸에 불과하다. 이를 잘 알기에 조직을 책임지는 리더치고 팀워크를 강조하지 않는 사람은 없다. 하지만 강조하기만 해서 팀워크가 좋아질 것 같으면 세상에 팀워크 문제로 고생하는 조직은 없을 것이다.

좋은 팀워크를 만들기 어려운 이유가 뭘까? 그것은 팀워크를 너무 쉽게 생각하기 때문이다. 리더들을 만나면 조직의 팀워크를 강화하기 위해 어떤 노력을 하는지를 물어보곤 하는데, 이 질문에 자신 있는 답변을 하는 사람은 그리 많지 않다. 팀워크가 중요하다면서도 대부분은 팀워크 강화를 위해 특별히 하는 일은 없다. 아니, 뭘 해야 할지 모른다고 보는 게 맞을 것이다.

팀워크의
가장 큰 적은 모호함이다

내가 한창 회사 다닐 때 이야기다. 친한 동료
와 함께 중요한 프로젝트를 수행할 기회가 있었다. 평소에 가깝
고 마음이 맞는 사이여서 일이 잘될 거라는 기대가 높았다. 그러
나 결과는 정반대였다. 우리는 사사건건 충돌했고, 서로에 대한
실망감은 이루 말할 수가 없을 정도였다. 작은 일 하나도 그냥 넘
어가는 법이 없었다. 심지어 프로젝트 중간보고를 누가 대표로
하느냐와 같은 유치한 문제로 기싸움을 하기도 했다. 프로젝트
초기에는 말다툼이 많았다면, 중간부터는 서로에게 너무 지친 나
머지 말 자체를 섞으려 하지 않았다. 프로젝트 수행 내내 머릿속
에는 일을 잘하기 위한 고민은 별로 없었던 듯하다. 오로지 그와
의 갈등에서 비롯된 비생산적인 고민만이 가득했을 뿐이다.

"내가 이런 의견을 내면 저 친구는 어떻게 반응할까?"

"함께 일하는 후배들은 저 친구 편일까 아니면 내 편일까?"

"이 일을 내가 직접 처리한다고 할까 말까?"

이렇게 허접한 수준의 고민만 하고 있으니 일이 잘될 리가 만
무했다.

프로젝트를 겨우겨우 마친 후, 왜 이렇게 힘들었을까 회고
해 보았다. 결론은 하나였다. 바로 모호함이었다. 멤버 각자의 책

임과 역할이 모호한 상태로 프로젝트를 추진했기 때문이다. 누가 프로젝트 오너인지도 명확하지 않았으니 말 다한 것이다. 그저 서로 친하니 함께하면 일이 잘될 거라는 근거 없는 믿음만 있었을 뿐이다. 그러나 관계와 일은 완전히 다른 이야기다. 아니, 오히려 친했기 때문에 팀워크 형성이 더 어려웠는지도 모른다. 진정한 팀으로 일하려면 무엇보다도 갈등 소지가 있는 모호한 상황을 정리해야 한다. 얼굴을 붉히는 한이 있더라도 맺고 끊음을 확실히 해야 했다.

종종 팀워크를 친밀함과 동일한 개념으로 착각하는 리더들이 있다. 이런 리더들은 직원들에게 "서로 조금씩 양보하고 도와주어야 합니다"처럼 하나 마나 한 말을 자주 한다. 그러나 팀워크를 단순히 마인드 차원의 것으로 해석해서는 안 된다. 팀워크를 형성하려면 리더의 보다 적극적인 개입이 필요하다.

조직의 팀워크 수준을 높이기 위해 리더가 꼭 염두에 두어야 하는 아이디어가 있다. 조직 내 '팀워크가 필요한 상황'을 찾아 '필요한 약속을 만들어주는' 것이다. 사실 각자 자기 일만 잘하면 되는 상황에서는 굳이 팀워크가 필요하지 않다. 앞서 예로 든 400미터 계주에서도 선수 각자가 자기 차례에 달리는 동안에서는 팀워크가 전혀 필요하지 않다. 오로지 개인 기량을 최대로 발휘하면 된다. 그것이 곧 팀에 기여하는 길이다. 팀워크가 필요한 상황은 주자와 주자가 겹치는 구간이다. 바로 이 구간에서 멤버들 간의 약속된, 유기적인 플레이가 필요한 것이다.

이와 같은 논리로, 모든 조직에는 저마다 '팀워크가 필요한 상황'이 있다. 이는 대체로 네 일 내 일을 따지기 어렵고 책임 영역이 명확하지 않은 모호함이 존재하는 상황이다. 예를 들어보자. 사무실에서 가장 정돈이 안 되거나 지저분한 공간은 어디일까? 바로 복사기나 사무물품 등이 쌓여 있는 공용공간이다. 공용공간은 누구의 책임도 아니지만, 모두의 책임일 수도 있는 곳이다. 그런 모호함 때문에 이 공간은 대체로 방치되는 경향이 있다. 이런 곳을 깨끗하고 깔끔한 공간으로 바꿔놓으려면 무엇보다 직원들 간에 합의된, 명확한 약속이 필요하다. 당번을 정한다든지 또는 함께 청소하는 날을 정한다든지 하는 식으로 말이다.

협업 수준이 기대에 못 미쳐 고심하는 고객사를 만난 적이 있다. 심지어 이 회사는 협업을 조직 문화의 모토로 삼고 있을 정도로 협업을 중시하는 회사였다. 조직의 협업 수준이 왜 떨어지는지 조사해봤다. 원인은 명백했다. 협업 과정에서 누군가는 희생을 할 수밖에 없는 상황이 꼭 발생하는데, 희생에 대한 인정과 보상이 명확하지 않았던 것이다. 쉽게 말해, 희생을 하면 '호구'가 되기 쉬운 상황이었기에 누구도 그런 부담을 지려고 하지 않았다. 이런 문제는 어떻게 해결해야 할까? 바로 모호한 상황을 해소할 수 있는 명확한 약속을 만드는 것이다. 이 회사는 조직성과 평가지표 중 협업 지표를 30퍼센트 비중으로 반영하면서 이 문제를 상당 부분 해결할 수 있었다. 먼저 나서서 돕고 희생하는 사람이나 조직이 더 이상 호구가 되지 않도록 조치한 것이다.

리더는 조직 내 팀워크가 필요한 상황, 다시 말해 모호함이 있는 상황을 누구보다도 빠르게 찾아내 적극적으로 해소해주어야 한다. 스포츠 경기를 보면 팀워크가 좋은 팀일수록 약속된 플레이를 한다. 약속된 플레이란, 모호한 상황에서 선수 각자가 해야 할 일을 명확히 해주는 것을 말한다. 그래서 팀워크가 좋은 팀은 불필요한 혼란과 갈등이 적다.

한 번도 경험한 적이 없는 새로운 일이나 사건이 발생한다는 것은 조직 내 모호함이 커진다는 것과 같은 말이다. 예를 들어, 코로나19로 인해 재택근무를 해야만 하는 조직이 많아졌다. 여태껏 한 번도 재택근무를 해본 적이 없는 조직이라면 모두가 어떤 식으로 일해야 할지 혼란에 빠질 것이다. 혼란이 커지면서 자연스레 리더와 직원 간, 직원과 직원 간에 갈등도 생길 수 있다. 현명한 리더라면 이와 같은 모호한 상황을 결코 방치하지 않는다. 곧장 재택근무로 인해 발생하는 모호함을 제거하기 위한 작업에 착수한다. 일단 직원들과 머리를 맞대고 재택근무로 인해 발생하는 혼란스러운 상황을 정리해 그것을 해결하기 위한 약속을 정하는 식으로 말이다. 참고로 다음은 어떤 회사에서 만든 효과적인 재택근무 약속이다.

★★★ 우리 팀의 재택근무 약속 ★★★

1. 업무 시간 준수하기

2. 가급적 독립된 업무 공간에서 일하기

3. 뜸한 동료에게 안부 전화하기

4. 거래처 깜짝 방문하기

5. 화상회의 에티켓 지키기

6. 문제가 생기면 즉시 공유하기

7. 팀 게시판에 업무 진행상황 올리기(하루 한 번 이상)

8. 상대의 생각을 끝까지 듣고 맞는지 재확인하기

9. 하루 한 가지 이상 동료의 일 도와주기

10. 도움이 필요한 일이 있을 때는 즉시 요청하기

경영 환경 변화가 심할수록 책임 영역이 명확하지 않은 일이 많아지는 경향이 있다. 그래서 변화가 일상이 된 오늘날은 팀워크가 필요한 상황이 수시로 발생한다고 보면 된다. 팀워크는 저절로 만들어지지 않는다. 말로만 강조한다고 해서 되는 것도 아니다. 팀워크는 모호한 상황을 명확한 상태로 바꿔주는 과정을 통해 강화된다. 당신의 조직에서 팀워크가 필요한 상황, 즉 모호한 상황이 어떤 것들이 있는지를 찾아라. 그리고 모호함을 제거하기 위해 필요한 약속을 정하라. 약속을 정했다면 그것의 이행 수준을 체크하고 잘 지켜질 수 있도록 동기부여하라.

30

진실 **착각**

"창의적인 인재는 따로 있다"

착각 **진실**

"창의적인 인재는 창의적인 조직 문화에서 나온다"

브레인스토밍을 넘어
브레인트러스트가 가능한
조직 문화를 만들어라!

창의적인 인재는
창의적인 조직 문화에서 나온다

회사마다 원하는 인재상에 공통적으로 들어가는 요소가 있다. 바로 '창의'다. 차별적인 아이디어가 조직 경쟁력의 원천이 된다고 믿기 때문일 것이다. 그런데 한 가지 이상한 점이 있다. 창의적인 인재를 원하면서도 창의적인 조직 문화를 가꾸기 위한 고민은 거의 하지 않는다는 것이다.

조직에서 창의성과 관련하여 우리가 흔히 하는 착각이 있다. 창의성을 개인 차원의 것으로 인식한다는 점이다. 물론 아이디어는 개인의 머리에서 나온다. 하지만 개인의 머리를 자극하는 것은 바로 그가 몸담고 있는 조직의 문화다. 또한 제아무리 뛰어난 아이디어라도 그것이 조직의 의사결정으로 이어지지 못한다면 무용지물일 수밖에 없기 때문이다. 한 개인의 창의성이 제대로 발현되려면 창의적인 조직 문화가 뒷받침되어야 한다. 아니, 창의적인 조직 문화가 개인의 창의성을 높인다고 말하는 편이 더 정확하다. 창의성은 지능과도 큰 연관성이 없어서 일반인의 지능 정도면 누구나 창의적인 인재가 될 수 있다고 한다.

그렇다면 창의적인 조직 문화는 어떻게 만들 수 있을까? 방법은 직원들의 두뇌가 어떤 제약도 없이 자유롭게 돌아갈 수 있는 분위기를 조성하는 것이다.

인류가 가장 많이 사용하는 아이디어 발상 기법이 바로 익히 알고 있는 브레인스토밍Brainstorming이다. 인간의 뇌는 속성상 정해진 순서와 패턴을 따르기보다는 자유분방하게 아이디어를 탐색하고 쏟아내는 '발산적 사고'를 하는 경향이 있다. 브레인스토밍은 이런 속성을 가장 잘 반영하는 방식이다. 옛날 방식으로 치부하는 사람들도 있는데, 솔직히 나는 브레인스토밍보다 더 나은 아이디어 발상법을 접해본 적이 없다. 수많은 아이디어 발상법이 있으나 대부분 너무 복잡하고 어려워서 일상에서의 사용성은 그리 좋지 않다.

브레인스토밍은 말 그대로 폭풍우 몰아치듯 뇌가 요동치는 상태를 말한다. 즉, 어떤 이슈에 대해 뇌가 최고 수준으로 활성화되어 관련된 모든 아이디어를 쏟아내는 과정이다. 언제, 어디서든 자유로운 브레인스토밍이 가능한 조직이라면 충분히 창의적인 조직이라 할 수 있다.

브레인스토밍을 효과적으로 하려면 네 가지 규칙을 제대로 준수해야 한다. 이 규칙들을 잘 살펴보면 브레인스토밍은 기법이라기보다는 조직 내 자유로운 소통을 촉진하는 철학이자 원칙에 가깝다.

브레인스토밍의 첫 번째 규칙은 '질보다 양'이다. 머릿속에서 나올 수 있는, 생각 가능한 모든 아이디어를 양적으로 쏟아내다 보면 그 가운데 최고의 아이디어가 걸린다는 논리다. 처음부터 질 높은 아이디어를 추구하다 보면 뇌의 움직임이 조심스러워져 오히려 좋은 아이디어를 만나기 힘들어진다. "진짜 좋은 아이디어는 100번째 아이디어"라는 말이 있다. 99개의 '후진' 아이디어를 거쳐야만 100번째의 '좋은' 아이디어를 만날 수 있게 된다는 말이다.

두 번째 규칙은 '비판 금지'다. 첫 번째 규칙인 '질보다 양'이 가능하려면 '비판 금지'의 규칙을 반드시 지켜야만 한다. 대개 아이디어는 격려하고 지지하는 우호적 분위기 속에서 나온다. 경험해봐서 알겠지만, 자신의 아이디어를 다른 사람 앞에서 편하게 말할 수 있는 용기를 가진 사람은 그리 많지 않다. 상대방이 어떻게 생각할지 몰라 두려움을 느끼거나 조심스러워하는 것이 보통이다. 아이디어는 다른 말로 정의하면 '논리가 결여된 생각'이다. 비판하려고 작정하면 세상에 살아남을 아이디어는 없다. 아이디어는 밟으면 뭉개져버리는 새싹과도 같다. 아이디어의 싹을 죽여서는 안 된다. 아이디어 하나하나를 귀하게 생각하고 감사의 표현을 잊지 말아야 한다.

세 번째 규칙은 '자유 연상'이다. 어떠한 제약 사항도 없이 자유롭게 사고해야 한다는 의미다. 아이디어는 이미 알고 있는 세상이 아니라 알지 못하는 미지의 세상으로 들어가는 것이다. 틀을 깨고 경계를 넘어야 창의적인 아이디어를 만날 수 있다. 좋은 아이디어일수록 초기에는 헛소리로 들리는 이유다.

네 번째 규칙은 '결합 개선'이다. 누군가가 낸 아이디어에 편승하여 또 다른 아이디어를 만들어낸다는 의미다. 꼬리에 꼬리를 무는 방식이라 할 수 있다. "김 대리님이 A라는 아이디어를 냈는데 매우 공감되는 생각입니다. 김 대리님 생각을 듣다 보니 AB라는 아이디어가 떠올랐어요. 어떤가요?" 하는 식이다. 초기에 나온 아이디어에 다른 아이디어가 더해지면서 점점 더 좋은 아이디어로 발전하게 된다.

브레인스토밍은 어떤 이슈에 대해 뇌를 최고 수준으로 활성화시켜 아이디어를 발산하는 과정이다. 브레인스토밍을 제대로 하면 머릿속에서 나올 수 있는 모든 아이디어가 한자리에 모이게 된다. 이렇게 가능한 아이디어를 모두 모은 다음에는 수렴 단계로 넘어가면 된다. 의사결정의 기준을 명확히 하고 그것에 가장 적합한 아이디어를 선택하는 것이다. 브레인스토밍이 무엇보다 좋은 것은 참가자 모두가 의사결정 과정에 참여했다는 느낌을

준다는 점이다. 그래서 결정된 사안에 대해 뒷말이 없고 강한 실행력이 뒤따르게 된다. 또한, 브레인스토밍을 하다 보면 자연스레 서로에 대한 신뢰가 높아지는 부가적인 효과까지 얻을 수 있다.

브레인스토밍 그리고 브레인트러스트

세계적인 애니메이션 영화사인 픽사PIXAR에서는 질 높은 아이디어를 찾기 위한 방식으로 브레인트러스트 Braintrust를 활용한다. 브레인트러스트는 픽사의 경쟁력을 말할 때 항상 빠지지 않고 등장할 정도로 널리 알려져 있다. 〈겨울왕국〉을 비롯해 픽사에서 제작한 모든 애니메이션이 브레인트러스트 과정을 거쳐 탄생했다고 한다. 브레인스토밍이 '집단 아이디어 발상법'이라면, 브레인트러스트는 '솔직한 피드백 시스템'이다. 우리말로는 '솔직하게 말하고 쿨하게 경청하기'라고 할 수 있다.

브레인트러스트에서 가장 중요한 것은 솔직한 비평이다. 이 대목에서 비평의 의미를 강조하고자 한다. '비난'을 '비평'으로 잘못 이해하고 행하는 사람들이 많기 때문이다. 비평과 비난의 가장 큰 차이점은 대안의 존재 유무다. 비난에는 대체로 대안이 없다. 있더라도 모호하고 명확하지 않아 사실상 트집이나 마찬가지다. 그렇기에 비난에는 상대를 깎아내리는 공격성이 담겨 있다. 대안 없이 트집만 잡으니 도움은 안 되고 기분만 나빠지는 것이다. 반면 비평은 사람이 아닌 오로지 일에 초점을 맞춘다. 그래서 비평에는 일이 잘되기를 바라는 정성 어린 마음과 대안이 함께 담겨 있다. 비난은 조직에 백해무익한 것으로, 리더는 조직 내에서 비난을 허용해서는 안 된다. 비난을 하는 직원이 있다면 단단히 주의를 주어야 한다. 그러지 않으면 조직이 이전투구泥田鬪狗로 난장판이 되고 말 것이다. 비난이 아닌 비평이 주가 되는 조직 문화를 만들어야 한다.

혹시 이런 경험이 없었는지 생각해보자. 누가 봐도 문제가 있는 일인데 아무도 일언반구조차 하지 않는다. 당사자가 어떻게 받아들일지 몰라 피드백을 주저하기 때문이다. 내 일도 아닌데 서로 얼굴 붉힐 일을 만들고 싶어 하지 않는다. 즉, 비평이 필요한 상황에서 비평을 하지 않는 것이다. 문제가 있음에도 유야무야 넘어가거나 방치하는 일명 '방관자 현상'이다. 방관자 현상만 극복해도 아마도 조직성과는 극적으로 향상될 것이다.

브레인트러스트는 바로 이 같은 방관자 현상을 몰아내고 솔직한 비평으로 조직의 집단 지성을 극대화하는 작업이다. 브레인트러스트를 할 때 놓치지 말아야 할 것은 최종 의사결정 권한은 일을 수행하는 실무자에게 있다는 점이다. 이는 생각보다 중요한 의미를 담고 있다. 스스로 결정할 수 있으니 칼날 같은 비평이 들어와도 자존심 싸움을 할 이유가 없고, 오픈 마인드를 유지할 수 있는 것이다. 만일 누군가에 의해 의사결정이 강요되는 상황이라면 실무자는 마음을 닫고 피드백을 더 이상 구하려 하지 않을 가능성이 높다.

브레인스토밍과 브레인트러스트는 집단지성을 통해 질 높은 아이디어를 찾아간다는 공통점이 있다. 창의적인 아이디어를 원한다면 브레인스토밍이 조직 문화로 자리 잡을 수 있도록 해야 한다. 직원 누군가가 일이 막히거나 아이디어가 필요할 때 입버릇처럼 "우리 브레인스토밍합시다"라고 제안하고 함께 생각을 나누는 조직 분위기를 만들어보기 바란다. 브레인스토밍에 익숙해졌다면 한 단계 더 나아가 솔직한 피드백을 자유롭게 주고받을 수 있는 브레인트러스트에도 도전해 보도록 하자.

직원의 머리를 쓰게 하는
리더의 한마디

직원의 아이디어를 원치 않는 리더는 아마도 없을 것이다. 그런데 오히려 리더 스스로가 직원의 아이디어 싹을 뭉개버리는 상황을 쉽게 볼 수 있다. 가령 직원이 의견을 말하는데 리더가 한숨을 쉬거나 인상을 구기기도 하고, 삐딱한 자세를 취하거나 면박을 주는 상황이다. 리더 스스로도 인지하지 못하는 사소한 행동일 수도 있다. 하지만 이 같은 행동이 직원들을 주눅 들게 만들어 아이디어 생산 의지를 꺾어버린다. 리더인 당신은 모든 직원이 두뇌를 자유롭게 쓸 수 있도록 동기부여를 해야 하는 사람이다. 그러려면 직원의 두뇌를 자극하고 촉진하는 말과 행동을 일상적으로 실천할 수 있어야 한다. 다음의 표는 그 예시들이다.

★★★ 직원의 두뇌를 자극하고 촉진하는 리더의 말 ★★★

- 우리 브레인스토밍합시다!
- 이 분야의 전문가는 바로 당신입니다.
- 좀 더 구체적으로 설명해주시겠어요?
- 참 좋은 생각입니다.
- 좀 다른 방향으로 생각해보면 어떨까요?
- 이 일에 대해 아이디어를 낼 수 있는 사람은 당신밖에 없습니다.
- 기타 등등

그러나 이런 말보다 더 강력한 방법도 있다. 바로, 당신의 생각을 먼저 말하지 않고, 직원이 자신의 아이디어를 말할 때까지 기다려주는 것이다. 리더가 먼저 말할수록 그리고 말이 많을수록 직원들은 말을 하지 않게 된다.

일에 대한 열정을 가진 사람이
정답이다

하버드대학 교수이자 사회심리학자인 테레사 아마빌Teresa M. Amabile 교수는 창의성의 3대 구성 요소로 '지식과 경험', '창의적 사고', '일에 대한 열정'을 꼽았다. 이 가운데 '지식과 경험', '창의적 사고'라는 두 요소는 학습과 경험을 통해 충분히 습득 가능하다. 그러나 사람의 내적 동기라 할 수 있는 '일에 대한 열정'은 학습으로 얻을 수 있는 것이 아니다. 창의적인 아이디어를 만들어내는 사람은 머리가 전광석화처럼 돌아가는 똑똑한 사람이 아니다. 번지르르하고 세련된 말로 주변에 호감을 주는 사람도 아니다. 바로, 자신의 일에 대한 열정 하나로 미련하게 파고드는 사람이다.

창의적인 인재를 찾기를 원한다면 아마빌 교수가 제시한 창의성의 세 가지 요소를 참고하되, 특히 '일에 대한 열정'이라는 요소에 깊은 관심을 둘 필요가 있다.

일에 대한 열정을 가진 사람들에게서 발견되는 공통적인 행동 특성은 다음의 목록과 같으니 이를 기준으로 사람을 관찰해보자. 창의적인 인재를 찾는 데 도움이 될 것이다.

★★★ 일에 대한 열정을 가진 사람의 주요 행동 특성 ★★★

- 스스로 높은 목표를 설정한다.
- 반복적이고 힘든 작업에도 일에 흥미를 잃지 않는다.
- 일에 대해 이야기하는 것을 좋아한다.
- 자신의 일을 더 잘하기 위한 방법을 끊임없이 찾는다.
- 개선점을 찾기 위해 주변 사람의 의견을 구한다.
- 불필요한 일에 자신의 에너지를 낭비하지 않는다.
- 슬럼프나 실패에 좌절하기보다는 오히려 이를 성장과 발전의 기회로 활용한다.

31

진실 **착각**

"우리 부서만
잘하면 된다"

착각 진실

"각자 자기 일만 잘하면
회사는 망한다"

유관부서와의 협업은
선택사항이 아닌 리더의 책무다!

각자 자기 일만 잘하면
회사는 망한다

"야! 걔네들은 신경 쓰지 마! 우리 일만 잘하면 돼!"

혹시 직원들 앞에서 이런 말을 해본 적이 있지는 않은가? 직원 입장에서는 다른 부서와 협업을 하면 일이 잘된다는 것도 알고 또 그게 편하다는 것도 안다. 그런데 자신의 리더가 이와 같은 말을 하거나 그런 분위기를 풍긴다면 조직 간의 협력은 물 건너간 것이다.

협업의 중요성을 모르는 사람은 없다. 그런데 조직 간 협업이 잘 이뤄지지 않는 이유는 무엇일까? 조사를 해보면 항상 가장 큰 비중을 차지하는 원인은 바로 리더들이다. 리더들이 서로 협업할 마음이나 의지가 없기 때문이다.

다행히도 요즘 부쩍 협업을 강조하는 회사가 늘고 있다. 물론 과거부터 조직 사회에서 협업은 늘 중요한 가치로 강조되어 왔지만, 근래에 특히 더 그런 추세다. 조직 내 협업은 당연한 것이고, 이제는 조직과 조직, 회사와 회사, 회사와 사회 공동체 간의 협업으로 그 범위가 크게 확장되고 있다. 세상의 변화가 극심해져 단일 존재로서의 모습이 점점 취약해져가고 있으며, 세상 모든 것이 연결되는 초연결사회에서는 혼자서 잘할 수 있는 일이 더 이상 없기 때문이다. 회사 내에서 간단한 제도 하나 바꾸려 해도 이제는 과거처럼 주관 부서의 의지대로만 밀어붙일 수는 없다. 그랬다가는 전사 게시판이나 블라인드에서 난리가 날 것이다.

리더는 자신의 부서를 넘어 주변 조직이나 이해관계자와의 협업에도 각별히 신경을 써야 한다. 만약 조직의 모든 리더가 자기 조직만 챙기려 한다면 회사는 어떻게 될까?

"연말에 보면 KPI를 달성하지 못한 조직을 거의 찾아볼 수 없습니다. 그런데 회사 전체의 성과는 한마디로 X판입니다."

한 대기업 CEO가 한 말이다. 이런 현상이 발생하는 이유는 무엇일까? 각자 주어진 '자기 일'만 잘했기 때문이다. 부분최적화는 전체최적화를 방해하는 요인으로 작용하는 경우가 많다. 경영은 살아 있는 생물과도 같다. 늘 예상치 못한 변화 또는 예상을 뛰어넘는 변화가 일어난다. 그리고 세상의 변화는 늘 중요한 것을 바꿔놓는다. 과거에 중요했던 것이 전혀 중요하지 않게 되고,

과거에는 별로 중요하지 않았던 것이 없어서는 안 되는 필수적인 것이 되기도 한다. 코로나19 이후 우리의 삶에서 온라인 시장의 영향력이 그 대표적인 예다. 예전에는 있어도 그만 없어도 그만 이었던 각종 배달 앱이 이제는 없으면 어떻게 살까 걱정될 정도 가 되어버렸다. 그렇게 되기까지 그리 오랜 시간이 걸리지도 않 았다. 코로나19 이후 불과 몇 개월 만에 일어난 변화다.

로버트 E. 퀸Robert E. Quinn의 《Deep Change or Slow Death》는 조직 변화와 관련된 최고의 명저 중 하나다. 그러나 지금은 'Deep Change or Sudden Death'가 더 적합한 표현일 것이다. 각자 자기 일만 잘하는 조직은 시너지를 내기는커녕, 마른하늘의 날벼락처 럼 환경 변화에 손 한번 써보지 못하고 순식간에 경쟁력을 상실 하게 될 가능성이 높기 때문이다.

유관 부서와의
협업 이슈를 발굴하여 해결하라!

자기 부서의 성과만 챙기는 리더는 옛날 리 더다. 리더가 자기 부서의 성과만 챙길수록 회사의 경쟁력은 뒤 떨어질 수밖에 없다. 마치 가정에서 부모가 서로 자기 일만 하느 라 바빠 육아를 뒷전으로 미루는 것과 마찬가지다. 리더는 유관 부서와 늘 소통하고, 상시 협업 체제를 구축 및 유지할 수 있어야 하며, 자기 부서의 성과 못지않게 유관 부서와 시너지를 창출하는 데 힘써야 한다.

이를 위해 리더가 해야 할 일을 정리하면 다음과 같다.

먼저, 유관 부서와의 협업 이슈를 지속적으로 발굴해야 한다. 무릇 세상 모든 일은 딱 한 사람이나 하나의 조직에만 국한되지 않는다. 일이란 사람과 사람, 조직과 조직을 광범위하게 걸치는 형태로 존재하기 마련이다. 그렇기에 일은 사람과 사람, 조직과 조직의 관계를 늘 불편하게 만드는 속성이 있다. 다시 말하면 일은 누구의 책임도 아닌 것처럼 보이기도 하고, 모두의 책임인 것처럼 보이기도 하는 '경계적 속성'을 띠고 있는 것이다. 또한, 이해가 상충하여 한 조직의 이익이 다른 조직의 손실로 작용하는 '이해상충적 속성'도 함께 가지고 있다. 이러한 일의 두 가지 속성이 서로를 불편하게 만들어 조직 간 협업을 방해하는 요인으로 작용하는 것이다.

가령 제조업에서는 어느 기업에서나 생산 부서와 품질관리 부서의 관계가 좋지 않다. 생산 부서는 최대한 많이 생산하려 하고, 품질관리 부서는 불량률을 줄이려 하기 때문이다. 생산 부서가 생산량을 늘리려 할수록 품질관리 부서는 딴지를 걸 가능성이 높다. 따라서 리더는 이렇게 함께 일할 때마다 불편해지는 상황에 초점을 맞추고, 조직과 조직 사이의 구체적인 협업 이슈를 발굴하기 위해 노력해야 한다.

다음으로, 협업 이슈를 발굴한 이후에는 협업 당사자들과 만나는 '투인원Two In One 소통'을 할 수 있어야 한다. 투인원 소통이란, 협업 당사자들이 서로 만나 협업 이슈를 테이블에 올리고 해결하는 각종 회의나 모임을 뜻한다. 이슈 자체에 대해 서로 할 말이 많기 때문에, 투인원 워크숍은 기대감과 불편함을 동반한다. 마치 남한과 북한이 민감한 이슈를 테이블에 올리고 협상하는 것처럼 말이다.

이때, 결코 각자의 이익을 먼저 주장해서는 안 된다. 그랬다가는 소통 자체가 힘들어지고, 서로에 대한 반감만 커질 것이다. 먼저 단위 부서를 넘어 함께 이루고자 하는 공동의 목표를 세워야 한다. 이렇게 공동의 목표를 세웠다면 이를 달성하기 위한 구체적인 실천 아이템을 정하는 시간을 갖는다. 이 과정에서도 부서 간의 이해상충 이슈가 계속 드러날 것이다. 이 역시 뒤로 미루는 게 좋다. 모든 실천 아이템이 정해지고 난 후에 이해상충 이슈를 하나하나 따져가며 윈-윈WIN-WIN의 아이디어를 찾고 조정하는 단계로 넘어가면 된다.

불편한 관계일수록 멀어지기 쉽다. 협업이 가능해지려면 불편한 관계일수록 더욱 자주 만나야 한다. 서로를 불편하게 하는 협업 이슈를 테이블에 올리고 공동의 목표를 향해 가는 투인원 소통을 보다 적극적으로 해야 한다.

이 외에도 리더는 부서 간의 협업 상황에서 보다 적극적인 모습을 보여야 한다. 만약 자신의 팀원이 유관 부서의 특정 팀원으로부터 도움을 받았다고 해보자. 이때 리더로서 무엇을 해야 할까? 당연히 자신의 팀원을 도와준 사람에게 감사 표현을 해야 한다. 그런데 현명한 리더는 한 가지 조치를 더 취한다. 해당 팀원의 팀장에게도 감사 표현을 잊지 않는 것이다. 그래서 도움을 준 팀원의 면을 세워주고, 성과로도 인정받을 수 있도록 한다. 그렇게 되면 자신의 팀원이 유관 부서의 팀원으로부터 이후로도 계속 도움을 받을 수 있을 것이다. 유관 부서로부터 도움을 받았을 때 적극적으로 감사 표현을 하는 것도 매우 중요한 협업 활동임을 잊지 말자.

직원들 앞에서 회사 뒷담화만큼은
절대 하지 마라!

지금까지 유관 부서와의 '수평적 협업'에 대해 소개했다. 동시에 리더가 챙겨야 하는 협업 상황이 하나 더 있다. 바로 회사 및 상위 리더와의 협업, 즉 '수직적 협업'이다.

종종 직원들 앞에서 회사나 상위 리더에 대한 뒷담화를 늘어놓는 리더가 있다. 내용도 가지각색이다. 회사에 대해서는 주로 회사가 지향하는 가치, 전략 방향, 제도나 시스템 등에 불만을 표한다. 상위 리더에 대한 뒷담화는 주로 상대의 성향이나 업무 지시 사항 등이 대상이 된다. 내용이 뭐가 됐건, 직원들 앞에서 이같은 뒷담화를 하는 사람은 리더의 자격이 없다고 할 수 있다. 회사에서 그런 행동을 하라고 리더 역할을 맡기지는 않았을 테니 말이다.

조직 내 모든 리더는 회사가 전체적으로 한 방향으로 움직이게 하는 연결고리 역할을 수행해야 한다. 각 연결고리가 한 방향으로 바르게 연결되어야만 조직 전체가 한 방향으로 힘을 모을 수 있다. 만약 한두 개의 연결고리라도 끊겨 있거나 부재하다면 조직은 내부에서부터 무너져 내릴 수밖에 없다.

물론 회사 또는 상위 리더의 생각이 자신과 맞지 않을 때가 있을 것이다. 이럴 때는 어떻게 해야 할까? 이때의 소통의 방향은 아래가 아닌 위를 향해야 한다. 불평을 하더라도 회사에 해야 하고, 상위 리더를 직접 찾아가서 해야 한다. 회사에 정식으로 건의하여 조정하거나 상위 리더와의 면담을 통해서 해결할 일이다. 만약 해결이 안 된다면? 사회적 윤리에 저촉되는 일이 아닌 한은 마음에 안 들더라도 일단 따라야 한다. 절대로 직원들 앞에서 뒷담화를 늘어놓는 일만큼은 없어야 한다. 뒷담화를 해봐야 바뀌는 게 있겠는가? 직원들에게 회사나 차상위 리더에 대한 부정적인 인식만 심어줄 뿐이다. 리더는 직원들의 입장을 대변하는 사람이기도 하지만, 상위 조직의 결정사항을 직원들과 함께 실행하는 연결고리 역할을 수행하는 사람이기도 하다는 점을 잊어서는 안 된다. 당신이 만약 회사의 CEO라면 회사의 결정사항을 아래에서 흔들어대는 리더를 어떻게 생각하겠는가?

직원들에게 회사에서 일하는 동안 가장 힘든 상황이 언제인지를 물어보곤 한다. 이때 빠지지 않고 나오는 답변이 바로 자신의 리더와 차상위 리더의 생각이 다를 때다. 쉽게 말해 팀장의 생각과 그 위 임원의 생각이 다른 것이다. 팀원 입장에서는 시쳇말로 미치고 환장하는 상황이 아닐 수 없다. 임원의 생각을 따르자니 팀장의 눈 밖에 날 것이고, 팀장의 생각을 따르자니 임원의 품의를 못 받아 일을 진행할 수가 없으니 말이다. 이 문제를 해결해야 할 사람은 직원이 아니다. 바로 리더인 당신이다. 상위 리더와 소통하며 생각의 차이를 좁혀야 한다. 좁힐 수 없다면 상위 리더를 설득하거나 아니면 자신의 생각을 과감히 접어 직원이 혼란 없이 일할 수 있게 도와줘야 한다. 이런 상황을 방치하는 것은 리더로서 책임방기 행위라 할 수 있다. 직원의 일을 돕기는커녕 오히려 훼방을 놓는 격이니 말이다.

누구보다도
애간장 녹여가며
일하고 있을 리더들에게

먼저, 고개 숙여
사과드립니다

나는 이 책을 읽었거나, 읽고 있거나, 앞으로 읽게 될 리더에게 먼저 고개 숙여 사과의 마음을 전하고자 한다. 책을 쓰는 과정에서 원고의 내용이 하나하나 더해질수록 마음 한편에서 리더들에게 미안한 마음이 솟구쳐 올랐다. 왜냐하면, 오늘날 리더가 얼마나 어렵고 위태로운 처지에서 일하는지 너무나도 잘 알고 있기 때문이다.

리더라는 말은 한 단어로 정의할 수 있다. 바로 '책임'이다. 리더는 그 누구보다도 책임이 큰 자리다. 맡은 조직에서 존재하고 일어나는 모든 것에 대해 책임을 져야 한다. 하지만 요즘이 어떤 세상인가? 일도 어렵고 사람도 어려운 세상 아닌가? 내 몸 하나 건사하기도 힘든 상황에서 조직을 리드하여 높은 성과도 내야 하고, 도무지 속마음을 알 수 없는 직원들까지 하나하나 잘 챙겨야만 한다. 내공도 필요하지만, 보통의 정성과 노력으로는 할 수 있는 일이 아니다. 더욱 안 좋은 것은 시간이 갈수록 책임의 무게가 점점 커져가고 있다는 것이다. 그래서 나는 요즘 리더를 만나면 그저 안쓰러운 마음뿐이다. 과거에는 리더로 승진한 지인 소식을 들으면 축하 메시지를 보냈다. 하지만 요새는 걱정과 위로의 메시지를 먼저 전한다. "어떡해요? 앞으로 많이 힘드시겠어요. 무엇보다 건강부터 잘 챙기세요"처럼 말이다.

리더 역할을 수행한다는 것은 어쩌면 수명이 짧아지는 일일지도 모른다. 아무튼 이런 리더에게 격려와 위로는 못해줄망정, 이래라 저래라 무려 서른한 가지나 훈수를 두고 있으니 그저 미안한 마음뿐인 것이다.

더 나은 리더가 되기 위해 노력하는
당신의 성공을 진심으로 바랍니다

하지만 그럼에도 불구하고 내가 이 책을 쓰게 된 분명한 동기가 있다. 노력하는 리더가 결코 실패하지 않기를 바라는 마음이다. 이 책의 초판이 나왔던 2008년, 회사에서 나의 직급은 과장이었다. 살면서 그렇게 혈기왕성한 때도 없었던 듯하다. 그때 나는 직원의 한 사람으로서 그간 겪었던 윗사람들에게 심한 실망과 염증을 느끼고 있었다. '나라면 절대 저러지 않을 텐데' 하는 마음이 한가득이었다. 그래서 노트를 들고 다니며 윗사람에게서 공통적으로 발견되는 바람직하지 않은 행동들을 정리했다. 출판사에서도 이런 나의 마음을 마치 고발서와 같은 느낌으로 잘 포장해주었다. 솔직히, 책이 처음 출간되었을 때 통쾌하고 후련하기도 했다.

하지만 두 번의 개정을 거쳐 탄생한 이번 책《부하직원이 말하지 않는 31가지 진실》을 정리하는 지금은 그때와 마음이 사뭇 다르다. 그 후로 오랜 세월이 흘렀고, 현장에서 수많은 리더를 직접 만나면서 리더의 입장과 처지에서 세상을 바라볼 수 있는 눈을 갖게 되었다. 완벽하다 할 수는 없지만, 과거에 비해 좀 더 균형 잡힌 시각을 갖게 된 것이다. 이 책에 새롭게 담긴 나의 마음은 한 가지다. 노력하는 리더라면 성공까지는 몰라도 결코 실패해서는 안 된다는 마음이다. 리더 자리에 오르기까지 얼마나 힘들고 어려운 일이 많았는가? 그리고 그것을 얼마나 슬기롭게 또는 억척스럽게 극복해왔는가? 리더의 자리에는 모두 그럴 만한 자격이 있는 사람들이 오른다. 그런데 노고에 대한 보상을 받아도 시원치 않을 판에 혹여 실패의 멍에라도 쓰게 된다면 이처럼 허망하고 가슴 아픈 일이 어디 있겠는가?

한번은 회사에서 리더십에 문제가 있다고 지정된 리더들을 대상으로 특별 코칭을 한 적이 있다. 그들이 코칭 과정에 참여하게 된 이유는 360도 리더십 진단 결과에서 하위 수준의 점수를 받았기 때문이다. 이런 시간은 코치 역할을 수행하는 나에게도 부담스러울 수밖에 없다. 리더십의 문제로 강제 입과를 당한 상황이니 참가자들의 마음이 결코 편할 리가 없기 때문이다. 회사 입장에서는 그들에게 리더십 개발의 기회를 제공하자는 좋은 취지였겠지만, 당사자들 입장에서는 공개적으로 옐로카드를 받은 것과 마찬가지였을 것이다.

처음 그들을 만났을 때, 나는 그들의 흔들리는 눈빛을 잊지 못한다. 자신이 왜 이런 자리에 포함되어 있는지 혼란스러워했다. 기세등등한 리더의 모습은 찾아볼 수 없었고, 어깨는 축 처져 있었다. 한편으로는 직원들에 대한 서운함, 심지어 배신감을 토로하기도 했다.

그들과 대화하면서 크게 깨달은 점이 두 가지 있다. 하나는 그들 역시 다른 보통의 직원들과 같은 사람이라는 점이다. 리더라는 타이틀을 달고 있긴 하지만, 힘들 때면 똑같이 지치고 좌절하는 사람들인 것이다. 어쩌면 가장 압박과 스트레스를 많이 느끼는 자리에 있기에 누구보다도 애간장 녹여가며 살아가는 사람들인지도 모른다. 또 하나는, 모두 나름대로 리더로서 잘해보고자 최선을 다해온 사람들이라는 것이었다. 최선을 다했지만 여러 가지 이유로 그것이 제대로 통하지 않았을 뿐이다. 나는 코칭을 하면서 그들이 정말 잘되기를, 시행착오를 딛고 다시금 멋지게 본 궤도에 오를 수 있기를 바랐다.

최선을 다하는 사람은 성공해야 한다. 노력하는 리더 역시 반드시 성공해야 한다. 공든 탑이 무너지는 일은 없어야 한다. 이 책은 리더의 노력의 방향과 관련 실천 아이디어를 정리한 것이다. 리더가 스스로를 객관적으로 돌아보게 하고 리더십을 발휘하도록 돕는, 틀어지기 쉬운 궤도를 바로잡아주기 위한 책이다. 이 책이 더 나은 리더가 되기 위해 노력하는 당신에게 도움이 됐으면 한다. 만약 리더의 착각 서른 가지 가운데 스스로에게 해당되는 문제 행동이 있다면 당장 작은 것부터 교정하고 실천하기를 바란다. 더 나은 리더가 되기 위해 노력하는 당신의 성공을 진심으로 기원한다.

부하직원이 말하지 않는
31가지 진실 (개정증보판)

© 2021 박태현

1판 1쇄 2008년 4월 15일
2판 1쇄 2014년 8월 27일
3판 1쇄 2021년 9월 1일
3판 5쇄 2022년 10월 20일
ISBN 979-11-87400-57-8 (03320)

지은이.　박태현
펴낸이.　조윤지
P　R.　유환민
편　집.　노준승
그　림.　조자까
디자인.　최우영, 박인규

펴낸곳.　책비
출판등록.　제215-92-69299호
주　소.　13591 경기도 성남시 분당구 황새울로 342번길 21 6F
전　화.　031-707-3536
팩　스.　031-624-3539
이메일.　readerb@naver.com
블로그.　blog.naver.com/readerb

'책비' 페이스북
www.FB.com/TheReaderPress

책비(TheReaderPress)는 여러분의 기발한 아이디어와 양질의 원고를 설레는 마음으로 기다립니다.
출간을 원하는 원고의 구체적인 기획안과 연락처를 기재해 투고해 주세요.
다양한 아이디어와 실력을 갖춘 필자와 기획자 여러분에게 책비의 문은 언제나 열려 있습니다.

readerb@naver.com

책값은 뒤표지에 있습니다. 잘못된 책은 구입처에서 교환해 드립니다.